"十四五"职业教育国家规划教材

汽车维护与保养

（第三版）

主　编　罗方赞
副主编　严　友　吕云鹏　任　满
王洪亮　郭文彬

南京大学出版社

图书在版编目(CIP)数据

汽车维护与保养/罗方赞主编. —3 版. —南京：南京大学出版社，2022. 2(2024. 1 重印)

ISBN 978 - 7 - 305 - 25420 - 8

Ⅰ. ①汽…　Ⅱ. ①罗…　Ⅲ. ①汽车—车辆修理—高等职业教育—教材　②汽车—车辆保养—高等职业教育—教材　Ⅳ. ①U472

中国版本图书馆 CIP 数据核字(2022)第 032068 号

出版发行　南京大学出版社
社　　址　南京市汉口路 22 号　　邮　　编　210093

书　　名　汽车维护与保养
QICHE WEIHU YU BAOYANG
主　　编　罗方赞
责任编辑　吕家慧　　编辑热线　025-83597482

照　　排　南京开卷文化传媒有限公司
印　　刷　南通印刷总厂有限公司
开　　本　787×1092　1/16　印张 12.5　字数 305 千
版　　次　2022 年 2 月第 3 版　2024 年 1 月第 3 次印刷
ISBN　978 - 7 - 305 - 25420 - 8
定　　价　43.80 元

网　　址：http://www.njupco.com
官方微博：http://weibo.com/njupco
微信服务号：njuyuexue
销售咨询热线：025 - 83594756

前　言

汽车维修企业日常工作任务的70%都是与汽车维护相关的工作，学生走上工作岗位后，首先面临的最基础的工作任务是汽车维护，用人单位常以学生能否独立进行汽车维护任务来评价学生的上岗能力。为此，我们根据汽车专业学生培养目标和学生学习特点，结合汽车服务企业的岗位需求开发了本教材。

党的二十大报告指出要办好人民满意的教育，统筹职业教育、高等教育、继续教育协同创新，推进职普融通、产教融合、科教融汇，加强教材建设和管理。本教材以汽车售后服务人才培养为中心，紧跟行业发展方向，坚持校企联合开发道路，持续优化教材和资源建设。

本书特点：

1. 理论与实践并重，实践任务取材于企业维护岗位，理论知识服务于实践应用。教学内容体现高职教育的“实用”“需用”的教学理念。

2. 课内与课外结合，为了方便学生课外自学，教材相应章节都制作了教学视频，通过教材中的链接二维码即可观看。

3. 提供了丰富的学习资源，拓展了学生的知识面。

本书共分7个项目，包括认识汽车维护、走进汽车维护车间、新车检查、汽车发动机的维护、汽车底盘的维护、汽车电器的维护、车身的维护与保养、其他保养操作。通过本书学习，学生能独立完成汽车一级、二级维护工作并能讲解维护原理与操作规范；能在完成作业过程中体现安全、环保、效率、5S、团队协作等理念。

本书由衢州职业技术学院罗方赞担任主编。

巫少龙教授为本教材编写组织进行了指导，并担任教材的主审，在此特别感谢！

衢州市飞龙汽车销售服务有限公司总经理王旭、原浙江中通汽车销售服务有限公司技术总监毕少平(2019年入职衢州职业技术学院)等企业专家为本书项目设计提供案例与素材，并参与部分教材和教学资源编写工作，在此一并感谢！

本书主要适用于高等职业院校汽车类专业学生，也可作为汽车维修技术人员和汽车爱好者的参考用书。

由于编者水平有限，书中不足之处敬请读者批评指正，以便修订时改进。如读者在使用本书的过程中有其他意见或建议，恳请向编者(395232242@qq.com)提出宝贵意见。

本书建议学时64～80学时，采用项目化教学。如需要任务工单及多媒体课件等教学资源请与本书编者或出版社联系。

编　者

目　录

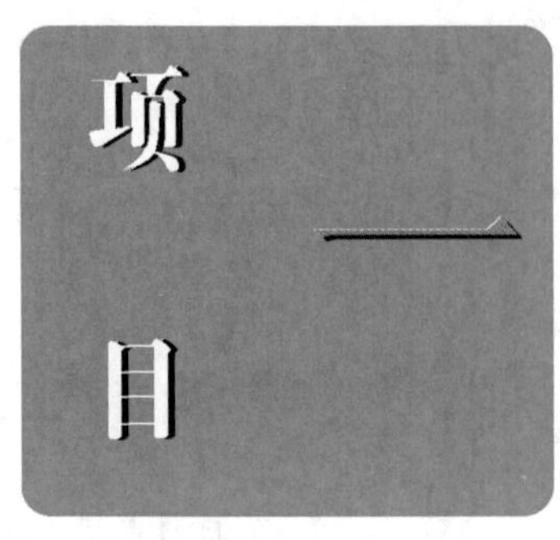

认识汽车维护

学习目标

(1) 了解现代汽车维护的分类;道路运输车辆维护管理规定;我国现行汽车维护原则。

(2) 熟悉汽车维护作业的内容及操作规范;汽车技术状况变化的规律及其表现;影响汽车技术状况变化的因素。

(3) 掌握现代汽车维护的意义及目的;轿车日常维护操作内容及方法。

项目描述

汽车是由各种材料制成的零部件组合而成的机器。随着行驶里程的增加,汽车技术状况发生变化,使用性能逐渐变差,就会通过各种形式表现出来,直至丧失工作能力。因此,掌握汽车技术状况变化规律,合理使用并及时维护汽车,确保技术状况良好,对延长汽车使用寿命起到至关重要的作用。

课时计划

任务	任务内容	参考课时/h			
		教学课时	实践课时	小　计	合　计
1.1	汽车维护保养实施的意义	2	0	2	6
1.2	汽车维护分类	2	2	4	

任务 1.1　汽车维护保养实施的意义

汽车销售员在新车销售时给新购车的客户介绍汽车定期维护时，客户都会要求销售员详细介绍为什么汽车要进行定期维护、使用多长时间需要维护和如何选择维护周期等问题。作为汽车服务从业人员必须掌握汽车维护保养实施的意义。

现代汽车是集机械、电子及液压系统为一体的复杂总成，拥有约 2 万个零件协同工作的系统。在汽车的使用过程中，由于车身及机件脏污；管路积碳；工作油液消耗、流失、变质；材料老化；振动、配合松动等原因会导致汽车性能下降甚至损坏。为此，需要定期对汽车进行清洁、检查、紧固、更换、调整等操作，以保持汽车各机件处于最佳技术状态，从而保证汽车良好的技术状况，即汽车维护。

一、汽车技术状况变化的表现

汽车技术状况是定量测得某一时刻汽车外观和性能综合参数值的总和。车辆在使用过程中，随着行驶里程的增加和外界条件的变化，汽车技术状况逐渐变差。导致汽车技术状况变化的原因是多方面的：自然磨损、零件腐蚀、疲劳损伤、变形、材料老化及偶然损伤等，但主要影响因素仍是零件工作表面严重磨损。了解和掌握其变化规律，采取相应措施以延长使用寿命。

1. 在用汽车使用性能指标评定技术状况的变化

(1) 动力性下降

动力性的具体指标表现为：汽车的最高行驶速度、加速时间、加速距离、最大爬坡度、制动效能、牵引能力等。根据试验资料，在汽车行驶到接近大修里程时，发动机功率下降 20% 以上，最大行驶速度比新车额定车速下降 10%～15%，而加速时间将增加 25%～30%。

(2) 经济性变差

经济性的具体指标表现为：燃、润料消耗量、维修费用、运输成本等，当汽车行驶一定里程后，耗油量超过额定量 15%，润滑油料消耗达 1 L/100 km 以上，排烟增多或有异味，说明该车的经济性显著下降。

(3) 汽车安全特性下降

汽车安全特性下降主要表现在汽车制动距离增长，跑偏量增大，制动机构反应迟缓、甚至经常出现失灵，转向操纵沉重，摆振不断增加，行驶过程中噪声、振抖、异响不断增多，排气中的有害气体或烟度不断增加等。

(4) 汽车可靠特性下降

汽车可靠特性是指汽车在特定条件下和规定时间内，完成规定功能的能力。也就是汽车在长时期使用过程中，能够无故障工作的能力。汽车可靠性下降主要表现在汽车运行过程中，随着使用时间或行驶里程的增加，因技术故障停歇的时间增多，而故障率明显上升。汽车的可靠度(R)与使用时间的关系如图 1-1 所示。

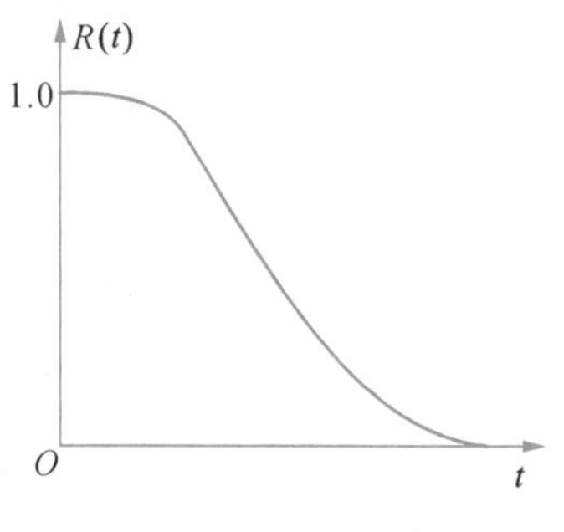

图 1-1　汽车可靠度曲线

2. 用汽车技术参数评定技术状况变化

(1) 评价发动机技术状况的技术参数

评价发动机技术状况的技术参数有发动机功率、燃油消耗量、机油消耗量、发动机燃烧质量、气缸压缩力、曲轴箱窜气量、气缸漏气率、进气歧管真空度、点火系工作质量、机油压力、机油品质、发动机温度、发动机异响和振动等。在诊断发动机技术状况时，可在上述参数中，选择几项与发动机功率、油耗、磨损三方面有关的参数进行检测，这是因为功率与油耗决定了发动机的工作特性和经济指标；而磨损情况是发动机继续工作或需进行维修的依据。

(2) 评价底盘技术状况的技术参数

评价底盘技术状况的技术参数有驱动车轮的驱动力、制动距离、车轮制动力和制动踏板作用力、制动减速度、最大转角、转向轮定位、侧滑量、车轮不平衡量、汽车前照灯光轴与照度、底盘的异响和振动、滑行距离、底盘某些主要总成件的工作温度等。在日常使用中诊断底盘技术状况时，可对安全(制动、转向)、动力(驱动车轮的牵引力、车速)和异响三个方面的参数进行评价。

3. 汽车技术状况分级

《汽车技术等级评定标准》根据汽车使用年限和在此年限内对汽车动力性、燃料经济性、制动性、转向操纵性、灯光、噪声、废气排放、整车外观等项目测得的技术数据与技术规范要求相符合的程度，将汽车划分为一级车、二级车、三级车。

(1) 一级车：使用年限在七年以内；关键项分级的项目达到一级，关键项不分级的项目为合格；项次合格率大于等于 90%；在运行中无任何保留条件。

(2) 二级车：使用年限超过七年；关键项分级的项目达到二级以上，关键项不分级的项目为合格；项次合格率大于等于 80%；在运行中无任何保留条件。

(3) 三级车：凡达不到二级车技术等级标准的汽车均为三级车。

汽车技术状况分级的目的是使运输管理部门和运输单位通过定期车辆综合鉴定，核定其技术状况等级，以便掌握车辆的技术状况，有计划地安排、组织维修和合理更新改造。

扫一扫可见微课“汽车状况分级对企业的意义”

二、影响汽车技术状况变化的因素

扫一扫可见微课“汽车维护保养对技术状况的影响”

（一）汽车结构和制造工艺的因素

汽车零件结构设计的先进性和合理性，制造与装配的质量，材质的优劣，都直接影响着汽车使用寿命。先进科学技术和管理办法的引入，新技术、新工艺、新设备、新材料的采用，汽车的质量和使用可靠性不断提高，都可延长汽车的使用寿命。

（二）燃料和润滑品质的因素

1. 燃料的品质

燃料的使用性能直接影响发动机的工作性能。若选用不当，则易引起发动机爆燃，加剧零件的磨损和损坏，导致功率下降，同时使润滑油变质，造成浪费，增加成本。所以只有正确合理地选用燃料，才能获得良好的动力性、经济性。

2. 润滑油的质量

润滑油对汽车发动机工作及其他汽车零件的耐久性、可靠性、经济性和工作能力的发挥具有重要作用。正确合理使用润滑油可以降低发动机功率消耗、减轻零件摩擦磨损、延长零件使用寿命，从而延长汽车使用寿命。

（三）运行条件的因素

1. 气候因素

(1) 汽车在高温环境下工作时

发动机易过热，机罩内工作温度能升高到 70 ℃～75 ℃，使空气密度减小，充气系数下降，导致发动机功率下降，压力减小，加速润滑油的氧化变质以及加剧发动机磨损。

高温环境的汽油供油系易产生气阻现象，使汽车不能行驶或难以起动；气温高时，橡胶老化速度加快，行驶散热不良，轮胎内温度升高，使气压增大，因而容易爆胎。

当汽车在高温环境下工作时，应经常检查轮胎的温度和气压，保持规定的气压。

(2) 汽车在低温条件下工作时

① 使用特点。

低温使润滑油黏度增大，不能及时进入零件摩擦表面，使磨损加剧；也使发动机起动困难；燃料消耗量增加；汽车使用的非金属材料（如塑料、橡胶制品等），在严寒气候条件下会出现冻裂、硬化等现象，降低零件的结构强度。冷却水温对发动机磨损的影响如图 1－2 所示。

② 改善性能采取的措施。

加强季节性维护，选用与环境温度相适应的燃料、润滑油以及防冻液；检查冷却系，检查

和调整油、电路；备好过冬装备。

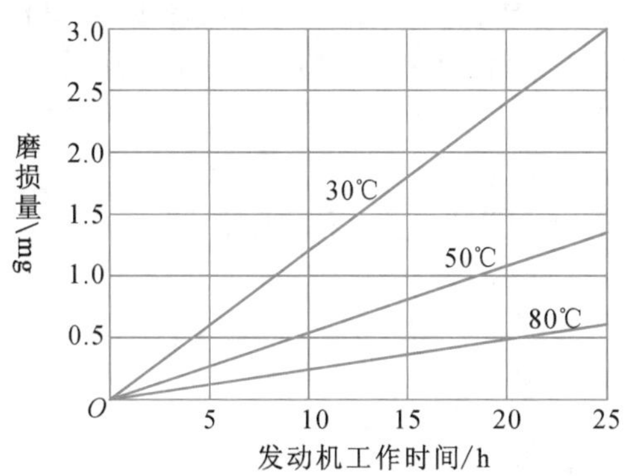

图 1-2　冷却水温对发动机磨损的影响

2. 道路因素

(1) 汽车在不良路面上行驶的使用特点

汽车在不良路面上行驶时，行驶阻力增加，各零件总成承受冲击载荷大且频繁。行驶速度经常变化，换挡次数增加使传动机构磨损增大；不良路面尘土较多，飘浮的尘埃通过空气、燃油、润滑油进入发动机气缸内部，加速活塞环、曲轴轴承等的磨损，使汽车技术状况迅速变差。

(2) 汽车在不良路面上行驶应采取的措施

① 提高车轮与路面的附着力，防止车轮滑转。在冰雪路面上行驶时，可在驱动轮上装防滑链，以提高车轮与路面的附着系数。

② 采取合理的驾驶方法。松软道路上附着系数很低，在驾驶时，不能使用紧急制动，转向也不要过急，以免发生侧滑；当车轮陷入泥泞道路空转打滑时，不可盲目地加大油门强行驶出，以免越陷越深。

③ 合理选用汽车轮胎。汽车车轮对其通过性有很大影响，为提高汽车通过性，必须正确选择轮胎气压、花纹、结构参数，使汽车行驶阻力最小而又获得最大附着力。

(四) 汽车的载荷、速度及驾驶操作的因素

驾驶操作是影响汽车使用寿命的一个重要因素。驾驶员的素质体现在两个方面：

一是爱惜车辆，做到勤检查、勤维护，经常保持车辆处于良好的技术状况。

二是对驾驶操作技术精益求精。驾驶操作过程中，做到冷摇慢转，预热升温，轻踏缓抬，均匀中速，行驶平稳，正确换挡，爬坡自如，合理的安全情况下滑行，掌握温度，保持发动机的最佳热状况和良好的润滑条件，在装运中做到装载均匀不超载等。这样，车辆的使用性能不仅得到充分发挥，使用寿命也大大提高。

(五) 维修质量因素

维修质量是汽车技术状况变化的关键性影响因素。除在使用过程中按照要求进行润滑、检查、紧固和调整作业外，在维修中还需注意以下几点：

(1) 贯彻汽车维护规范，按维护制度要求，对各级维护内容、技术要求进行作业，不漏

项、不减项。

(2) 按国家技术标准对需修汽车进行相应级别的修理，提高汽车的技术状况。

(3) 加强对需要维护和修理车辆的及时检测，确保维修质量达到规定指标。返工率小于5%，一次合格率大于85%。

任务1.2　汽车维护分类

周一早晨，车主李某准备驾车去上班，车辆起动不了，按喇叭声音沙哑，原来前日晚上车主停车后未关车灯，导致蓄电池亏电了，只得请求救援。为了确保汽车处于良好的技术状况，需要做好汽车的维护保养工作。

根据《汽车维护、检测、诊断技术规范》(GB/T 18344—2016)的有关规定，汽车维护可分为日常维护、一级维护和二级维护三类。

这些维护作业以清洁、检查、紧固、润滑、调整和补给六大作业为主，维护范围随着行驶里程和时间间隔的不同，维护内容也有所差异。

扫一扫可见微课"汽车的日常维护"

一、汽车的日常维护

汽车的日常使用过程中，为了保证良好的汽车技术状况，随时可出车，必须做好日常维护。汽车的日常维护包括出车前维护、行车中检视和收车后维护等内容。

(一) 汽车日常维护的定义及相关要求

每一位驾驶员在汽车日常维护中，必须坚持执行"三检""四清"和"四防"的维护制度，以达到车辆整洁、车况良好、行车安全的目的。

所谓"三检"即坚持出车前、行车中和收车后检视车辆的安全机构及各部件连接紧固与运行情况；所谓"四清"即保持进气、润滑油(脂)、燃油和蓄电池的清洁；所谓"四防"即防止漏油、漏水、漏气和漏电。

（二）汽车日常维护的作业内容

日常维护是日常性作业，由驾驶员负责完成。其主要内容是清洁、补给和安全检视。它是保持车辆正常工作状况经常性、必需性的工作，其作业流程如图 1－3 所示。

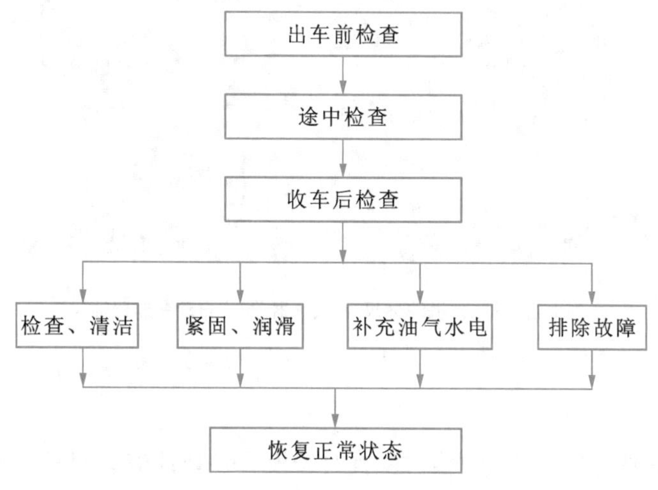

图 1－3　日常维护作业流程

1. 清洁

空气中含有大量灰尘、泥沙和酸性物质，不仅容易被泄漏的燃油黏附，在高温烘烤下容易形成坚硬的保温层，使机件的散热性能变差，而且容易被车身静电吸附而侵蚀油漆面，使之过早褪色。

(1) 汽车外观清洁(洗车)

洗车基本流程：准备、接车、冲车、打泡沫、擦车外部、擦车内部、检查等环节。

(2) 发动机舱清洁

发动机舱内的卫生会很大程度上影响汽车的使用寿命，错误的清洗会影响发动机的工作以及寿命。因此，及时正确地清理发动机舱内灰尘和油垢是非常有必要的。

(3) 清洁蓄电池

现代轿车一般都采用免维护蓄电池，需要保持蓄电池顶部的清洁，必要时可用干抹布擦拭。

2. 紧固

车辆清洗干净后，就要对各联接处进行紧固。由于运行中的振动、颠簸、摇摆等原因，必然造成联接件松动、磨损。因此，在日常养护中要及时紧固。联接件的日常紧固工作直接关系到行车安全，特别是重要部件，如转向、制动、传动等，切不可掉以轻心。

3. 检查油液的高度和品质

由于油液在高温下会逐渐损耗与氧化而导致液面降低和性能变差。

汽车工作所需油液主要有：蓄电池电解液、发动机机油、冷却液、变速器油、制动液、转向液等。发动机舱主要油液位置见图 1－4。

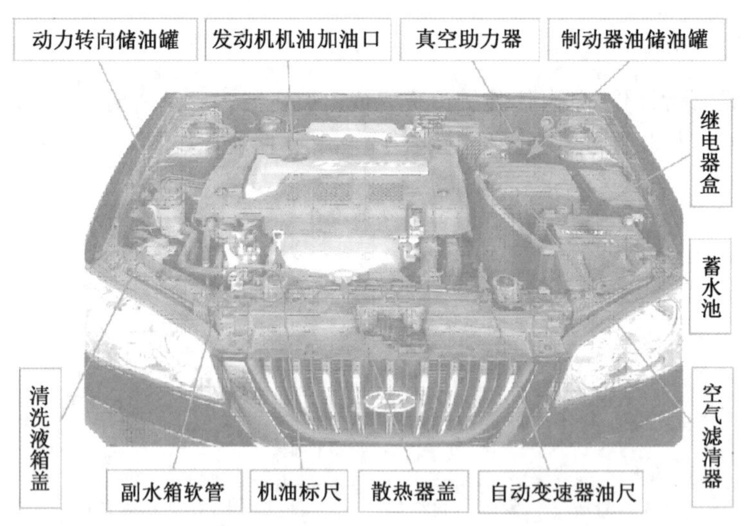

图 1-4　伊兰特轿车各油尺及加油口位置图

4. 补充

油液不足时需要及时补充或更换。检查时若没有发现油液有明显的变质,应仔细检查是否泄漏,若有,要予以排除,并及时补足同等级别的油液。图 1-5 为补充添加发动机机油。

图 1-5　补充发动机机油

二、汽车的定期保养

为了方便维护人员执行汽车定期维护标准,各汽车厂家都根据车型特点制定了汽车保养表。

扫一扫见"大众迈腾- Magotan B8L 2016 保养手册"

（一）菜单式定期保养表

保养表中列出了所有保养内容及周期，该保养内容由专业维修厂负责执行。由于车辆使用环境和条件不同，除了进行周期性保养，检查保养，检查或扩大范围的检查外，还要根据使用条件和汽车配置进行其他的保养维护工作。在恶劣的使用条件下，某些工作必须在下次保养到期之前或在规定的保养周期内完成。对于同时具有公里和时间规定的情况，以先到者为准。

注意：所谓恶劣的使用条件是指：

① 长期短途旅行或者在市内停车起步行驶；

② 冷起动次数过多；

③ 车辆在极端低温地区内长时间行驶；

④ 经常在怠速状态下长时间运行(例如出租车)；

⑤ 经常在轮胎充气较满且全负荷状态下行驶或者挂车行驶；

⑥ 使用硫含量较高的柴油燃料驱动；

⑦ 经常在积灰较严重的区域内行驶。

（二）汽车常规换油保养规范操作流程

1. 总体操作步骤要求

① 从外部到内部；② 从前部到后部；③ 从左边到右边；④ 从上部到下部。

2. 工作操作流程

① 审单，确认维修项目，确认交车时间。

② 进厂检验。检查三件套是否齐全、是否安装到位；车辆检查，从左边车头绕车一周检查车外观是否有缺陷及损坏，并记录。

着车，检查车内部各部件功能及灯光系统。包括灯光控制开关、信号喇叭功能、方向盘转向柱调节功能、雨刮喷水开关功能、音响系统功能；空调系统开关及功能、各风口开关及工作情况；天窗开关及天窗功能；座椅调节开关功能；安全带及调节功能；尾箱(包括内部照明灯情况)，危险警示牌、随车工具是否齐全有效；备胎(如有)安装状态及功能、油箱盖功能。检查后，关闭点火开关。

③ 发动机舱检查与维护。打开发动机舱盖，铺好翼子板保护垫，检查发动机舱线束接头及安装固定位置状态，检气管、油管安装位置及状态，检查发动机舱内各部件是否安装到位、是否有泄漏及损坏。

拆下空气滤清器，打开加油口盖。举升车辆到半腰检查悬挂、内衬紧固情况、轮胎及附近线束、油管紧固情况、刹车系统状况、挡泥板状况。升高车辆至方便操作位置，拆底板顺便检查螺丝是否齐全及有无损坏，拆机油格，排放发动机机油。检查发动机底部是否有渗漏及损坏以及各油管、气管、水管安装位置及状态；检查左、右各连接杆及零部件是否损坏及紧固情况；检查左、右刹车系统油管、分泵及盖帽是否有泄露、缺少及损坏；检查半轴内外球笼防尘套有无损坏。检查波箱紧固情况及有无渗漏；检查排气管紧固情况及隔热板的紧固情况以及完整性；检查汽油滤清器部位紧固情况及有无渗漏；后悬挂各部件紧固情况及有无损坏；检查油箱完好性；安装放油螺塞并按标准力矩紧固。

材料统计，如发现有缺少及损坏的零件须报价。视情况是否安装发动机底板，降下车辆、加注发动机机油；安装空气滤清器。自检发动机舱内所有装复件是否安装到位、安装齐全，着车检查全车油水。如发动机故障灯亮的车辆全车电脑检测(针对特殊情况时须先用电脑检查后施工)。润滑门铰链及门胶边、门锁、头盖锁。自检确定所有项目是否完成及做到位，填写技术档案。

④ 竣工检验。请质检员试车检验。常规保养工艺流程见图 1－6。

注：因车型各异，若以上项目不能包括所有检查项目的，请以最全的项目检查！

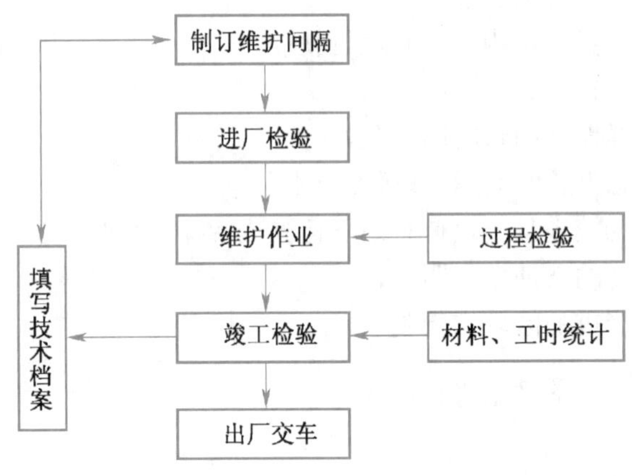

图 1－6　常规保养工艺流程图

三、走合维护

汽车走合维护即汽车运行初期，改善零件摩擦表面几何形状和物理机械性能的过程。走合期维护对保持车辆性能，确保汽车使用寿命具有至关重要的作用。各汽车生产厂家为了确保车主按时进行汽车首次保养，均制定了免费保养政策，同时在汽车生产工艺上进行了改进。如发动机出厂前进行了冷磨合处理，使其走合期维护要求有所降低。

（一）走合前的维护

走合前维护是为了防止汽车出现早期事故和过早损伤，保证顺利地完成走合。

走合前维护其主要作业内容是：

(1) 清洁全车，尤其是对库存时间较长的新车一定要进行一次全面的清洁。

(2) 检查全车各部位的连接情况，全车外露的螺栓和螺母必须紧固牢靠。

(3) 检查润滑油、制动液、冷却液等的数量和质量，根据需要进行添加或更换，并检查各部位是否有渗漏。

排除全车漏油、漏气、漏水和漏电现象。

(4) 检查底盘的技术状况。

检查变速器各挡位能否正确变换；检查转向机构各部位有无松动和卡滞现象；检查制动效能，检查是否有跑偏和制动拖滞现象，检查和调整轮胎气压。

发现变速器、转向系统和制动系统等存在故障时，应及时进厂维修。

(5) 检查电气系统。

检查电气设备、灯光和仪表是否齐全有效,并检查蓄电池电解液密度和液面高度。

(6) 检查发动机运转情况,察听有无异响。

(二) 走合中的维护

走合中维护内容如下:

(1) 润滑,在全车各润滑点加注润滑脂。

(2) 检查,在汽车初驶 30～40 km 时,应检查变速器、驱动桥、轮毂和传动轴等处是否有发热和异响,若有不正常,应及时查明原因并予以调整或维修。

检查各部位有无渗漏,必要时进行调整。

检查制动效能和制动管路密封,必要时加以调整和紧固。

并随时检查和排除漏油、漏水、漏气及漏电"四漏"情况。

(3) 紧固,检查并按规定力矩紧固汽缸盖、进排气管螺栓和螺母。

新车行驶 150 km 后,需检查一次全车外部螺栓和螺母紧固情况;行驶 500 km 时,应将前后轮毂螺母紧固。

(三) 走合后的维护

(1) 更换润滑油、更换机油滤清器。

(2) 按规定顺序和力矩紧固汽缸盖螺栓和螺母。

(3) 检查、添加发动机冷却液。

(4) 检查、调整发动机传动带松紧度。

(5) 检查、调整制动踏板和离合器踏板的自由行程。

(6) 检查整车各部分的泄漏情况并进行排除。

(7) 检查各轮胎技术状况。

(8) 检查和调整电气系统的技术状况。

(9) 润滑各部位润滑点。

(10) 拆除汽车限速装置。

四、季节性维护

由于冬、夏季的温差大,为使车辆在冬、夏季合理使用,在换季之前应结合定期维护,附加一些相应的项目,使汽车适应气候变化的运行条件,此种附加性的维护称为季节性维护。

(一) 夏季汽车的维护

汽车夏季维护主要内容如下:

(1) 检查冷却系机件,保证齐全有效。

(2) 防止爆燃,改善动力性,根据发动机的压缩比选用牌号合适的汽油。

(3) 防止爆胎,由于外界气温高,轮胎散热慢,轮胎气压也随之增高而易引起轮胎爆破。

(4) 检查蓄电池,适当降低蓄电池电解液密度。

(5) 检查制动系,液压制动的车辆,要检查制动管路,防止制动液汽化形成气阻,降低制动效能。

（二）冬季汽车的维护

汽车冬季维护的主要内容如下：

(1) 更换各种油液。由于气温低，各种液体黏度变大，流动性变差，所以根据车辆使用说明书，使用凝点低、流动性好的燃油，选用黏度较小的发动机润滑油和选用适宜冬季使用的各种齿轮油、制动液和润滑脂等。

(2) 维护发动机冷却系。检查发动机冷却系，保证节温器工作良好，清除冷却系内部水垢，防止发动机冷却液温度过低，导致发动机零部件磨损加剧。

(3) 检查电器设备。检查并可适当调高蓄电池电解液密度，并加强对蓄电池保温，防止冻裂蓄电池外壳和过冷影响起动性能。

五、长期停放车辆的保养与维护

（一）汽车防摩擦零件

汽车停放时间过长后，防摩擦零件表面会氧化。附着在零件表面的润滑油氧化变质后，再次起动时就会形成干摩擦或半干摩擦，缩短零件使用寿命，而且起动阻力大大增加，起动时会很困难。汽车停驶后，发动机的气缸和活塞表面的润滑油膜，由于要接触空气中的氧气和其他有腐蚀性的酸碱成分，会造成润滑油膜变质，形成一层胶状物而失去润滑作用。车辆停驶时间越长，变质越严重。车辆停驶，油封容易老化变形，油封四周的接触受力会不均匀，受力大的方向，油封变形量就大。车辆停驶时间越长，油封变形量就越不易恢复，直到油封发生永久变形，而这也就是漏油的开始。

（二）汽车燃油系统

若汽车停放，油箱内没有或只有少量的燃油，水分就有可能侵入系统而造成生锈和腐蚀。所以汽车长期停放时要将油箱加满。另外如果油箱和管道中燃油长时间不用，燃油有可能与氧气发生化学反应而产生胶质沉淀物类的物质，容易堵塞燃油管路。正确的做法是向燃油中添加稳定剂，延长汽油的使用寿命并保证其不变质。

（三）防轮胎变形

汽车停驶以后，汽车重量由四个轮胎接触地面的部位承受，从而造成接触部位受压收缩变形。汽车停驶时间越长，变形部位越不易恢复，使轮胎四周的质量分布发生变化，滚动半径不均匀，造成轮胎不平衡。一旦汽车进入高速行驶后，就会发生车身摆振，不仅影响乘车的舒适性，加速轮胎的磨损，还会带来不安全的因素。

（四）汽车电子元件防潮

汽车上的电子元件及连接件有一个共同的特点，就是要防水、防潮和防腐蚀，否则就会引发故障。对于停驶车辆的电子元件或插线接头，受潮的可能性就会大大增加，并且停驶时间越长，发生故障的概率就越高。

（五）防日晒

汽车长时间不用时应存放在车库或室内停车场，这样可以不受外界气候的影响。如果没有这个条件，至少也要给汽车罩上汽车罩。要选择厚且多层的汽车罩，这样就可以有效地减少阳光对漆面的影响。因为强烈的阳光照射能使漆面缓慢地褪色，并且促使汽车零件中的乙烯基、皮革和橡胶的迅速老化。另外，一定要选择质量好的汽车罩，并且大小要合适，否则车罩在风的吹动下与车身来回摩擦，其结果如同给汽车罩上了一层砂纸，并且在不停地打磨。

（六）经常检查蓄电池

蓄电池的电解液液面必须高于极板 10～15 mm，不足时应及时添加蒸馏水，保持电量充足，必要时对蓄电池充电。免维护电池则无此要求。

一、帕萨特轿车日常维护作业

（一）打开发动机舱盖

在开启发动机舱盖之前要注意，前风挡刮水器刮臂应贴合在风挡玻璃上，否则有可能会损坏发动机舱盖漆面和刮水器刮臂。

高温冷却液会引起烫伤，如果注意到有蒸汽、烟或冷却液从发动机舱溢出，千万不要打开发动机舱盖，直至没有蒸汽、烟或冷却液溢出方可小心打开发动机舱盖。如图 1-7 所示。

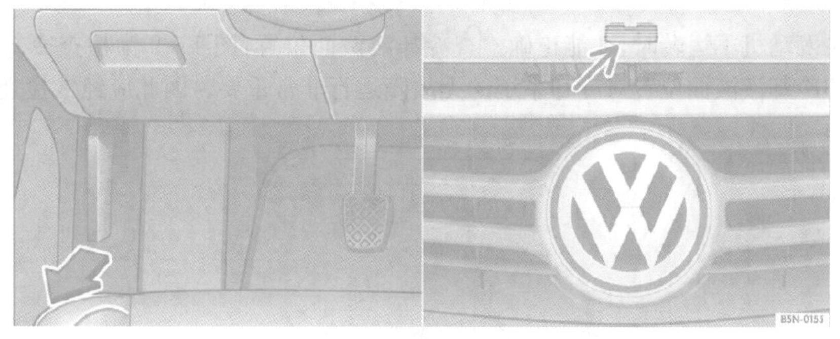

图 1-7　发动机舱盖解锁并打开

扫一扫可见微课“发动机舱检查”

（二）检查各油品情况

1. 检查机油液面与油质

当油尺上机油出现胶质、发白或发黑严重、焦煳味严重等异常情况时，要清洗润滑系统并更换机油。用油请参照说明书。图 1－8 所示为检查机油液面高度。

注意：发动机正常使用会有一定的机油消耗。根据《汽车发动机可靠性试验标准》(GB/T 19055—2016)规定发动机额定转速、全负荷时机油/燃料消耗比不得超过 0.3％ 。一般认为在走合期内，机油消耗量可能达到 0.3 L/1 000 km，之后机油消耗将维持在以内 0.2 L/1 000 km，而在维修手册中则标明只要机油消耗量小于 1 L/1 000 km 均为正常。因此，必须定期检查机油液面的高度，最好在每次加油和长途行车前检查机油液面高度，必要时进行补充。

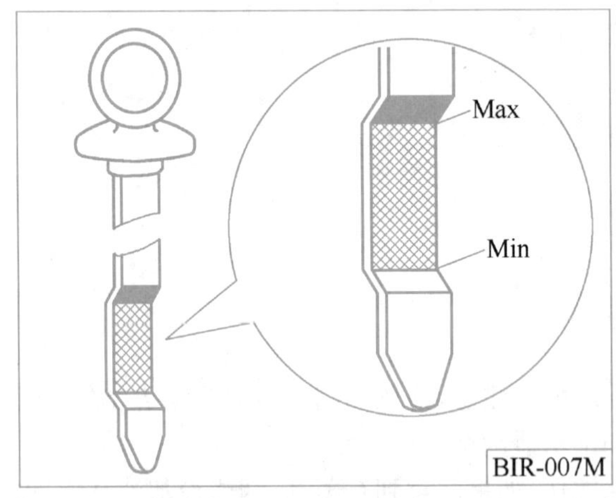

图 1－8　检查机油液面高度

2. 检查冷却液液面

只有在发动机不运转时，才能正确检查冷却液液面位置，图 1－9 为检查冷却液液面高度。正确的冷却液液面位置对冷却系统的无故障运行非常重要。因此应经常检查冷却液液面位置。

图 1－9　检查冷却液液面高度

注意：只能补加同牌号的冷却液，不得与其他类型的冷却液或添加剂混合使用。

3. 检查制动液液面

如果制动液或转向液压助力器液面液位高度已经在"Min"之下，严禁继续行驶，此种情况下将有随时失去制动效能的危险，请及时维修。图 1－10 为检查制动液。

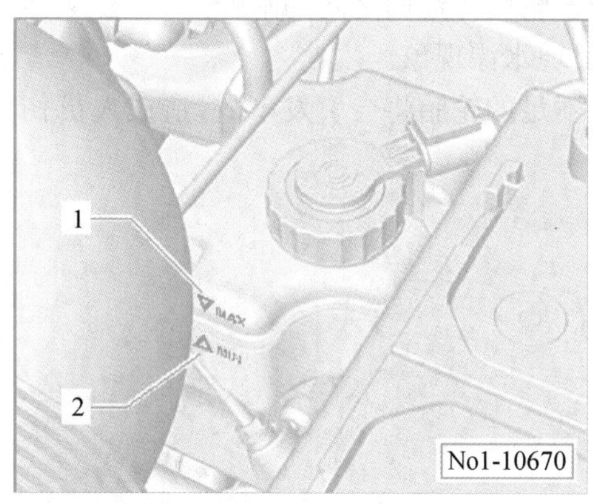

图 1－10　检查制动液

4. 检查与添加风挡玻璃洗涤液

任何情况下不要把冷却液添加剂或其他添加剂混入。

（三）检查蓄电池与接线脚

如果汽车停放超过 4 周时间，静态电流用电器（如时钟、安全装置）会耗尽蓄电池电量，蓄电池必须重新充电，为了避免这种情况发生，汽车停放期间要给蓄电池充电或者断开蓄电池的负极电缆。图 1－11 所示为拆卸蓄电池护盖。

蓄电池顶部的圆形窗口内的颜色随充电量和电解液液位而改变。若电眼呈黑色，表明蓄电池正常。若电眼呈白色，表明电解液液位偏低，应尽快到上海大众汽车经销商处更换蓄电池。

图 1－11　拆卸蓄电池护盖

注意：不同品牌蓄电池电眼颜色含义不尽相同，请参照车辆说明书或蓄电池说明。

（四）检查轮胎外观和气压

当轮胎磨损到磨损标记时，轮胎必须立即更换，切勿延误！

严重磨损的轮胎会损害轮胎与地面之间的附着力。

此外，汽车会更早地出现水漂现象。

使用过度磨损或胎压不足的轮胎将会引发事故，造成人员伤亡。标准轮胎气压及轮胎磨损标记见图 1－12。

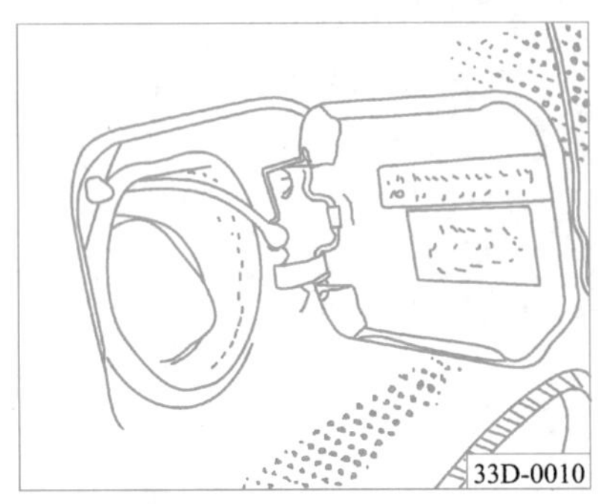

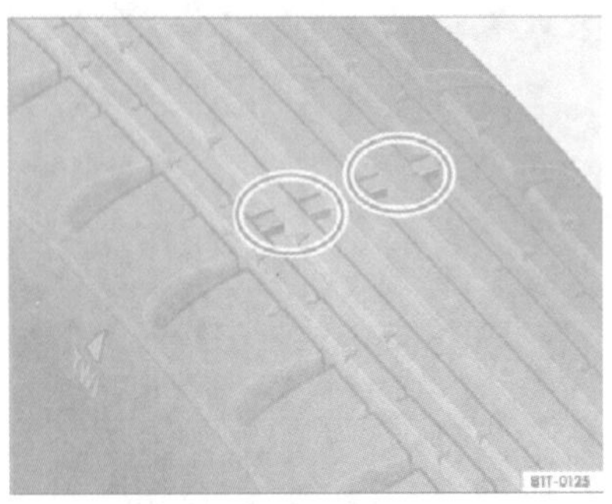

图 1－12　油箱盖上的轮胎标准气压和轮胎磨损标记

（五）车身外观的检查

车身外观的检查主要包括部件功能和外观损坏的检查。部件功能的检查主要为座椅、安全带及电动车窗的检查，外观损坏检查包括车灯检查、发动机盖检查、后备厢盖检查、燃油箱盖检查、车门检查、车身漆面检查和汽车玻璃检查。在本次任务中我们将完成车辆外观的检查。

1. 车灯检查

车灯外观主要检查前大灯总成及尾灯总成表面是否有污垢、划痕，安装状况是否良好。如图 1－13 所示。

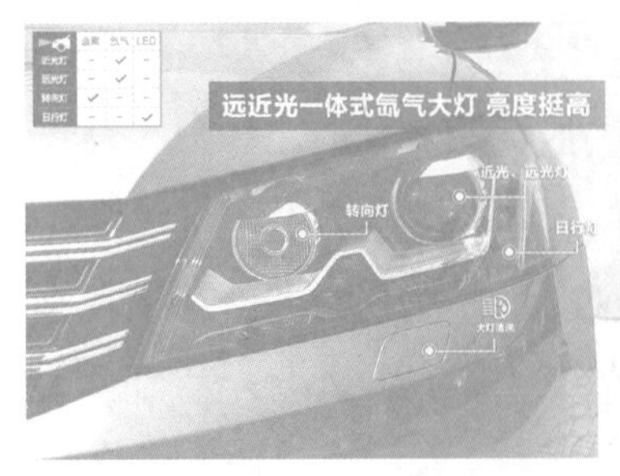

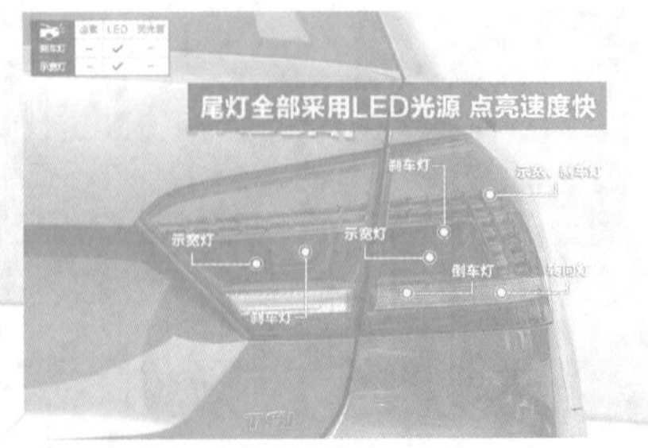

图 1－13　车灯检查

2. 发动机舱盖检查

（1）通过驾驶室发动机舱盖开启开关打开发动机舱盖，在举高位置左右晃动，确认铰链完好。

(2) 将舱盖轻轻放下，确认锁扣能正确扣合。

(3) 将舱盖锁好，再次打开，确认能正确锁紧和开启。

3. 燃油箱盖及后备厢盖检查

打开燃油箱盖，开启方式如图 1－14 所示。检查燃油箱盖表面是否有损坏，用手轻轻晃动连接部位，确认安装牢固可靠。打开后备厢盖，打开方式如图 1－15 所示，在后备厢开启的状态下用手晃动连接杆，确认连接螺栓无松动现象。

图 1－14　后备厢盖及燃油箱盖开启开关

图 1－15　打开后备厢盖

4. 车门检查

打开车门，上下晃动车门，检查所有车门安装状况是否良好，车门螺栓是否存在松动。车门连接螺栓如图 1－16 所示。

图 1－16　车门连接螺栓

5. 儿童锁检查

儿童锁在车门的位置如图 1－17 所示。将儿童锁拨至锁止状态，关闭车门，在车内不能够将车门开启为正常。

图 1-17 儿童锁

6. 车身漆面检查

主要检查车身漆面有无损坏、划痕。

7. 汽车玻璃检查

主要检查外观有无开裂或破损。

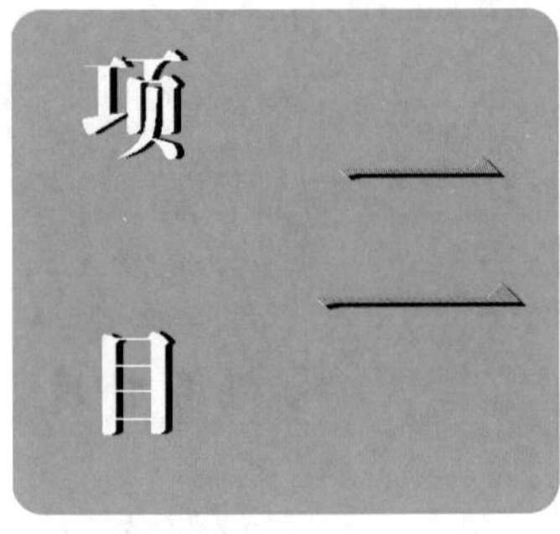

走进汽车 4S 店

(1) 了解汽车 4S 店的组织结构和维修车间的经营管理。

(2) 熟悉汽车维修车间的结构布局和功能。

(3) 掌握汽车维修车间的常用工具设备的使用方法;5S 现场管理内容和实施要点。

汽车 4S 店是集汽车销售、维修、配件和信息服务为一体的销售店。4S 店是一种以“四位一体”为核心的汽车特许经营模式,包括整车销售(Sale)、零配件(Sparepart)、售后服务(Service)和信息反馈(Survey)等。

厂商的综合竞争力不仅决定于出厂时的汽车的品质、性价比,还要依靠售后服务市场的服务质量、零配件价格等。作为汽车服务行业从业人员不仅要了解汽车 4S 店的功能结构,更要掌握汽车企业 5S 管理的内容和实施要点。

任务	任务内容	参考课时/h			
		教学课时	实践课时	小　计	合　计
2.1	汽车 4S 店售后服务部门介绍	1	1	2	4
2.2	汽车维修车间的 5S 管理	1	1	2	

任务 2.1　汽车 4S 店售后服务部门介绍

初次购车的王先生夫妇要了解一下自己的爱车今后都到哪里去进行维护保养。为此，我们特向他们介绍汽车 4S 店维修车间的结构和各个功能区域。

一、汽车 4S 店维修车间功能布局

维修车间主要包括机电维修车间、钣金维修车间、油漆维修车间和备件库房。

机电维修车间设有轮胎工位、快修工位、一般维修工位、制动试验台、四轮定位、旧件库和油库。汽车机修车间一般布局如图 2－1 所示。

图 2－1　汽车维修车间图(局部)

钣金维修车间设有钣金工位、一个钣金用举升机工位、大梁校正工位和拆件室。

油漆维修车间设有油漆打磨工位和烤漆房。

靠近维修间入口边设立一间车间技术专家进行质检的工作场所。由他们根据车间工作情况安排维修工作，处理各种维修单据，分配工作任务。

轮胎区。汽车在路上行驶，最易耗损的是轮胎，更换轮胎和修补轮胎需要场地，用来安放扒胎机和车轮动平衡仪器等。

快修工位。它采用地藏式的举升机装置。维修项目有很多是简单的，快捷的。据统计

很多 4S 店都设立了快修工位。

接着是一般维修工位，最后是油品库和旧件库。

汽车维修中会产生很多旧件，所以车间要设立旧件库。汽车维修、检测中需要用到各种油，所以要设立油品库。油品库要远离易燃、易产生火花和高温的地方，故要远离钣金区和油漆烤房区，避免危险。油品库和旧件库应该设计在车辆和外来人员较少经过的地方。

二、汽车 4S 店组织结构

（一）组织结构

汽车销售 4S 店 1998 年由欧洲进入中国，随着营销理念的不断发展，逐渐成为汽车销售主流销售模式。不同品牌汽车 4S 店的组织结构不尽相同，一般来说，汽车 4S 店都实行董事会领导下的总经理负责制，下设：销售部、市场部、行政部、财务部、售后服务部、备件部、办公室等部门。4S 店售后部门组织结构如图 2－2 所示。

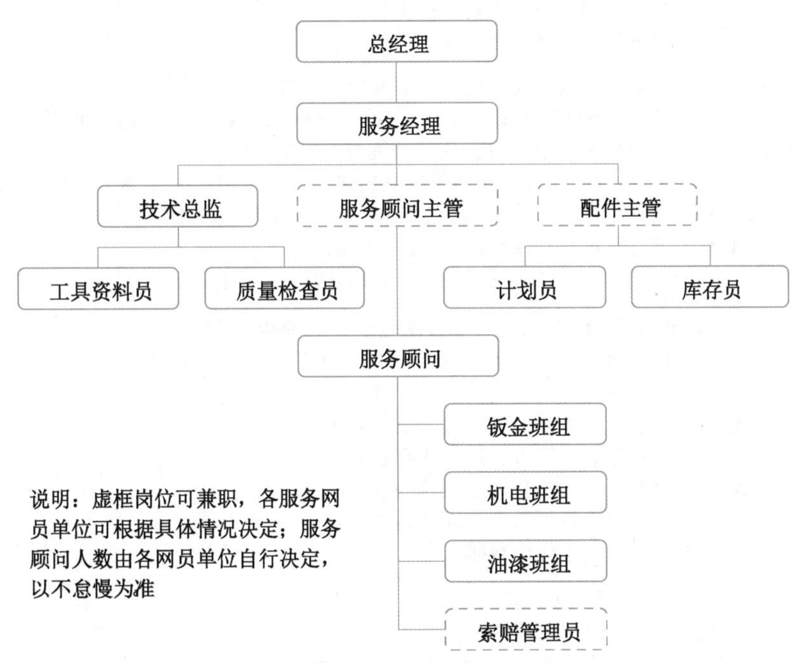

图 2－2　汽车 4S 店售后服务部门组织结构图

（二）汽车 4S 店的售后服务主要岗位职责

汽车 4S 店主要岗位职责见表 2－1。

表 2-1　汽车4S店主要岗位职责表

岗位名称	关系	职责与权限	管辖范围
服务总监	直接下属：服务经理、备件经理、技术经理。 直属上级：总经理。	(1) 按品牌服务的要求，对经销商进行管理。 (2) 负责与品牌汽车售后服务部的业务联系，落实服务部的各项工作安排。 (3) 直接领导服务经理、备件经理和技术经理的工作。 (4) 重大质量问题及服务纠纷的处理。 (5) 定期向总经理和品牌汽车厂商汇报经销商的生产、经营和管理等工作。 (6) 具有生产指挥权、监督权、站内人员调动权，对公司投资、经营等活动的建议权。	服务部所有部门和人员。
服务经理	直属上级：服务总监。 直属下属：服务顾问、索赔员、用户管理员/IT信息员、索赔件管理员。	(1) 负责解决服务过程中与用户发生的纠纷。 (2) 负责同备件经理联系，解决维修所需备件。 (3) 负责外出救援服务、预约服务、用户投诉、走访用户等工作的管理，并参与对重大维修服务项目的评审。 (4) 参与维修工具和设备的配备。 (5) 负责下属劳动纪律的管理。 (6) 负责所辖区域现场环境的管理。 (7) 监督、检查、指导维修人员工作。 (8) 负责组织开展服务营销。	机修车间、钣金车间、油漆车间、索赔件库、业务接待厅。
技术总监	直属上级：服务总监。 直接下属：质量检查员、内部培训员、工具/资料管理员。	(1) 负责定期收集技术疑难问题及批量投放的质量信息。 (2) 负责HST(技术服务手册)等技术资料的消化、吸收并指导使用。 (3) 协助品牌汽车售后服务部开展技术支持工作。 (4) 负责控制、监督经销商的维修质量。 (5) 负责疑难故障的诊断及维修技术攻关，指导车辆维修。 (6) 负责监督、指导维修人员使用专用工具。 (7) 负责建构文件化的质量体系，推行ISO 9001标准认证。	工具库。
备件经理	直属上级：服务总监。 直接下属：备件销售计划员、备件仓库管理员。	(1) 负责保障维修所需的充足的备件供应，对是否是品牌汽车配件负责。 (2) 负责建立合理的备件库存量，指导库管员对库房的管理。 (3) 负责备件订购计划的审批。 (4) 负责组织备件的到货验收及备件的入库检验。 (5) 负责定期组织人员进行库存盘点。 (6) 负责审核备件管理账目，抽检库存备件状况。 (7) 负责实施备件管理方面的培训。 (8) 负责制定备件位置码。	备件库、材料库。
服务顾问	直属上级：服务经理。 直接下属：机电技工、油漆技工、钣金技工。	(1) 引导、受理用户预约。 (2) 负责维修车辆用户的接待工作。 (3) 负责用户车辆的故障诊断，与用户达成协议(任务委托书)。 (4) 负责车辆维修后的电话服务跟踪。 (5) 负责索赔技术鉴定。 (6) 负责向维修技师传达用户的想法，描述车辆的故障形态，分配维修工作任务。 (7) 负责交车工作，解释维修内容。 (8) 负责建立、完善用户档案。	备件库、材料库。
机电技工	直属上级：服务顾问。	(1) 负责车辆的机修、电修工作。 (2) 负责本工位设备及使用工具的维护、管理。 (3) 负责工序质量的自检。 (4) 负责工位区域环境的清洁和保持。	无

三、车间工作的组织和管理

汽车维修过程的组织要求：第一，要确定从进厂到出厂的生产流程；第二，要防止出现瓶颈现象，影响工作的效率；第三，要做好质量管理和控制，要严格执行“三检”制度（即进厂接待检验、车间主修检验和质检员检验）。

车间维修管理流程图如图 2－3 所示。车间的工作要求严格按照这一流程实施。

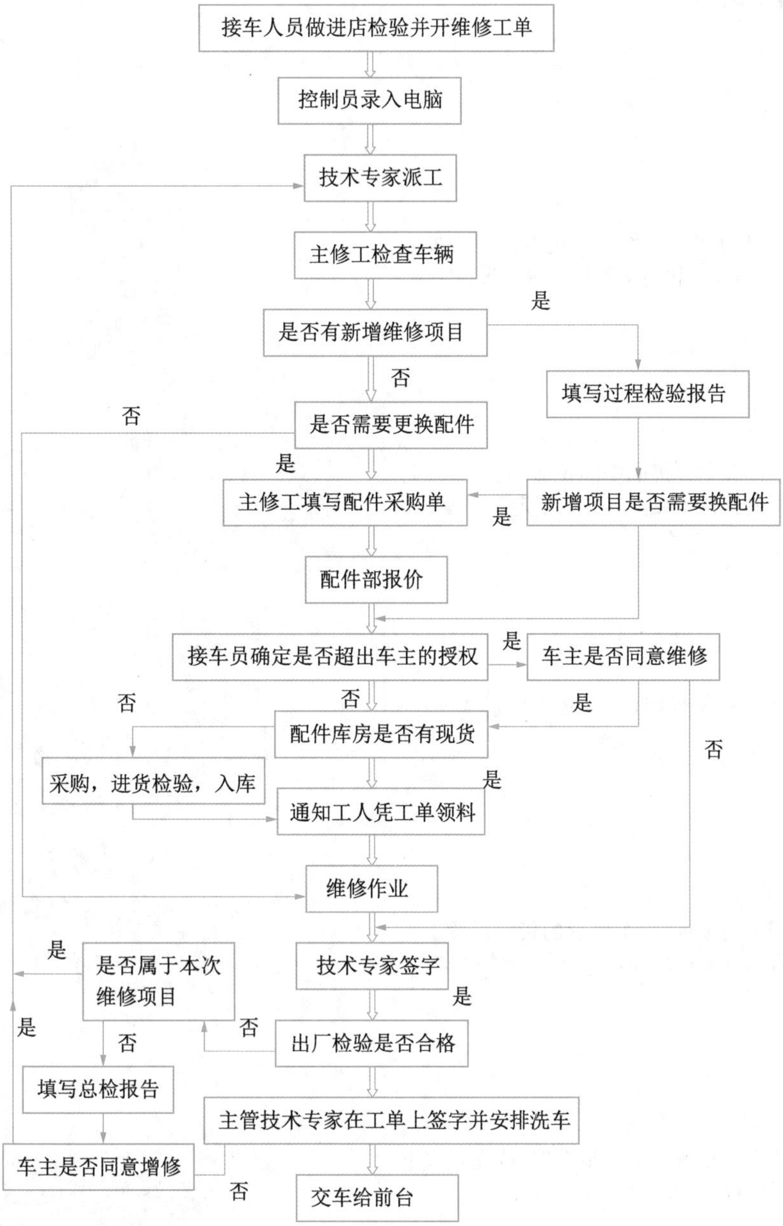

接车人员做进店检验并开维修工单
控制员录入电脑
技术专家派工
主修工检查车辆
是否有新增维修项目
是
否
填写过程检验报告
否
是否需要更换配件
是
主修工填写配件采购单
是
新增项目是否需要换配件
配件部报价
接车员确定是否超出车主的授权
是
车主是否同意维修
否
否
是
配件库房是否有现货
否
采购，进货检验，入库
是
通知工人凭工单领料
维修作业
是
是否属于本次维修项目
技术专家签字
是
是
否
否
出厂检验是否合格
填写总检报告
主管技术专家在工单上签字并安排洗车
车主是否同意增修
否
交车给前台

图 2－3　车间维修工作管理流程图

维护操作

一、操作举升机举升待维护车辆

举升机的操作见表 2－2。

表 2－2　举升机操作步骤

步骤	说明	图示
1	使用前，打开电源，检查电机电源是否安装正确，检查举升机有无漏电漏油状况。	
2	将车辆停在举升机的中间位置，此位置能将举升机的托臂支在汽车底盘指定支撑位置。	 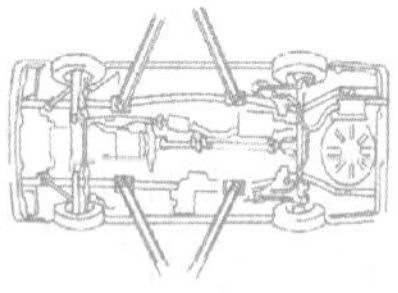 两柱式举升机支撑位置
3	将车挂入 P 或 N 挡位上，拉紧手刹。	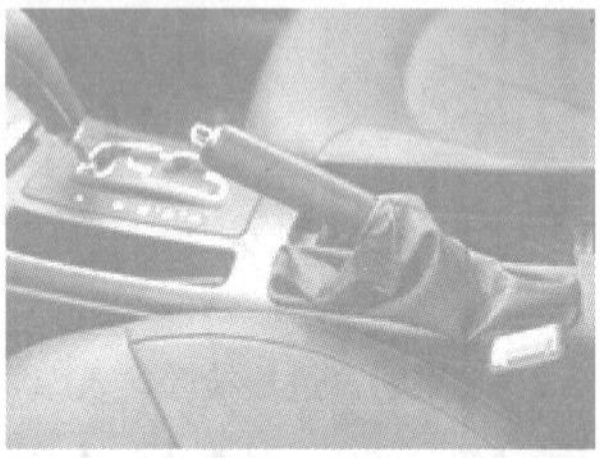
4	对准四个支撑点（汽车底盘的指定位置上），此位置通常钢板加强，可承受较大的力。	 
5	分三步举升车辆。上升举升臂，待支点接近车辆时暂停举升。	

续表

步骤	说明	图示
6	检查支点与车辆是否对齐。	
7	开动举升机，待支点与车辆接触后，重新检查支点位置，确认无误后将车辆举升，使车轮完全离地。	
8	第三步，在车辆侧面推动车辆，确定车辆稳定后将车辆举升到工作高度。	
9	下降车辆时，先解除下落保险，然后下降车辆直至适当位置。	

二、举升机使用注意事项

(1) 车辆的总质量不能大于举升机的举升能力。

(2) 根据车型和停车位置的不同，尽量使汽车的重心与举升机的重心相接近，严防偏重。

(3) 转动、伸缩、调整举升臂至汽车底盘指定位置并使其接触牢靠。

(4) 汽车举升前，操作人员应检查汽车周围人员的动向，并向周围人员提醒，防止意外发生。

(5) 汽车举升时，要在汽车离开地面较低位置时进行支点复检，无异常现象时方可举升至所需高度。

(6) 举升机在举升、下降过程中严禁在车下穿行，并禁止一切维修工作。

(7) 举升停止后，确保锁止装置锁止可靠后方可进行车底作业。

(8) 举升机两侧应同时上升、下降。

任务 2.2　汽车维修车间的 5S 管理

每次走进汽车 4S 店，都能让人感觉到整洁舒适的工作环境，主动积极的员工，高效快捷的工作。以上这些成就都依赖于“5S”现场管理制度的实施，为此，我们来学习一下“5S”现场管理制度。

一、汽车 4S 店 5S 管理的内容

5S 管理就是整理（SEIRI）、整顿（SEITON）、清扫（SEISO）、清洁（SETKETSU）、素养（SHITSUKE）五个项目，简称 5S 管理。5S 管理起源于日本，通过规范现场、现物，营造一目了然的工作环境，培养员工良好的工作习惯，其最终目的是提升人的品质，养成良好的工作习惯：

（1）革除马虎之心，凡事认真（认认真真地对待工作中的每一件“小事”）；

（2）遵守规定；

（3）自觉维护工作环境整洁明了；

（4）文明礼貌。

二、5S 管理的定义、目的、实施要领

（一）整理

1. 定义

整理就是把必要物品和不必要的物品区分开来，不要的物品彻底处理或丢弃，而不是“简单地收拾后又整齐地放置废品”。

（1）将工作场所任何东西区分为有必要的与不必要的；

（2）把必要的东西与不必要的东西明确地、严格地区分开来；

（3）不必要的东西要尽快处理。

正确的价值意识——使用价值，而不是原购买价值。

2. 目的

腾出空间，空间活用；防止误用、误送；塑造清爽的工作场所。

生产过程中经常有一些残余物料、待修品、返修品、报废品等滞留在现场，既占据工作空

间也阻碍生产。一些已无法使用的工夹具、量具、机器设备，如果不及时清除，会使现场变得凌乱。

注意：要有决心，不必要的物品应断然地加以处置。

3. 实施要领

(1) 自己的工作场所(范围)全面检查，包括看得到和看不到的。

(2) 制定“要”和“不要”的判别基准。“要”与“不要”的判定标准见表2-3。

表2-3　“要”与“不要”的判定标准

<table>
<tr><th>类别</th><th colspan="2">基准分类</th></tr>
<tr><td>要</td><td colspan="2">1. 使用的机器设备、电气装置；2. 工作台、材料架、板凳；3. 使用的工装、模具、夹具等；4. 原材料、半成品、成品等；5. 栈板、周转箱、防尘用具；6. 办公用品、文具等；7. 使用中的看板、海报等；8. 各种清洁工具、用品等；9. 文件和资料、图纸、表单、记录、档案等；10. 作业指导书、作业标准书、检验用的样品等</td></tr>
<tr><td rowspan="4">不要</td><td>A. 地板上</td><td>1. 杂物、灰尘、纸屑、油污等；2. 不再使用的工装、模具、夹具等；3. 不再使用的办公用品；4. 破烂的垃圾筒、周转箱、纸箱等；5. 呆滞物料等</td></tr>
<tr><td>B. 工作台</td><td>1. 过时的报表、资料；2. 损坏的工具、样品等；3. 多余的材料等；4. 私人用品</td></tr>
<tr><td>C. 墙上</td><td>1. 蜘蛛网；2. 老旧无用的标准书；3. 老旧的海报标语</td></tr>
<tr><td>D. 空中</td><td>1. 不再使用的各种挂具；2. 无用的各管线；3. 无效标牌、指示牌等</td></tr>
</table>

(3) 将“不要”物品清除出工作场所。

(4) 对需要的物品调查使用频度，决定日常用量及放置位置，放置准则见表2-4。

表2-4　物品放置准则

<table>
<tr><th>类别</th><th colspan="2">使用频度</th><th>处理方法</th><th>备注</th></tr>
<tr><td rowspan="3">必需物品</td><td colspan="2">每小时</td><td>放工作台上或随身携带</td><td></td></tr>
<tr><td colspan="2">每天</td><td>现场存放(工作台附近)</td><td></td></tr>
<tr><td colspan="2">每周</td><td>现场存放</td><td></td></tr>
<tr><td rowspan="8">非必需物品</td><td colspan="2">每月</td><td>仓库存储</td><td></td></tr>
<tr><td colspan="2">三个月</td><td>仓库存储</td><td>定期检查</td></tr>
<tr><td colspan="2">半年</td><td>仓库存储</td><td>定期检查</td></tr>
<tr><td colspan="2">一年</td><td>仓库存储(封存)</td><td>定期检查</td></tr>
<tr><td colspan="2">两年</td><td>仓库存储(封存)</td><td>定期检查</td></tr>
<tr><td rowspan="2">未定</td><td>有用</td><td>仓库存储</td><td>定期检查</td></tr>
<tr><td>不需要用</td><td>变卖/废弃</td><td>定期清理</td></tr>
<tr><td colspan="2">不能用</td><td>废弃/变卖</td><td>立刻废弃</td></tr>
</table>

(5) 制订废弃物处理方法；

(6) 每日自我检查。

（二）整顿

1. 定义

整顿就是把要用的东西按规定位置摆放整齐，并做好标识进行管理。整顿不是陈列，是要把有用的东西以最简便的方式放好，让大家都一目了然，在想要使用时可以随时取得。

(1) 对整理之后留在现场的必要的物品分门别类放置，整齐排列。

(2) 明确数量，有效标识。

2. 目的

(1) 工作场所一目了然；

(2) 整整齐齐的工作环境；

(3) 消除找寻物品的时间；

(4) 消除过多的积压物品。

注意：这是提高效率的基础。

3. 实施要领

(1) 撤除不用的东西，按照“整理”项所述要领推行；

(2) 整备放置空间，经整理后所腾出来的棚架，工具柜须重新配用，如需增加空间时应在最低限度内添加棚架以备用；

(3) 规划放置空间，按照物品使用的频率；

(4) 设定标签与标志，放置标志；

(5) 建立台账，建立起台账档案。

4. 实施重点

(1) 整顿的结果要达到任何人都能立即取出所需要的东西的状态。

(2) 要站在新人和其他职场的人的立场来看，什么东西该放在什么地方更为明确。

(3) 要想办法使物品能立即取出使用。

(4) 另外，使用后要容易恢复到原位，没有恢复或误放时能马上知道。

（三）清扫

1. 定义

清扫是清除不需要的物品，清除工作现场各处的脏污，使设备保持良好状态，保持工作现场整洁。

(1) 将工作场所清扫干净。

(2) 将设备保养得锃亮完好，创造一个一尘不染的环境。

2. 目的

(1) 保持整理、整顿成果；

(2) 保持工作环境整洁、干净，防止环境污染；

(3) 稳定设备、设施和环境质量，提高产品或服务质量，达到零故障、零损耗；

(4) 保持良好的工作情绪。

注意：责任化和制度化。

3. 实施要领

(1) 建立清扫责任区(室内、室外);

(2) 执行例行扫除,清理脏污;

(3) 调查污染源,予以杜绝或隔离;

(4) 建立清扫基准,树立规范;

(5) 开始一次全公司的大清扫,每个地方清洗干净。

清扫就是使职场进入没有垃圾,没有污脏的状态,虽然已经整理、整顿过,要的东西马上就能取得,但是被取出的东西要达到能被正常使用的状态才行。而达到这种状态就是清扫的第一目的,尤其目前强调高品质、高附加价值产品的制造,更不容许有垃圾或灰尘的污染,造成品质不良。

(四) 清洁

1. 定义

将整理、整顿、清扫进行到底,标准化、制度化并加以完善。

为机器、设备清除油垢、尘埃,谓之"清扫",而"长期保持"这种状态就是"清洁",将设备"漏水、漏油"现象设法找出原因,彻底解决,是根除不良和脏乱的源头。

2. 目的

(1) 形成习惯和制度;

(2) 是标准化的基础;

(3) 企业文化开始形成。

注意:制度化,定期检查和评比。

3. 实施要领

(1) 落实前3S工作;

(2) 制订目视管理的基准;

(3) 制订5S实施办法;

(4) 制订考评、稽核方法;

(5) 制订奖惩制度,加强执行;

(6) 高级主管经常带头巡查,带动全员重视5S活动。

5S活动一旦开始,不可在中途变得含糊不清。如果不能贯彻到底,又会形成另外一个污点,而这个污点会造成公司内保守而僵化的气氛。要打破这种保守、僵化的现象,唯有花费更长时间来改正。

(五) 素养

1. 定义

人人养成好习惯,依规定行事,培养积极进取的精神。

2. 目的

(1) 培养具有好习惯、遵守规则的员工。

(2) 营造团体精神。

注意：长期坚持，才能养成良好的习惯。

3. 实施要领

(1) 制订服装、臂章、工作帽等识别标准；

(2) 制订公司有关规则、规定；

(3) 制订礼仪守则；

(4) 教育训练(新进人员强化 5S 教育、实践)；

(5) 推动各种精神提升活动(晨会，例行打招呼，礼貌运动等)；

(6) 推动各种激励活动，遵守规章制度。

开展 5S 活动容易，但长时间的维持必须靠良好的素养。只靠一年一度或不定期的厂房大扫除，不管当时打扫得有多干净，多彻底，也无济于事。很快就会脏乱依旧，并且还可能养成更多坏习惯。要使现场有较为彻底的改善，务必认真扎实，按 5S 活动计划循序渐进地推进。可能，5S 活动开始实施时，进展缓慢，问题多多，但不可灰心，坚持下去就会看到成效，即使变化并不明显而且常有反复，也是值得的。可能身边常有人持怀疑甚至嘲讽的态度，也不要动摇，总有一天人们会惊奇地发现，推行 5S 活动，竟是这么合情合理，效果卓著。

只要持续深入地推进整理、整顿、清扫、清洁活动，员工就会逐渐养成良好的 5S 习惯，5 个 S 之间的关系如图 2-4 所示。

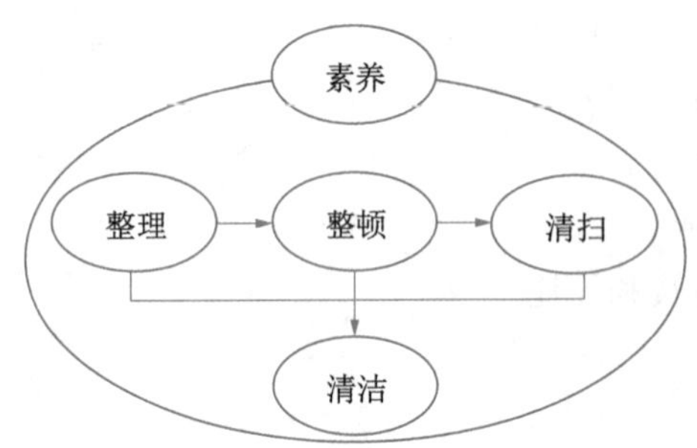

图 2-4　5 个 S 之间的关系

三、5S 工作制的要求

(1) 仪表及礼仪。统一规范的着装要求，良好的坐姿、站姿，电话礼仪，整洁、明亮、大方、舒适的接待环境。

(2) 整洁的办公室。台面整洁，文具单一化管理，公用设施、设备责任人标识。

(3) 生产工具管理。采用单一化管理，简洁实用。

(4) 站场管理。分区划线，员工工作井然有序，工作环境清洁明亮。

(5) 工作速度和效率。最佳的速度和零不良率。

(6) 空间效率。对现场分区划线，对各场地的利用率予以分析，增加有限空间的利用价值。

(7) 严明的小组督导。上班前经理、班组长对员工进行检查督导，工作过程中，对发现的问题及时开展小组督导，下班前对全天的工作进行总结。

(8) 工作评估。自我评估与综合考核评价相结合。

四、7S管理理念

随着生产管理实践的深入和社会的发展，对现场管理又提出了“安全(Safety)、节约(Saving)”等内容，与5S相结合，称为7S。

（一）安全

1. 定义

安全就是消除工作中的一切不安全因素，杜绝一切不安全的现象。

2. 目的

保障员工的人身安全，保证生产连续、安全、正常地进行，同时减少因安全事故而带来的经济损失。

3. 实施要领

清除隐患，排除险情，预防事故的发生。

要求在工作中严格执行操作规程，严禁违章作业。比如举升机的操作、充电机的操作等。时刻注意安全，比如用电、用气、用油的安全。

（二）节约

1. 定义

养成节省成本的意识，主动落实到人和物。

2. 目的

(1) 提高经济效益；

(2) 降低管理成本。

3. 实施要领

合理利用，发挥最大效能，物尽其用。

(1) 合理利用时间、空间、能源等，能利用的东西尽可能利用，比如废弃机油的回收、橡胶的回收等。

(2) 以自己就是主人的心态对待企业的资源，比如节约用水、用电、用油。

(3) 切勿随意丢弃，丢弃前要思考其剩余之使用价值，思考如何使之变废为宝。

(1) 每个小组根据5S管理要求清扫工作场地、整理工位。

(2) 小组之间按照汽车4S店5S管理检查表，认真互相检查5S执行情况，并进行评价，给出合理建议。

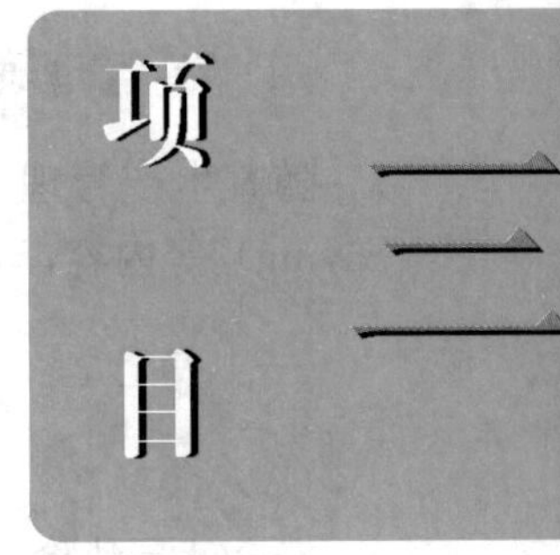

交车检查

学习目标

(1) 了解新车检验流程及重要性。

(2) 熟悉车辆主要尺寸参数和性能参数;车辆铭牌、车辆识别码的含义。

(3) 掌握新车正确验证其状态、恢复车辆的正常工作状态、检验车辆的功能。

通过车辆《维修手册》《驾驶员手册》《新车说明书》等资料获取车辆的主要基本信息;正确填写交车检验单。

项目描述

汽车在交接过程中,为了确保车辆完整性,避免产生不必要的纠纷,需要认真地进行交车前检查。在汽车4S店的日常工作生产活动中,接收新车、销售交车、维护/维修车辆交车等环节都需要进行交车检查。

课时计划

项目	项目内容	参考课时/h			
		教学课时	实践课时	小　计	合　计
3.1	新车交车检验	2	2	4	6
3.2	维修交车服务	0	2	2	

任务 3.1　新车交车检验

客户购买一辆帕萨特新领域轿车，销售人员要对整个车辆实施交车前的检验(PDI)。我们今天的主要任务是学习如何填写 PDI 新车检查表和对交付用户的新车辆功能进行检验。

一、新车交车检验的意义

新车从生产厂到达经销商处经历了道路运输和长时间的停放，为了向顾客保证新车的安全性和原产性能，需要进行售前维护。越是高档车辆，其电子自动化程度越高，售前维护项目也就越多。

新车检查项目，有的品牌称 PDI(Pre Delivery Inspection 出厂前检查，即车辆的售前检验)，也有品牌称 PDS(Problem Definite Statement 交车前的检查)。

经销商在新车交付用户之前实施交车前的检验(PDI)，以保证车辆处于最佳状态，用户在提车后即可使用。新车交车检验的内容有验证车辆的状态、将车辆恢复到工作状态、检验车辆的功能。

二、对新车状态进行模拟验证

(一) 验证车辆状态的意义

车辆由制造厂发往经销商的运输过程中可能出现损伤，车辆在到达经销商处时要对车辆状态进行验证，检点随车资料及物品，以保证车辆状态正常、资料物品齐全。

(二) 车辆状态验证的项目与要求

运输状况的验证。厂家将新车运至经销商后，首先由销售人员验证车辆运输状况，经验收人员验收后，再编写入库编码，将车辆运输状况及入库编码记录在车辆入库检验单上。车辆运输状况主要包括发车地点、运输车号、司机姓名、司机联系电话、装运车辆数量、运输公司等。

车辆明细资料的查对及随车物品的检点由验收人员负责完成。车辆明细资料主要包括车辆品牌、车型、规格、颜色、发动机号码、车架号等信息。随车物品包括车辆手续资料和随车工具。

车辆手续资料包括货物进口证明书(进口车)、进口车辆随车检验单(进口车)、车辆安全性能检验证书、拓印(车辆铭牌、发动机号、车架号等的拓印)、运单、新车点检单等。随车工具一般包括车主手册、保修手册、备胎、钥匙、工具包、点烟器等。验收人员对以上项目进行仔细查对与检点,确定有无、是否正确,发现问题,并在新车入库检验单中标记,对发现的问题进行记录,并提出处理意见。

(三) 恢复新车正常的工作状态

为了防止车辆在运输中发生问题,汽车在离开厂家前,没有安装运输中可能或容易损坏的零部件,另行包装;或对一些需要保护的部位加装了保护装置。

因此,在进行 PDI 时,车辆必须恢复正常的工作状态,发挥汽车的正常功能,避免用户在使用中出现意外事故。恢复新车正常工作状态主要包括以下内容:

(1) 安装保险丝及短路销;
(2) 安装汽车厂提供的零部件;
(3) 从制动器盘上拆下防锈盖;
(4) 安装橡皮车身塞;
(5) 取下前弹簧隔圈;
(6) 取下紧急拖车环;
(7) 调整轮胎压力;
(8) 除去不必要的标志、标签、贴纸等;
(9) 取掉车身防护膜。

三、检验新车功能的意义

为了使即将交付给顾客的新车状况及性能良好,保证各部件和机械运转正常,并使顾客满意,要认真细致地验收将要交付的新车,及早发现隐藏的质量缺陷,避免日后返修带来的麻烦。其内容包括检验前的准备工作、外部检查、发动机舱内检查、车辆底部检查、路试检查、最终检查等方面。

扫一扫可见微课“新车检查”

一、检验前的准备

检验前的准备包括准备轮胎空气压力表、数字式万用表、保护套及维修工具等。

(1) 准备好轮胎空气压力表、万用表等检测仪表及检测照明灯。
(2) 安装驾驶室座椅护套、转向盘护套及驾驶室脚垫。
(3) 准备好工具箱、扭力扳手、梅花扳手、套筒、橡皮软管及正版 VCD 或 DVD 等。
(4) 准备新车交接检验记录单(PDI 检查单)及记录板夹。

二、检验新车功能的注意事项

为了保证 PDI 工作的顺利完成，避免将汽车擦伤和弄脏，在进行 PDI 前必须注意以下事项：

(1) 双手保持干净，指甲不能太长。

(2) 制服整洁合身，不能带纽扣和拉扣，鞋子不能沾有泥土。

(3) 衣服口袋不能放任何工具和硬物。

(4) 身上不能佩戴钥匙链，不能戴手表、戒指、手链、项链等饰物。

三、恢复新车正常工作状态的操作步骤及要求

(1) 安装保险丝及短路销。为了防止在运输中有电流通过，厂家已将顶灯保险丝、收音机保险丝和短路销拆下放在继电器盒内，因此，应首先将顶灯保险丝、收音机保险丝和短路销安装到相应位置。

(2) 安装汽车厂提供的零部件。厂家对外后视镜等汽车外部凸出部分零部件单独包装，以防运输途中损坏。一般有以下内容：

① 安装外后视镜；

② 安装备用轮固定架托座；

③ 安装气管；

④ 安装前挠流板盖；

⑤ 安装轮帽和盖。

(3) 从制动器盘上拆下防锈罩。取下装在盘式制动器上的防锈罩。注意取下时一定要用手进行，切忌使用螺钉旋具或其他工具，以防损坏车轮或制动盘。如果制动器上装有防尘罩，一般在前窗上贴有一警告标志。

(4) 安装橡胶车身塞。将橡胶车身塞装在车身上相应部件的孔上。注意橡胶车身塞一般在手套箱中。

(5) 取下前弹簧隔圈。用千斤顶或举升器将车辆吊起，从前悬架上取下前弹簧隔圈。注意没有装前弹簧隔圈的车辆则不进行此项工作。

(6) 取下紧急拖车环。从保险杠上取下紧急拖车环，然后在紧急拖车环的孔上加盖。注意紧急拖车环孔盖在手套箱中，取下的紧急拖车环放在工具袋中。没有装紧急拖车环的车辆不进行此项工作。

(7) 调整轮胎空气压力。调整轮胎(包括备胎)空气压力至正常值。注意出厂时轮胎气压通常高一些以防运输中轮胎变形，因此交用户前一般要调低至正常值。

(8) 除去不必要的标志、标签、贴纸及保护盖等。交用户前取下相应保护盖，除去标签、标志、贴纸等。注意勿用如刀等尖锐物体拆除保护盖，以免损坏装饰条及座椅。

(9) 取掉车身防护膜。先冲洗汽车除去运输过程中积下的砂石、尘土；再剥离车身上的保护膜；最后检查车身在油漆表面上是否有黏性残留物或凸出物。注意只能用手剥离保护膜，但为了防止刮坏油漆或压凹车身，勿将肘部或手放在车上。

扫一扫见"朗逸 PDI 操作"

任务 3.2　维修交车服务

张先生的帕萨特车到店维修，车间预计早上 9:20 维修结束，可以交车，电话预约车主 9:30 前来提车，为确保交车顺利，节约客户时间，交车前需要进行交车检查，并做好交车服务工作。

一、交车服务内容

与新车检验不同，维修交车重点介绍委托维修/维护项目施工情况，项目外维修/维护项目施工情况及维修的必要性，以及未维修的项目需要注意事项等。最后还需要对维修/维护项目收费情况进行说明。

(1) 检查发票(材料费、工时费与实际是否相符)。

(2) 向客户说明发票内容。

(3) 向客户说明订单外的工作和发现但没法去解决的问题，对于必须修理但客户未同意的项目要请客户签字。

(4) 给客户查看更换下来的配件。

(5) 给客户指示所做的维修工作。

(6) 告知某些配件的剩余寿命。

(7) 向客户讲解必要的维修保养知识，宣传特色服务。

(8) 向客户宣传预约的好处。

(9) 告别客户。

二、维修交车工作流程

车辆维修后的交车工作流程如图 3-1 所示。

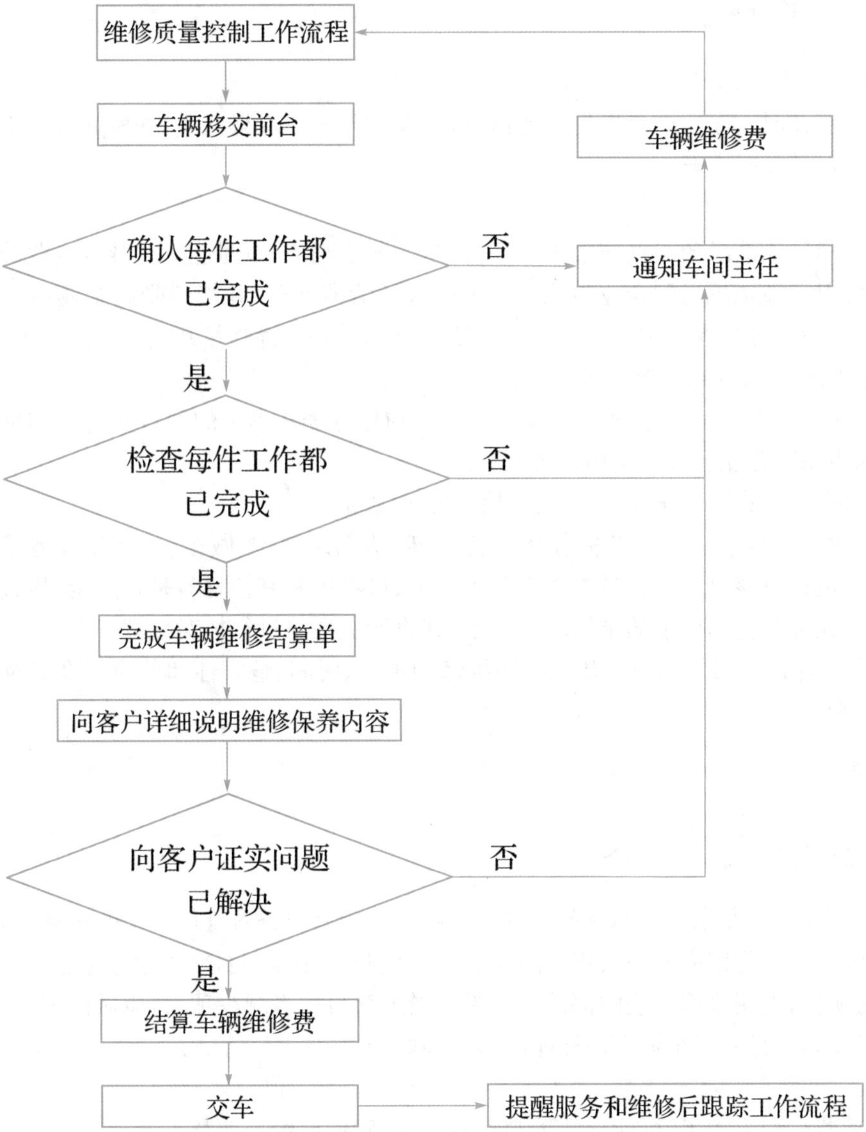

图 3-1　车辆维修后的交车工作流程

三、交车服务标准

（一）交车前的检查

交车前的最后检查是维修业务中的重要环节，不仅可以改善工作质量，还会直接影响到客户的满意程度。由车间主管或技术总监负责的最后检查，可保证质量控制获得最佳效果，作为业务接待，一定要充分了解最后检查的方法和项目，确定最后的检查已经实施。万一发生返修的情况，业务接待还要考虑补救措施。

（二）交车前的准备

1. 提前检查作业进度，做到心中有数

确保能够按时交车。如果发生其他情况，应及时与客户取得联系，并做好解释工作。一般情况下要保证按时交车。

2. 将车辆内外清理干净

交付客户一辆洁净的车辆非常重要，尤其是一些小细节，有时能体现维修企业的整体形象。客户可以清晰地感受到企业为他的汽车进行了清洁处理，并能感受到企业对他的车辆是负责任的。对维修/保养过的部位进行清洁检查，应保证无油污，并确保无意外损伤。

(1) 将倒车镜、座椅、音响等恢复原位。

(2) 检查交车时间、费用、实际维修项目是否与任务委托书上的项目相符。如果有增加项目，应说明原因并注意维修费用是否变更。

(3) 对照任务委托书进行车上检查，核查完工项目。

(4) 核算。业务接待在审验完任务委托书，确认无误后，要做相应的记录，将任务委托书送交收款员进行核算。收款员检查任务委托书、材料单和其他材料是否齐全，检查出库的材料是否与任务委托书要求的维修范围一致，并将额定项目进行核对核算。

(5) 列出建议维修的项目。建议写明维修的项目、时间、危害性和危险程度以及对车辆性能及寿命的影响。

四、交车服务

（一）带领客户验车

在客户取车时，原来接车的业务接待应尽可能带领客户查看维修完毕的车辆，尽可能使客户每次取车的经历都变成一次积极的体验。在此过程中，尽可能说明免费为客户进行维修/保养的项目，说明维修更换的部件。如果有增加项目或者减少项目，应做详细的解释，说明变更项目的必要性，对车辆寿命性能的影响和好处。

例如：

手制动器行程太大了，可能导致手制动器失效，我们已给您调整了。

（二）带领客户审验维修项目

带领客户按照任务委托书审验维修项目，确认所有要求是否已得到满足。在审核维修项目的过程中，要积极地向客户解释维修的内容，此时应带上已换下来的旧件来帮助说明，这不仅能对客户的信任产生积极的影响，也可以避免客户认为企业提供的服务过于昂贵。

（三）提醒客户

提醒客户维修过程中发现但未排除的故障。如果可能，给出报价，一定要说明是大约报价，具体价格需要核算部门进行核算。如果发现涉及安全性的问题，应向客户解释未排除故障的危害。但不能让客户感觉到是在拉生产任务，要让客户感觉主要是为他着想。对于必须维修但客户未同意维修的项目，要请客户签字确认。

维修交车任务实施具体操作如下。

1. 准备工作

该项目实施可以在教室进行。配备计算机、话筒、音响、投影仪等基本设施设备。可以用照相机和摄影机记录实训过程和内容，做好影像资料的归类保存。

2. 实训内容及要求

(1) 掌握结算的关键时刻及行为指导。

(2) 掌握交车的关键时刻和结算交车的工作流程。

(3) 学生分组进行角色扮演，设计情景对话。

3. 场景设计

学生根据课堂讲解的内容可分组进行设计情景对话、角色扮演，学生之间互相交流心得体会。最后在实训教师的指导下，完成任务工单。

在操作过程中，要注意操作程序与规范。

4. 完成任务单和报告

模拟说明维修内容和费用组成，填写结算清单，撰写实训报告。

汽车发动机的维护

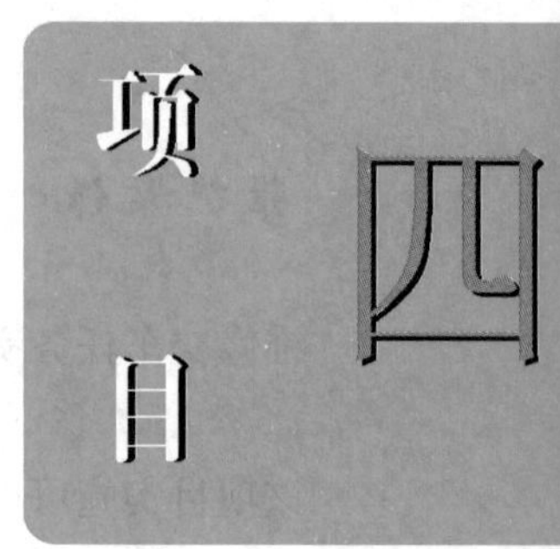

(1) 了解汽车发动机的相关新技术、新材料的应用。

(2) 熟悉发动机各组成部分的结构原理及在具体车型上面的安装位置;发动机各种工作油液和耗材的准确选择方法。

(3) 掌握发动机润滑油及滤清器的更换、空气滤清器更换、节气门清洗、更换冷却液、清洗冷却系统、更换燃油滤清器、点火系统维护。

发动机是汽车的心脏,其性能直接决定汽车技术等级,做好发动机的维护是汽车可靠性、安全性、动力性和经济性的重要保证。汽车发动机的维护主要涉及发动机润滑系统、进排气系统、燃油供给系统、冷却系统、点火系统及起动系统,维护项目较多。要求汽车维护人员能够准确选择发动机各种工作油液,熟练掌握汽车发动机维护项目的操作。

项目	项目内容	参考课时/h			
		教学课时	实训课时	小　计	合　计
4.1	润滑系统维护	2	2	4	20
4.2	进排气系统维护	2	2	4	
4.3	冷却系统保养	2	2	4	
4.4	燃油供给系统维护	2	2	4	
4.5	点火系统保养	2	2	4	

任务 4.1　润滑系统维护

小王是刚进 4S 维修车间的学徒，师傅安排他给待保养车辆换机油的任务。换机油是发动机润滑系统维护的最基本内容，看似简单，却内容深刻。要做好润滑系统的维护必须先熟悉发动机润滑系统的作用和结构原理，再熟练掌握机油、滤清器的更换操作以及发动机润滑系统免拆清洗操作。

一、润滑系统结构及功能

发动机润滑系统的功能是将润滑油不断地输送到各运动零件的摩擦表面，主要有以下作用：

(1) 润滑作用。润滑油可使运动零件之间构成油膜接触，减小摩擦阻力和动力损失，并减小机件的磨损。

(2) 清洁作用。循环流动的润滑油将摩擦脱落的金属细屑带走，使之不滞留在零件之间形成磨料而加剧磨损。

(3) 散热作用。循环流动的润滑油将摩擦产生的热量带走，并使运动机件不致因升温过高而烧毁。

(4) 密封作用。润滑油在活塞环与气缸壁间构成的油膜，可起到一定的密封作用，减少漏气。

发动机润滑系主要由油底壳、机油泵、机油集滤器、机油滤清器、安全阀、油管、气缸体上润滑油道以及机油压力表和感应塞等组成，如图 4－1 所示。

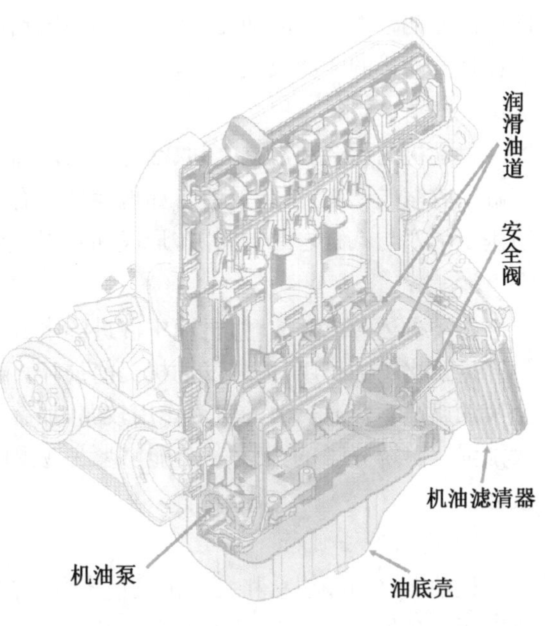

图 4－1　发动机润滑系统结构图

发动机机油对发动机性能有重要的影响，所以每天都应检测发动机机油量。

发动机润滑系统保养的主要内容是更换机油和机油滤清器以及润滑油道清洗。

二、发动机润滑油

(一) 润滑油作用

发动机润滑油俗称机油，是发动机的“血液”，起到润滑、冷却、清洗、密封、防蚀及缓冲等重要作用。

1. 润滑作用

现代发动机都设计了一套润滑系统，通过油泵的强制循环或飞溅的方法，将机油送到发动机摩擦机件之间，黏附在摩擦表面上形成油膜，从而使两个摩擦表面尽可能不直接接触。这样，金属间的干摩擦就变成了在液体油层间的液体摩擦。由于液体摩擦系数比干摩擦系数小得多，所以摩擦阻力显著减小。这样，发动机就能更好地输出功率，并使机件的磨损大为减少。

2. 冷却作用

发动机产生的热量，不论来自燃料的燃烧热，还是来自金属机件的摩擦热都必须排出机件。否则，发动机会因温度过高而损坏。在发动机工作时，机油不断从汽缸、活塞、曲轴等摩擦表面吸收热量，并把热传递到温度较低的零件上。其中一部分热量消耗在曲轴箱中，大部分热量则传导至与冷却液接触的汽缸壁上，经冷却液带出机体。

3. 洗涤作用

发动机工作时，吸入空气所带来的尘土，以及燃烧后形成的积炭，润滑油氧化形成的胶质，摩擦产生的金属杂质等结合在一起就形成了所谓的油泥。而这些油泥会逐渐沉积在零件的摩擦表面上，使机件的磨损增大，活塞环黏结，发动机不能正常运转。含有清静分散剂的机油能把摩擦表面的油泥带走，送到曲轴箱中，再通过机油滤清器滤掉。这样往复循环可以保持发动机的清洁及正常运转。

4. 密封作用

发动机的活塞和汽缸之间、活塞环与环槽之间都有一定的间隙，保证不同温度下活塞在汽缸中收缩或膨胀，都能灵活自如地运转。有了间隙就需要密封，机油能起到密封作用。它填满了活塞与汽缸之间的间隙，形成油封阻止汽缸串气，从而保证了发动机的输出功率。

5. 防锈作用

发动机运转或存放时，机油中混进的水分及燃烧产生的酸性气体串入曲轴箱中，对发动机产生锈化腐蚀作用，造成发动机提前损坏。机油能吸附在机件金属表面，防止酸性物质对金属的腐蚀。普通机油的防锈作用较弱，加有防锈保护剂的机油对金属表面的保护作用大大加强。防锈分子的极性一端能够紧紧吸附在金属表面，形成密集排列，防止水与金属接触。

6. 消除冲击负荷

机油能够消除轴承和发动机其他零件间的冲击负荷作用。在发动机压缩行程终了时，汽缸压力急剧上升到 16 MPa，这相当于一个几万牛顿的作用力突然加到活塞、活塞销、连杆、曲轴和其他轴承上。这个冲击负荷经过轴承传递时，轴承间隙里的机油承受了冲击负荷，起到缓冲作用。

(二)润滑油分类

1. 按基础油成分划分

目前市场上的机油因其基础油的不同可简分为矿物油及合成油两种(植物油因产量稀少故不计)。合成油中又分为:全合成及半合成。

全合成机油是最高等级的。二者最大差别在于:合成油使用的温度更广,使用期限更长,以及成本更高;同样的油膜要求,合成油可用较低的黏度就可达成,而矿物油就需用相对于合成油较高的黏度才可达到如此要求。在相同的工作环境里,合成油使用期限比矿物油长很多。

2. 机油黏度等级划分

在机油的外包装上,我们都经常会看到 SAE 和 API。其中 SAE 是美国汽车工程协会的简称,API 是美国石油协会的简称。SAE 后边的标号标明机油的黏度值,而 API 后边的标号则标明机油的质量级别。

10W－40 就是它的 SAE 标准黏度值,这个黏度值首先表示这个机油是多级机油,W 代表 WINTER 冬天,W 前面的数字是代表凝点温度,简单来说就是结冰点温度,数值越低越好。W 后面的数字代表机油在 100℃时的运动黏度,数值越高说明黏度越高。

3. 黏度级别的选择

发动机黏度级别的选用主要依据发动机说明书的推荐和使用环境温度的范围。

主要黏度级别使用温度范围如表 4－1 所示。

表 4－1　润滑油黏度级别使用温度范围表

黏度等级	使用温度/℃	黏度等级	使用温度/℃
20	－10～20	5 W/30	－30～30
30	0～30	10 W/30	－25～30
40	10～50	15 W/40	－20～40
0 W/20	－35～20	20 W/50	－15～50

4. 质量等级划分

机油质量:

SA/SM:表示汽油引擎车使用;

CA/CI:表示柴油引擎车使用。

具体如下:美国石油学会(American Petroleum Institute)的英文缩写为 API;API 等级代表发动机油质量的等级。它采用简单的代码来描述发动机机油的工作能力。

API 发动机油分为两类:“S”开头系列代表汽油发动机用油,规格有:API SA,SB,SC,SD,SE,SF,SG,SH,SJ,SL,SM。“C”开头系列代表柴油发动机用油,规格有:API CA,CB,CC,CD,CE,CF,CF－2,CF－4,CG－4,CH－4,CI－4。当“S”和“C”两个字母同时存在,则表示此机油为汽、柴通用型。

在 S 或 C 后面的字母表示的意义是;从“SA”一直到“SN”,每递增一个字母,机油的性能都会优于前一种,机油中会有更多用来保护发动机的添加剂。字母越靠后,质量等级越高,国际品牌中机油级别多是 SF 级别以上的。例如,壳牌非凡喜力(Shell Helix Plus)是 API SM 级,而壳牌红色喜力机油(Shell Helix Red Motor Oil)则是 API SG 级,这说明非凡喜力的质量等级要高于红喜力。机油牌号及说明见图 4-2。

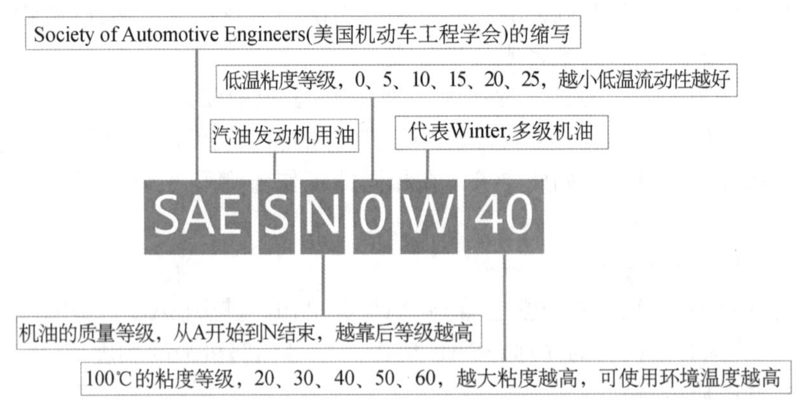

图 4-2　发动机机油牌号

(三) 润滑油选择

由于机油对发动机的使用性能和寿命都有很大的影响,因此应严格按照汽车使用说明书规定选用相同系列、使用等级、黏度等级的机油。车辆说明书推荐的机油是根据发动机的性能和销售地域的气温等情况而定的,对机油的选用有一定的指导作用,并留有较大的安全系数,同时也是发动机保修期内索赔的前提条件之一。

选择机油,要同时兼顾 SAE 黏度指数和 API 性能分类,以便最佳匹配所期望的环境温度和驾驶条件。

机油黏度的选用应同时满足低温起动性和高温润滑性,首先必须了解车辆的性能,若是高性能的跑车,或者车辆经常处于高速行车状态,由于在大功率时发动机的转速很高,会使发动机的温度居高不下,因此必须选用较耐热的机油,例如:SAE 15W50、SAE 10W40 等。

而若周围环境较冷,由于低温下机油黏度较高必须选用一些较稀的机油,则选择的产品应以 SAE 10W30、SAE 10W40 等为宜。

还需要根据车况选择机油:

(1) 新车的活塞与气缸间隙小,且机件活动面尚未磨合,适合较稀的机油,因为稀机油容易进入紧密间隙中,可以帮助磨合。待磨合完成后再改用正常黏度机油。

(2) 车辆在 80 000 km 内,活塞与气缸磨损不多,间隙正常,可选用正常黏度。

(3) 车辆在 80 000 km 以上,活塞与气缸间隙已稍磨损,间隙稍大,可选用较黏机油,提高间隙的密封性。

(4) 都市用车、常塞车、慢速龟爬者,因慢速塞车易引起引擎高温,宜选用较黏机油。

(5) 高速公路或长途用车多者,因引擎温度正常,选用正常黏度即可。

(6) 轻负荷引擎譬如轿车,宜选用正常黏度机油。

(7) 重负荷引擎譬如货车,或是常常满载的轿车、常爬山长陡坡的车,宜选用较黏机油。

(8) 激烈操驾者，如常急加速、引擎转速高、赛车者，宜选用黏机油，对于引擎常逼近红线区者宜选用 SAE 60 机油。

三、机油滤清器

（一）机油滤清器的功能

机油滤清器的作用是过滤发动机中的金属碎屑以及机油中的各种杂质，防止机油劣化，避免引擎运动部件的磨损。另外当机油滤清器阻塞时，让机油适当流出，确保油压正常。

机油滤清器一般要求 5 000 km 更换一次(不同车型要求不尽相同，参考维修手册)，才能达到最佳使用效果。

（二）机油滤清器的工作原理

机油滤清器结构如图 4－3 所示，工作时机油泵从油底壳抽出的机油，以一定的压力(0.3～0.4 MPa)，从滤清器的进油口(螺纹盖板的多个冲孔)进入滤清器的滤芯纸格表面，经滤芯过滤后进入中心管，再从出油口(即中心螺纹孔)流进发动机的主油道执行润滑。当冷起动发动机，或滤芯被堵塞，而造成过油阻力增大时，机油的压力就会克服旁通阀弹簧的压力，机油便从该阀直接进入主油道，以保证及时润滑。但值得注意的是：滤清器自身由于杂质增多而被堵塞时旁通阀也会打开。因此要求滤清器必须定期更换。

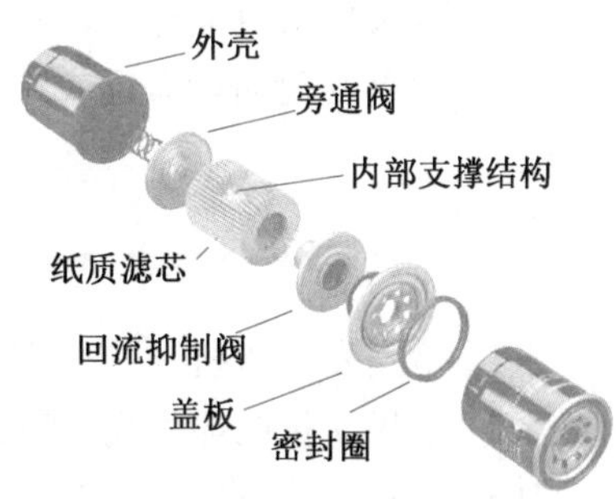

图 4－3　机油滤清器结构图

（三）机油滤清器的更换周期

滤清器使用一定时间后，滤芯上会附着很多污垢，因此应定期更换滤清器。一般而言，机油滤清器与机油应同时更换。这样，有利于延长发动机的使用寿命。

经常使用的汽车，使用矿物机油建议每行驶 5 000 km 或半年，应更换机油及滤清器；使用全合成机油建议每行驶 7 500～10 000 km 或半年，应更换机油及滤清器。具体车型可参考汽车厂家提供的保养手册，如“大众迈腾－Magotan B8L 2016 保养手册”。

一、发动机机油的检查

（一）机油液位的检查

(1) 将车辆停放在平坦地面上，将车轮挡块安装到位，保证车辆稳定停靠。

(2) 起动发动机并让发动机达到正常工作温度。

(3) 停止发动机并等待约 5 分钟,使机油流回油底壳。

(4) 打开发动机舱盖,拔出油尺,擦干净,然后全部插回去。机油标尺在发动机中的位置如图 4 - 4 所示。

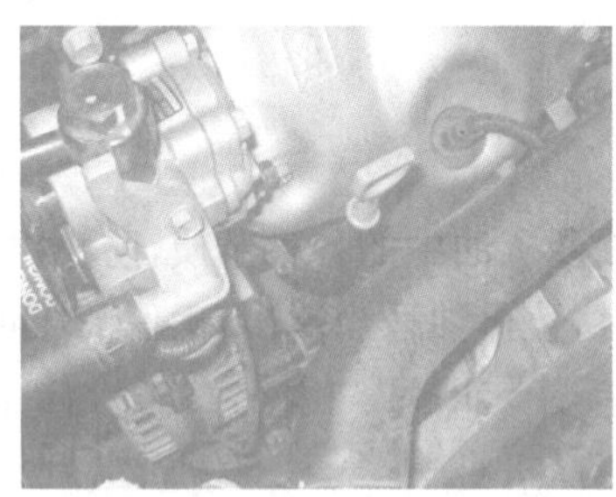

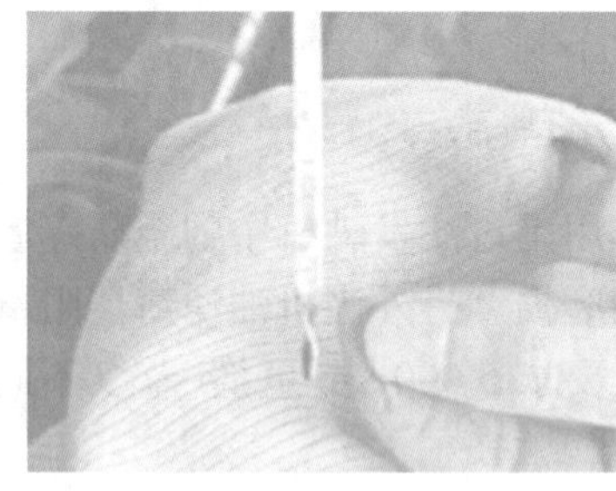

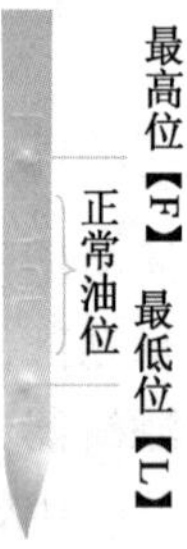

图 4 - 4　检查机油量

(5) 再次拔出机油标尺,检查油量,油量应在“上线”与“下线”之间。

(6) 如果发现油量靠近或在“下线”位置,应补充机油直到油量到达“上线”位置,但不能过量。

(二) 机油质量的检查

(1) 检查发动机机油是否变质,进水,轻微变色。

(2) 如果质量明显不良,需要更换机油。

(3) 检查方法,在热车时将机油尺上的机油滴一滴在滤纸或餐巾纸上,然后观察机油油渍形状,如图 4 - 5 所示。

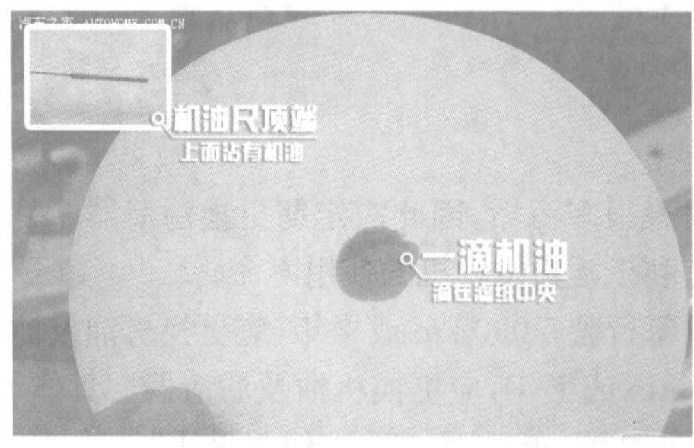

图 4 - 5　机油质量检查

现象一,油斑的沉积区和扩散区之间无明显界线,整个油斑颜色均匀,油环淡而明亮,如图 4 - 6(a)所示。说明机油质量良好,可安心使用。

(a)　(b)　(c)

图 4 - 6　机油质量分析

现象二,沉积环色深,扩散环较宽,有明显分界线,油环为不同深度的黄色,如图 4-6(b)所示。说明油质已污染,机油尚可使用,但已接近更换时间。

现象三,沉积环深黑色,沉积物密集,扩散环窄,油环颜色变深,如图 4-6(c)所示。说明油质已经恶化,应马上更换新油,以免造成发动机过度磨损。

二、发动机机油的更换

扫一扫可见微课"更换发动机机油"

(一) 发动机机油排放

更换发动机机油时需要将车辆举升到适合操作的高度,在举升之前需要打开机油加注口盖,为了防止异物通过机油加注口进入发动机,需要利用干净的布将其遮盖住,然后进行下列操作。

1. 预热发动机

(1) 把车辆停在平整的地面上,起动发动机,进行发动机暖机。

(2) 关闭发动机,拉紧驻车制动器,打开汽车发动机盖和机油加油口盖。如图 4-7 所示。

图 4-7　打开机油加油口盖

2. 举升车辆

(1) 在车辆停靠到位的基础上,放置举升托臂。

(2) 操纵举升机,当车轮离开地面,停止举升并以一定的力量按动车辆前后部,检查车身是否稳固。

(3) 在车身稳定的情况下,继续操纵举升机,将车辆举升到适合操作的最高位置。

3. 排放机油

(1) 清洁地面,防止有水或油造成打滑,影响安全操作。

（2）拆卸机油放油塞，将机油排入废油收集容器中，如图 4－8 所示。此时需要特别注意防止热车后的机油将手烫伤。另外还需要放置好容器位置，防止漏油。

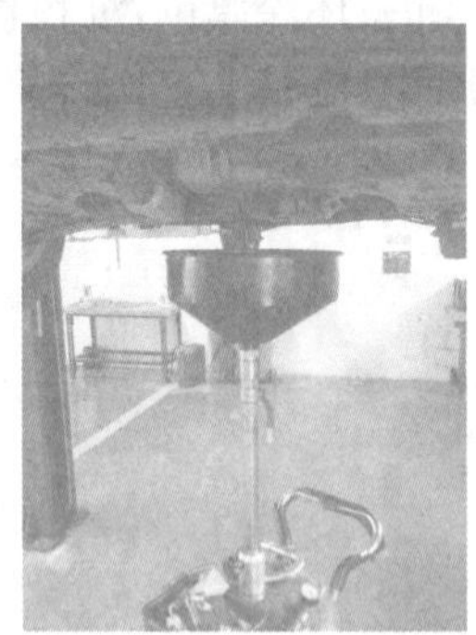

图 4－8　排放机油

4．更换密封垫

放完机油后，更换放油塞密封垫，按维修手册的规定力矩拧紧。

（二）加注发动机机油

（1）从举升机上放下车辆。

（2）如图 4－9 所示，从发动机机油加注口注入车辆制造商规定黏度的高品质汽油发动机专用机油，直至油位达到机油标尺上的满油位标记即可停止加注。

图 4－9　加注机油

（3）盖上机油加注口盖，使发动机怠速空转 5 分钟后停止运转。3 分钟后拔出机油标尺检查油位是否处在正常位置。

注意：不足时再加油，油位超过最高油位标记时需抽出过量机油。

（4）安装机油加注口盖。

（5）起动发动机并检查是否漏油。

（6）重新检查发动机机油量。

（7）检查漏油情况，发动机润滑系统漏油情况的检查主要包括发动机各区域的接触面、油封处和放油塞。

注意：

(1) 检查完毕后对机油加注口及油底壳进行清洁。

(2) 加注新机油时必须注意防止机油外漏，从而造成对传感器、执行器的损坏。

(3) 长时间及重复接触矿物油会导致皮肤的脱落、干燥、刺激和病变。另外，废发动机机油含有潜在的有害杂质，会引起皮肤癌。

(4) 为了缩短时间及降低油与皮肤接触的频率，应穿上防护服并戴上手套。检查结束后用肥皂和水彻底清洗皮肤，或使用清洁剂去除发动机油。禁止使用汽油，稀释剂或溶剂清洗。

(5) 为了保护设备，只能在指定的清除位清除废发动机机油和废机油滤清器。

三、机油滤清器的更换

(1) 利用机油滤清器扳手拆卸机油滤清器，如图 4－10 所示。

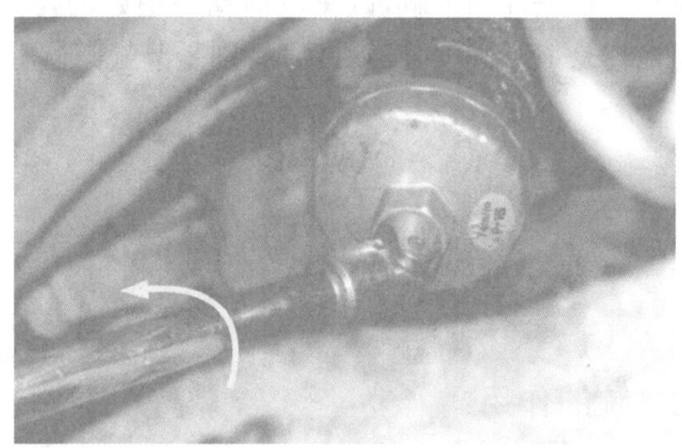

图 4－10　拆卸机油滤清器

注意：用机油滤清器扳钳把机油滤清器拆下来，为了防止机油溢洒，应该将其开口朝上取出来。

(2) 检查并清洗汽缸体与机油滤清器的安装表面。

(3) 检查新机油滤清器部件编号是否与旧编号相同。

注意：在机油滤清器的安装部位上，有一个橡胶油封环。为了防止橡胶油封环黏附污物，在新机油滤清器上，都有一个塑料薄膜盖。新机油滤清器如图 4－11 所示。

把机油滤清器上的塑料薄膜盖拆下来，如果橡胶油封环已经干了，应该薄薄地涂上一层机油，如图 4－12 所示。

图 4－11　新机油滤清器

图 4－12　润滑密封圈

(4) 用手把新的机油滤清器拧在机油滤清器支座上，直到滤油器"O"形环与安装表面接触，用机油滤清器扳手再把滤清器拧紧至维修手册中标准扭矩。为了恰当地拧紧机油滤清器，注意识别滤清器"O"形环与安装表面初始接触的精确位置。

任务 4.2　进排气系统维护

小周的科鲁兹开了 3 年，基本都是市区上下班代步用，最近他反映，自己的车加速迟钝，根本不像一款运动型轿车。根据询问了解，该车以前动力很好的，特别是加速灵敏提速快，而现在就像老爷车。经检查是该车进气管道脏污，特别是节气门体脏污严重，遂进行进气系统的维护保养。

一、汽车进排气系统的作用

在内燃机工作循环时，不断地将新鲜空气或可燃混合气送入燃烧室，又将燃烧后的废气排到大气中，以保证内燃机连续运转。

二、汽车进排气系统的组成

发动机进气系统由空气滤清器、进气管、排气管和排气消声器等组成。发动机进气系统如图 4－13 所示。

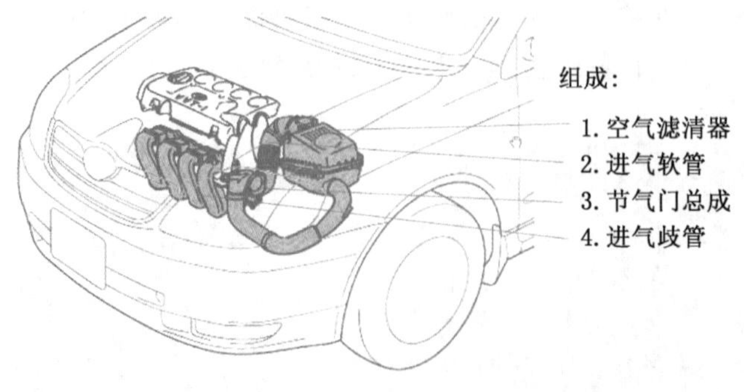

图 4－13　发动机进气系统

现代汽车发动机在传统的进、排气系统中又增加了不少机外净化的附件与装置，并且广泛地采用了增压技术，成为发动机的重要组成部分。

1. 空气滤清器

功用：滤去空气中的尘埃和杂质，为发动机输送洁净的空气，以减少活塞与气缸套之间、活塞组之间和气门组之间的磨损。此外还能抑制内燃机的进气噪声。

对于汽油机，还可防止回火时火焰向外扩展。在一些汽油机上，为了降低有害气体的排放，还在空气滤清器上加装了一些附加装置。

纸质空气滤清器由外壳、盖和滤芯组成，如图 4－14 所示。

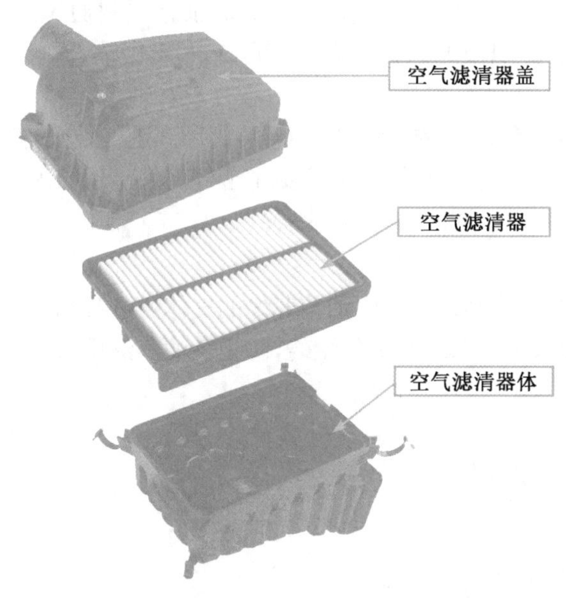

图 4－14　空气滤清器

2. 进气管

进气管是连接空气滤清器和气缸盖进气道之间的管子。在汽油机上，把电子节气门阀体与气缸盖进气道间的管子称为进气管。

3. 排气系统

排气系统由排气歧管、排气总管、催化反应器、排气消声器、排气尾管等组成。

要求：在尽可能低的排气流动阻力下，排出尽量少的有害物质；并在车辆的特定部位保证尽可能低的热辐射和尽可能小的排气噪声。排气管内表面应光滑，流通断面不要突变，外形尽量符合气流流线。

4. 排气的净化装置

汽车排放的有害物是构成大气污染的主要来源。其中对人体健康有害的物质主要是 HC、CO、NO_x。从发动机排气管排出的废气中有 HC(约占总 HC 量的 55%)、CO、NO_x 等，从曲轴箱的窜气中有 HC 约占 25%，从油箱蒸发的 HC 约占 20%。

机内净化主要是由改善燃料的雾化、蒸发、混合及分配来改善燃烧质量。

机外净化采用催化反应器净化排放有害物，催化反应器是采用面容比很大的载体表面上的催化剂作为触媒介质，如排气催化反应器是将有害成分 CO、HC 和 NO_x 剂进行反应而转化为无害的 CO_2、H_2O 的一种净化器装置。

排气催化反应器可分为两种，即还原型催化反应器和氧化型催化反应器。它们是在氧化铝的颗粒(多孔件)表面镀上铂、铑等催化剂或者在格状的氧化铝上镀上催化剂(整体型)。

废气再循环装置(EGR)主要用于净化 NO_x。原理是利用废气中的一部分气体(5%~20%)经进气管再引入气缸,由于废气中含有 H_2O、CO_2,使混合气热容量提高,从而使燃烧最高温度下降,NO_x 排出浓度减小。

5. PCV 装置

PCV 是英文 Positive Crankcase Ventilation(曲轴箱强制通风)三个字的简写,中文的意思是曲轴箱(或油底壳)积极通风控制系统。PCV 阀由阀体、阀门、阀盖、弹簧组成,不可分解。

其主要作用是:将曲轴箱内的气体通过 PCV 阀导入进气歧管,并有少量的空气由空气滤清器经 PCV 阀直接进入进气歧管,这就避免了节气门处出现结冰、燃烧不充分、排放恶化等现象。防止窜气进入大气,同时防止机油变质。

6. 活性碳罐

油箱汽油蒸汽的排出控制装置是将油箱蒸发的气体通过装满活性炭的容器(碳罐)贮藏(吸附)起来,然后再导入进气系统并参加燃烧,防止燃油蒸汽排入大气污染环境。

一、空气滤清器的保养与维护

现代汽车多采用纸质空气滤清器(如图 4-14 所示)。纸质滤芯滤清效率高,灰尘的透过率仅有 0.1%~0.4%。使用纸质空气滤清器能减轻气缸和活塞的磨损,延长发动机使用寿命。空气滤清器使用 4 000~8 000 km 应进行除尘,通常在使用 2 000~25 000 km 时应更换滤芯和密封圈。

扫一扫可见微课"清洁与更换空气滤清器"

滤清器在维护时应注意以下几点:

(1) 定期清洁和更换滤芯。

在使用中应按汽车维护规定经常清洁空气滤清器集尘室和滤芯,以免滤芯上黏附灰尘过多而增大进气阻力,降低发动机功率,增加耗油量。按厂家规定的更换周期更换滤芯,如滤芯破损应及时更换,一般 5 000 km 应清洁一次滤芯;20 000 km 应更换滤芯。

(2) 正确安装。

检查维护时,滤芯上的密封垫必须确实安装在原位,如图 4-15 所示,以防止空气不经滤清器进入气缸。橡胶密封垫圈易脱落、老化变形,空气易从密封垫缝隙流过,把大量灰尘

带进气缸。如密封垫老化变形、断裂，应更换新品。纸滤芯抗压能力低，不能装得过紧，否则易把纸滤芯压坏，影响滤清效果。

图 4－15　空气滤清器的正确安装

(3) 滤芯的选择。

一般可从外包装和外观上识别优质(如图 4－16 所示)与劣质滤芯，也可在安装后检验，如装上新滤芯后，汽车排放的一氧化碳超标，不装滤芯时排放的一氧化碳达标，表示该滤芯透气性差，是不合格的滤芯。

(4) 纸质滤芯的特点及清洁方法。

这种滤芯采用微孔滤纸，表面经过树脂处理，在发动机工作时，滤芯周围会黏附着一层灰尘，清洁时不能用水或油，以防止油水浸染滤芯。常用的清洁方法有两种：一是轻拍法，即将滤芯从壳中取出，轻轻拍打纸滤芯端面，使灰尘脱落。但不得敲打滤芯外表面，防止损坏滤纸，降低滤清效果。二是吹洗法，如图 4－17 所示，即用压缩空气从滤芯内部向外吹，将灰尘吹净。但压缩空气压力不得超过 294～600 kPa，以防止损坏滤芯。

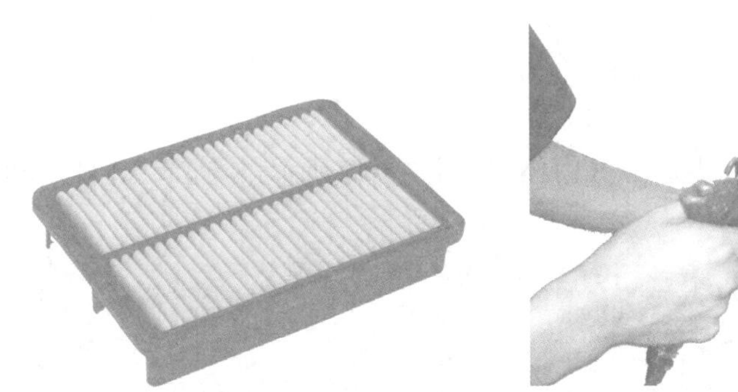

图 4－16　优质滤芯

图 4－17　吹洗滤芯

二、节气门体的保养与维护

节气门体脏污会造成发动机怠速不稳抖动、节气门反应滞后、冷车起动困难、行车抖动、怠速或低速熄火、油耗增加，严重的话会影响油门和进气量的感知度，造成电脑传输信号滞后、发生错误，导致发动机防污染报警，甚至车辆不能起动。为保证发动机动力性和经济性，应及时清洗节气门体。

（一）节气门体脏的原因

形成节气门污垢的原因主要来自机油蒸气，其次是空气中的微粒和水分。曲轴箱内置曲轴，下边连接油底，这部分的工作温度较高，机油在使用中会受热挥发，使用时间越长，温度越高，挥发越强，加上汽缸压缩气多少会通过活塞环的缝隙挤压到曲轴箱里，所以必须有一个通道放掉气体，否则曲轴销内会形成正压。曲轴箱通风管连接到节气门的原因一方面是环保要求，另一方面是靠进气的负压从曲轴箱抽出气体。含油蒸汽到达进气管时变冷，其中的油会凝结在进气道和节气门上，蒸汽中夹杂的积炭也会沉积在这些部位，因为节气门开启的缝隙空气流量大，空间小，气体温度也低，所以这部分最容易凝结。

因此，节气门多长时间会脏取决于空滤过滤质量、使用机油的质量、发动机窜气情况、行驶路段状况、空气温度状况、发动机工作温度、驾驶习惯等多个方面。即使就个体而言，也不能用固定公里数来确定清洗节气门时间，新车第一次清洗节气门间隔最长，以后由于曲轴箱通风管和进气道中油气的不断凝结，清洗频度会增加，而且不同气候也会影响节气门脏污的速度。

（二）节气门体保养周期选择

除了出现怠速不稳时需要清洗节气门或怠速稳定阀外，未出现故障也可以同正常维护一样，采取定期清洗。

(1) 根据行驶里程选择。如果使用环境比较恶劣，尘土较多，建议每 20 000 km 清洗一次；使用环境比较清洁，可以每 30 000～40 000 km 清洗一次。

(2) 根据车况选择。如果出现以下节气门脏的症状就必须洗了，如怠速抖动、转速表大幅度跳动后才正常、无故熄火、怠速高、点火困难、加油吃力等。

(3) 根据检测值选择。发动机正常怠速负荷在 2%～5%之间，如果负荷值超过 5%，节气门体就该清洗了。

（三）节气门体的清洗步骤

(1) 将发动机暖机后熄火。拆卸节气门体，如图 4 - 18 所示，检查节气门体表面有无损伤。

图 4 - 18　拆卸节气门体

(2) 堵住节气门体旁通道的进气侧，不要让清洗剂进入到旁通道内。

(3) 用清洗剂喷洗节气门体(注意不得清洗电控元件)。

(4) 节气门体位置基本设定。

三、进气系统的养护注意事项

在进气系统空气滤清器的更换上，到4万公里数时一定要更换，否则会使发动机动力变差，这是不能节省的。

在给空气滤清器清洁时，用气枪吹时注意方向，否则会将脏的颗粒吹到内部，使过滤作用更加变差，因此清洁必须要讲求方法。

在清洗电子节气门后需要做匹配方可，否则在装回后发动机的转速可能过高，会影响到发动机的正常使用。

扫一扫可见微课“清洗气门后需要进行匹配”

任务4.3　冷却系统保养

2013年1月25日，在浙江工作的车主刘先生来到4S店进行汽车保养，他告诉服务顾问，他准备汽车保养后回东北老家，希望维修技师给他的汽车检修认真一点。根据刘先生的要求，4S店对整车都做了全面的检查，尤其重视冷却系统防冻能力检查。

冷却系统中重要的工作介质是冷却液，也称防冻液。

一、冷却液的作用

冷却液是汽车发动机不可缺少的一部分。它在发动机冷却系统中循环流动，将发动机工作中产生的多余量能带走，使发动机能以正常工作温度运转。当冷却液不足时，会使发动机冷却液温度过高，而导致发动机机件的损坏。车主一旦发现冷却液不足，应该及时添加。不过冷却液也不能随便添加，因为除了冷却作用外，冷却液还应具有以下功能：

1. 冬季防冻

为了防止汽车在冬季停车后，冷却液结冰而造成散热器、发动机缸体胀裂，要求冷却液的冰点应低于该地区最低温度10℃左右，以防天气突变。

2. 防腐蚀

冷却液应该具有防止金属部件腐蚀、防止橡胶件老化的作用。

3. 防水垢

冷却液在循环中应尽可能少地减少水垢的产生，以免堵塞循环管道，影响冷却系的散热功能。

4. 防开锅

符合国家标准的冷却液，沸点通常超过105℃，比起水的沸点100℃，冷却液能耐受更高的温度而不沸腾(开锅)，在一定程度上满足了高负荷发动机的散热冷却的需要。

综上所述，在选用、添加冷却液时，应该慎重。首先，应该根据具体情况去选择合适配比的冷却液。其次，添加合格冷却液，避免添加江河水。将选择好配比的冷却液添加到散热器中，使液面达到规定位置即可。

二、冷却液的分类

冷却液是水与防冻剂的混合物。冷却液用水最好是软水，否则将在发动机水套中产生水垢。

冷却液由水、防冻剂、添加剂三部分组成，按防冻剂成分不同可分为酒精型、甘油型、乙二醇型等类型的冷却液。

乙二醇易溶于水，可以配成各种冰点的冷却液，其最低冰点可达−68℃。冷却液中水与乙二醇的比例不同，其冰点也不同，见表4-2。

表4-2　冷却液推荐混合比

防冻温度至	冷却液添加剂G12	水
−25℃	约40%	约60%
−35℃	约50%	约50%
−40℃	约60%	约40%

三、发动机冷却液颜色

正常：红色/橘黄色——含有丙烯乙二醇

绿色——含有乙烯乙二醇

金色——长效防冻剂的冷却液

好的冷却液色泽亮丽，接近标准色，有一种芳香的气味。如果冷却液呈现出灰白色或者褐色，或者在液面上有一层油状膜，就需要更换并且做进一步检查。

一、发动机冷却液的排放与加注

（一）检查冷却液液面

应每天检查冷却液。在发动机处于冷态时检查膨胀箱中的冷却液液位。冷却液液位应在“min”和“max”之间，如图 4－19 所示。

图 4－19　检查冷却液液位

当冷却液液位过低时，根据混合比补足缺少的冷却液，推荐混合比如表 4－1 所示。

当发动机很热时，冷却液的液面会大大地提高。

检查冷却液的液面，应在发动机冷却的情况下进行。必要时应补充冷却液。补充冷却液时，应将冷却液慢慢地灌入散热器。

如果液面很低，而发动机温度很高时，不要补充冷却液，应等到发动机温度冷却后再进行。

（二）结冰点检测

使用冰点测试仪检测冷却液冰点，如图 4－20 所示，从冰点测试仪（T10007）亮暗分界线读出检查的精确值，用滴定管将冷却液滴到玻璃上，朝向亮处观测以便使亮暗界线更清楚，从而在水线上清楚地识别亮暗界线。冷却液防冻能力至少保证－25 ℃（寒带地区至少－35 ℃）。即使在比较温暖的季节及温带地区，也不能加水稀释冷却液浓度，冷却液添加剂（G12）至少保证占 40％，不能超过 60％。

注意：零位校准（用 1～2 滴蒸馏水均匀布满棱镜表面，盖好盖朝向亮处，在刻度 0 附近可见一条蓝色的明暗分界线，即 0℃冰点）。

检测完试液之后用含水的绵纸把镜面、盖板及周围试液擦拭干净。

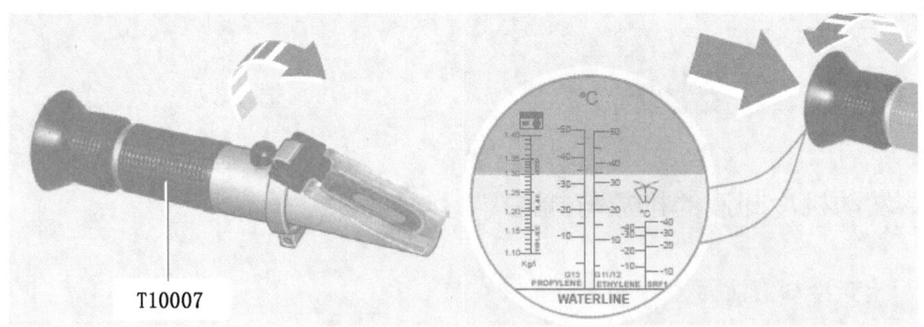

图 4-20　冷却液冰点检测

（三）发动机冷却液的排放与加注

（1）将车放在平地位置，检查冷却液质量。

（2）拧下散热器盖。如发动机温度过高则不要急于将散热器盖打开，以防热水烫伤。

（3）将散热器放水开关拧松，把冷却液排放在收集容器内。冷却液排放螺栓如图 4-21 所示。

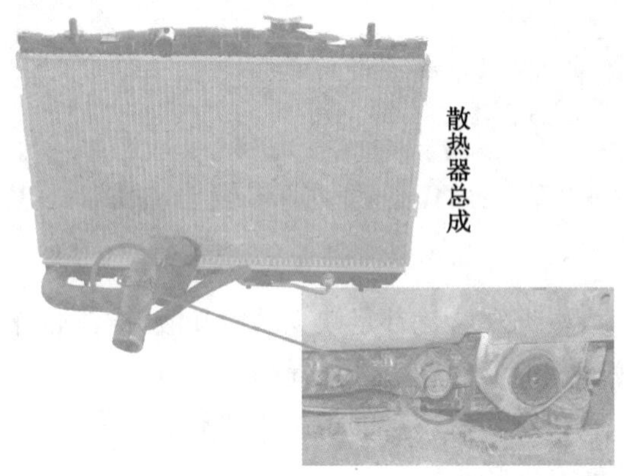

图 4-21　冷却液排放螺栓

（4）将放水开关关好，向冷却系统内注满四季通用的冷却液，并按标准加至膨胀箱“FULL”的标记处，约为占膨胀箱容积的 2/3。不可加满冷却液，必须留有蒸气的膨胀余地。

（5）在加冷却液快满的时候，可将发动机起动 2～3 min，使冷却水循环，水循环时会把冷却系统内的空气排出，并使加水口冷却液面降低，再按标准补足。

二、冷却系统的清洗

冷却系统经过长时间的使用，添加了生水或质量不高的防冻液，会在冷却系统（散热器、缸体的水套）中产生大量的水垢、铁锈和泥沙，使冷却效率降低。因此，使用普通水的冷却系统，每六个月应清洗一次。其他使用防冻液的冷却系统的发动机，应在更换防冻液或大修发动机时，彻底清洗一次冷却系统。

1. 简单清洗

洗涤时，应放净旧冷却液，将发动机冷却系统加满清洁水（自来水），起动发动机运转 5 min 后放出。

2. 彻底清洗

当发动机散热性能不好、发动机冷却系统水垢过多时，可使用专用的散热器清洗剂进行清洗。冷却系统洗涤步骤如下：

起动发动机，使其温度达到正常的工作温度后，停止发动机转动并放净冷却液，将混有清洗剂的清洗液加入冷却系统中。起动发动机，使发动机温度达到正常工作温度并怠速运转 20～30 min，然后使发动机停止转动，放出清洗液。

用清洁的水冲洗冷却系统 5 min 后将发动机内注满清洁的水，再起动发动机使其运转 10 min 后放出即可。如果排出的液体较脏，应继续用清水反复清洗直到放出清水为止。

清洗冷却系统时，如果发动机温度低于正常温度（85 ℃），则节温器阀不能打开，清洗液只做小循环，并不在散热器和缸体水套中循环，所以必须保持在正常温度。

在清洗冷却系统后，应再次检查散热器冷却液情况。如果发现散热器口有气泡出现，说明冷却系统内混有空气。常见的原因是气缸内的气体进入冷却系统，应到维修厂排除故障。

三、发动机冷却系统的泄漏检测

当冷却水量不足时，会使发动机异常升温。所以在发动机冷却水量减少时，应按如下方法检查漏水情况及漏水部位。

(1) 起动发动机暖机至冷却水温度达到正常温度为止。

(2) 打开贮水箱盖，加水至溢出加水口为止。

(3) 安装压力计，如图 4 - 22 所示。

(4) 用手动泵加压至 1.4×10^5 Pa，此时如果冷却系统无渗漏，压力计指针将无变化；如果系统存在渗漏，则压力计的压力指示将下降。也就是说各冷却装置的导管、散热器、水泵、气缸垫等处可能存在渗漏，应及时修理，必要时换成新件。

图 4 - 22　冷却系统泄露检测

四、冷却系统保养时的安全注意事项

(1) 等待冷却液的温度降至 90 ℃以下,才可以打开冷却系统盖子。

发动机处于暖机状态时,冷却系统处于高压状态。如果突然将冷却系统盖子打开,热态冷却液可能会喷出而导致烫伤。

急救措施:用大量清水冲洗受伤皮肤并用消毒绷带包扎受伤部位。如果伤者被严重烧伤请立即就医。

(2) 慢慢打开冷却系统的盖子,旋转通用的冷却液盖至第一个止动销,即旋转螺旋冷却液盖约 1/2 圈以释放压力。

(3) 中毒的风险:如果吞入冷却液,可能会有诸如头痛、头晕、胃痛、呼吸停顿、麻木、恶心等中毒症状发生。

急救措施:让伤者饮用大量加有药用活性炭的清水。如果伤者吞入大量冷却液,请立即就医。

(4) 发现冷却液大量损耗,则必须待发动机处于冷态时,方可添加冷却液,以免损坏发动机。

(5) 紧急情况下,若全部加入纯水,在低温地区则须尽快按规定添加冷却液添加剂,使冷却液浓度恢复正常状态以防止结冰造成零件损坏。

(6) 冬季来临前应检查一下冷却液浓度,并按规定调配浓度,保证冷却液具有足够的防冻能力。

任务 4.4　燃油供给系统维护

任务情境

一客户的桑塔纳 2000 汽车已行驶 8 万千米,最近发觉该车存在加速不良、怠速不稳的情况,在停驶一段时间后,发动机起动困难,检查火花塞工作正常,汽缸压力符合规定。于是车主把车开到维修站,维修人员经过测试之后确定燃油系统脏堵,需要进行维护。

基础知识

一、燃油供给系统的功用

燃油系统的功用是根据发动机运转工况的需要,向发动机供给一定数量的、清洁的、雾化良好的汽油,以便与一定数量的空气混合形成可燃混合气。同时,燃油系统还需要储存相当数量的汽油,以保证汽车有相当远的续驶里程。

二、燃油供给系统的组成

汽油机汽车燃油系统，如图 4－23 所示，包括电子控制汽油喷射系统和燃油供给系统（汽油箱、汽油滤清器、汽油泵、油气分离器、油管和燃油表等辅助装置）。

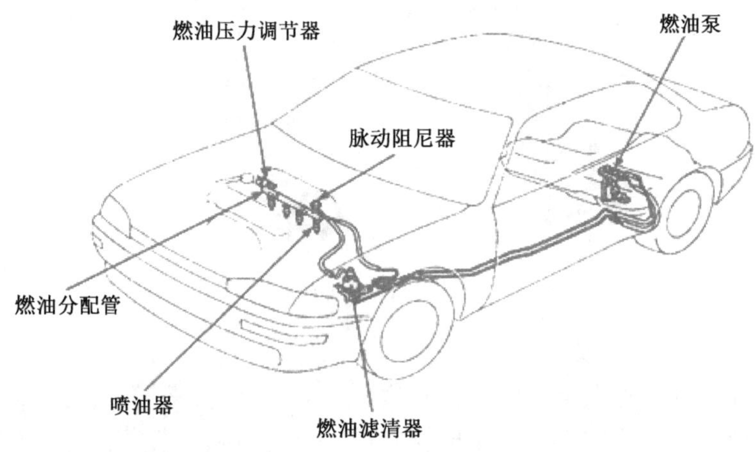

图 4－23　汽车燃油供给系统

一、燃油油路的清洗

扫一扫见微课“为什么要进行油路免拆清洗”

（一）为何要对燃油系和进气系进行免拆清洗

免拆清洗属于养护范畴，随着我国汽车维修市场逐步与国际接轨，养护代替修理的理念深入人心，从国外引进的或自行开发的免拆清洗的设备或技术已大批进入了汽车维修市场，使得广大汽车维修企业进行免拆清洗有了实行的可能和必要。

免拆清洗主要是清洗进气门头—颈部形成的较大块、多孔的积炭，此外还清洗喷油器（如图 4－24 所示）中和进气歧管壁处的胶质沉积物以及活塞、活塞环槽及排气门处的积炭。其中进气门处的积炭和喷油器中的胶质沉积对发动机性能影响最大，会使发动机冷车起动困难、加速不良、怠速不稳。如果进行传统的拆卸维修的话，很容易会在拆装上出现毛病，使用免拆清洗，可以迅速、可靠、无损地改善或恢复发动机工作性能。

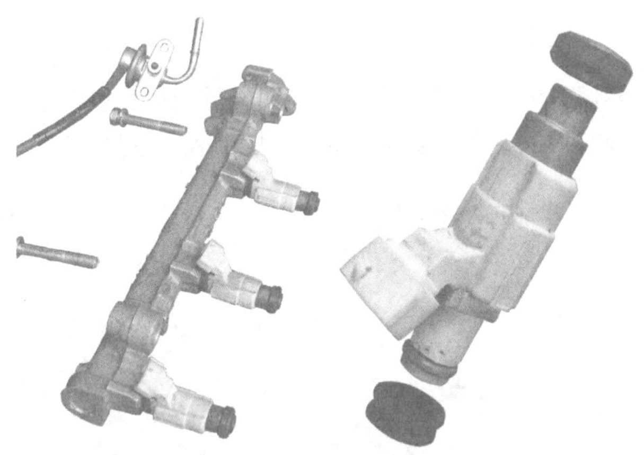

图 4-24　喷油器

1. 进气门头—颈部积炭的产生

由于现今流行的缸外多点喷射发动机喷油器正对着进气门头—颈部喷射，汽油中的胶质物和其他不挥发物易于在此沉积，而进气门头—颈部高达 300 ℃左右的高温环境又促进了沉积和积炭的多孔化，而多孔状的积炭又容易吸附汽油而形成更多的积炭，如图 4-25 所示。当汽油品质不佳或不含电喷发动机汽油清净剂时，这种多孔积炭形成更快；当发动机长时间在中、小负荷工作时，也会促进多孔积炭的形成。

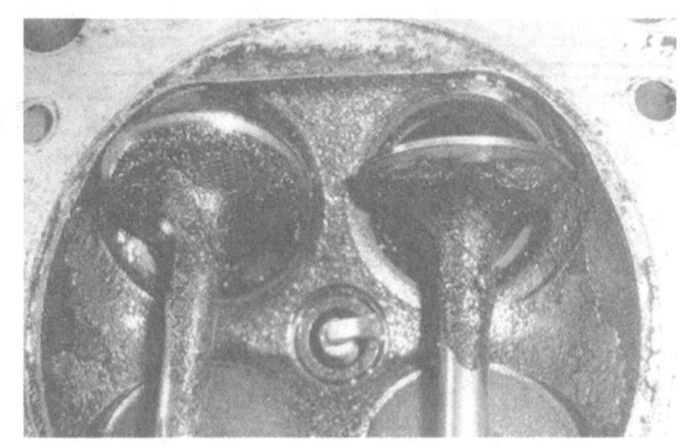

图 4-25　进气门积炭

2. 进气门头—颈部积炭的危害

(1) 由于积炭减小了进气通道，从而导致高速和加速时汽缸进气量减少，降低了发动机充气系数，造成发动机功率下降、汽车加速不良。

(2) 降低了发动机工况转换的灵敏度。例如冷机起动困难，就往往是由于喷油器所喷出的燃油被进气门上多孔积炭吸收，造成实际进入汽缸的混合气过稀，而使发动机难于起动。只有在喷油器多次喷油而使进气门上多孔积炭吸附的汽油饱和，混合气达到了冷起动要求的浓度时，发动机方可起动。而当发动机从加速回到怠速时，由于进气门上多孔焦状物所吸附的汽油蒸气不断释放和吸收，会造成怠速短暂的不稳。

(3) 当进气门头—颈部上的积炭落入进气门座的接触通道上时，会造成汽缸压力不足而难于起动。

(4) 当进气门杆上也附着有积炭时，有时会使气门杆与导管间发卡，造成气门不能及时关闭，导致活塞撞击进气门、发动机异响，从而导致进气门和活塞的损坏。

3. 喷油器中胶质沉淀物的危害

喷油器中胶质沉淀物会使喷油孔实际通过面积减少，电脑为保证合适的混合比，只有延长喷射时间，这就使 λ 调节值(燃油修正)变大。凡是未加速时 λ 调节值(加浓值)过大的，在加速时加浓效果就会变差，导致加速不良。

4. 对发动机燃油和进气系统进行免拆清洗的周期

有些发动机燃油系统和进气系统进行免拆清洗后效果很好，有些却效果不明显。很显然，清洗后若故障依旧，操作性、动力性依然不好的话，车主是不愿付此项费用或今后不再来此清洗及修车的。相反，清洗后，若故障消失、动力性明显增强后，则会使车主定期要求来清洗。

确定发动机燃油系统和进气系统是否要进行免拆清洗的主要根据如下（这对于初次清洗或修理厂要求清洗的车辆尤为重要）：

(1) 冷车起动困难、加速不良，从其他转速回到怠速时常有短时不稳；

(2) 氧传感器电压在 0.10～0.95 V，且变化较慢（好的发动机常在 0.3～0.7 V 变化），燃油修正；

(3) 常用中、低负荷（市区行驶）的车，已行驶 20 000～40 000 千米，当然用了劣质汽油的车可能几千千米就需清洗了；

(4) 突然因汽缸压力低而导致不起动或起动困难，且怀疑是由于积炭落在进气门与气门座圈之间。

以上各项中，(2)中的指标最重要，也最直观，用故障诊断仪可以从测量数据块（保持帧）中迅速读出。

从氧传感器电压变化和燃油修正值上可确定燃油系统和进气系统需要清洗的原因。

(1) 进气门处无积炭或积炭较少的发动机，喷射到进气门处的雾状燃油能同步进入燃烧室。发动机电脑对 λ（空燃比）的调节，总是围绕着 λ 等于 1.00（相当于空燃比 14.7：1）来进行的，例如每调一步为加浓 0.03（喷射时间增加）和减稀 0.03，如果一步就可调节完成，氧传感器电压就在 0.3～0.7 V 变动，而且变化频率较快。如果要调三步、四步后才能由 λ 大于 1 变为 λ 小于 1。那么氧传感器电压就在 0.10～0.95 V 变动，而且变化频率较慢。这是因为进气门处积炭较多时，由于积炭有吸附加浓的燃油或释放出过多燃油的特性，λ 调节就变慢了，要分三四步才能完成。也就是说，由于喷油器喷出的汽油喷到了积炭上，积炭吸附后再释放出，需要时间，也就导致加速不良和冷起动困难。

(2) 如果喷油器针阀出油口处有积炭，造成部分堵塞，导致实际喷油量减少，那么发动机电脑就会延长喷射时间，从测量数据块中读到的是 λ 调节值增加，例如 19%。这一 λ 调节值虽为正（增加喷油时间），但混合气浓度仍是 λ 等于 1.00。发动机电脑在出厂标定时，加速时为开环控制，提供空燃比为 12.0：1 的浓混合气，相当于 λ 值 0.81。如果在匀速运转时，λ 调节值已达 19%，那么在加速时，喷油时间就延长得较少，实际进入汽缸的混合气仍是 λ 等于 1.00 的标准混合气，而不是加浓的混合气，所以加速就不良。

5. 免拆清洗的方式

目前市场上免拆清洗装置及清洗液种类很多，但都有一定的同质化，几种名牌清洗液效果都较好，而且对氧传感器等机件都无损坏。就清洗方式而言，一般有以下 3 种：

(1) 代替燃油泵和燃油箱供清洗液来运转发动机燃油喷射/进气系统清洗剂；

(2) 作燃油清净剂加入燃油箱中燃油清净添加剂；

(3) 在发动机运转时，由真空软管吸入进气歧管中节气门/进气门清洗剂。

（二）免拆清洗步骤

为确保安全及清洗可靠，在开始清洗之前首先进行目测检查，如有以下情况存在时，请在修复后再进行清洗。

(1) 润滑系统或燃油系统的过量泄漏及油管老化。

(2) 冷却液或气缸垫泄漏。

(3) 点火线漏电或断裂。

(4) 进气软管老化或龟裂，真空管损坏。

(5) 发动机运转时有异响。

(6) 发动机运转时，排气管排出大量不正常的烟雾。

确认发动机无故障后开始进行燃油系统的免拆清洗。

1. 燃油压力释放

拆卸燃油管路前必须进行燃油压力释放操作。释放方法：

(1) 关闭点火开关，停稳车辆，拉紧手刹。

(2) 断开燃油泵保险丝、继电器或从油箱处拆下油泵电路插头。

(3) 运行发动机，直至缺油熄火。

2. 连接燃油系统清洗设备

燃油系统常用的清洗吊瓶如图 4－26 所示。

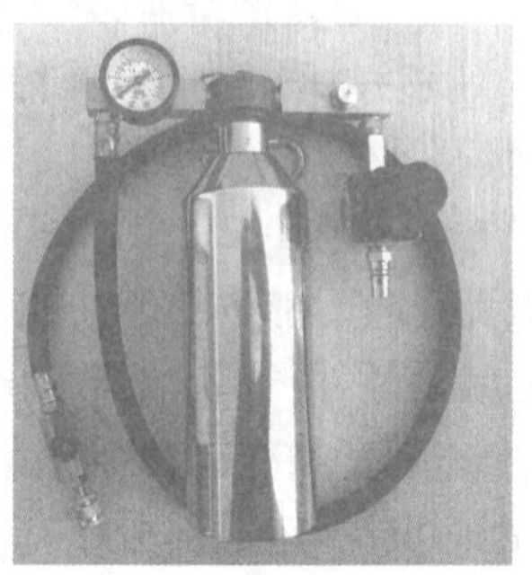

图 4－26　燃油系统清洗吊瓶

(1) 将喷油嘴清洗液倒入清洗设备瓶中，见图 4－27。

图 4－27　准备清洗液

(2) 旋紧后,挂在前机盖上方,见图 4-28。

图 4-28　安装吊瓶

(3) 拆下发动机上部护板,释放油压后拆下供油管。选择适合车型的油管接头,并安装在喷油器管路上,回油管路接好盲堵油管。

(4) 将清洗设备的油路快速接头与车辆供油管连接好,见图 4-29。

图 4-29　连接供油管

(5) 将供气管路快速接头与清洗设备上的气路快速接头连接,见图 4-30。

图 4-30　连接气源

3. 清洗操作

打开供气开关,发动机清洗工作开始。清洗过程中随时检查,如有泄漏,关闭发动机重新安装后再进行。

拔出设备压力调节阀并左右旋转，将压力表指针调整为 0.15 MPa～0.20 MPa(根据车型的燃油压力进行适当调整)并按下压力调节阀手柄将其固定，见图 4-31。

图 4-31 调整气压

清洗过程中，会有异常的烟雾及气味排出，属于正常现象，清洗结束后会逐渐恢复正常。清洗工作结束后，拆下清洗设备，恢复原车管路及电器装置，起动发动机，确定无泄漏后安装发动机上护板，清洗工作结束。

4. 燃油系统免拆清洗注意事项

(1) 在清洗过程中，可反复轰油门(但不得超过 3 000 转/分)，以增强清洗效果。

(2) 清洗过程中，操作人员不可离开，应随时监控设备及车辆运转的情况。发现异常，立即切断气源，关闭发动机。

(3) 清洗结束后，整理、清点清洗设备工具，交回工具室。

二、燃油滤清器、油箱盖的养护

(一) 燃油滤清器的养护

对于不同的车辆，其燃油滤清器的更换周期是不同的，这主要取决于燃油滤清器的类型。如果是外置型燃油滤清器，一般建议每行驶 30 000～60 000 英里(1 英里＝1.61 千米)更换一次燃油滤清器；如果燃油滤清器是置于油箱内部的，那么一般可将其看作是终生免维护零件。

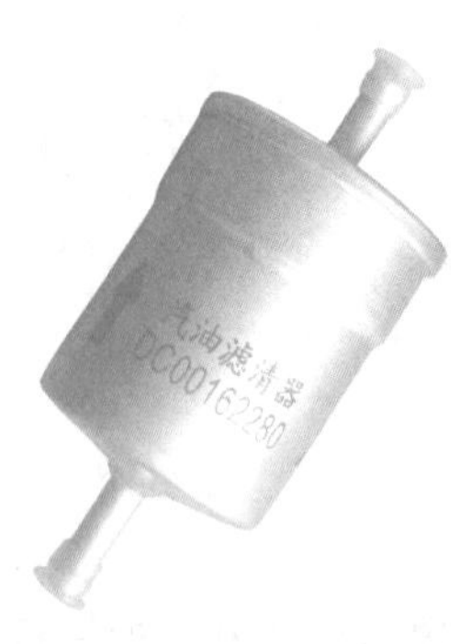

图 4-32 燃油滤清器

在我们更换燃油滤清器(如图 4-32 所示)，或者对燃油系统进行养护时，是绝对不能抽烟的，当然也不能允许周围的任何人抽烟。如果在养护操作过程中需要使用照明灯，则一定要确保所使用的照明灯是符合行业安全标准的。

同时，还应该注意，更换燃油滤清器必须在发动机冷机的状态下进行，因为发动机热机时从排气管排出的高温废气也能够把燃油点燃。在我们更换燃油滤清器之前，应该按照汽车制造商指定的操作规程释放燃油系统中的压力。释放燃油压力通常采用的办法是：拆开燃油泵保险丝或者燃油泵继电器，并转动发动机，这样就可以

释放大部分燃油压力。

在对外置型燃油滤清器进行养护时，应该检查与燃油滤清器相连接的油管和油路，看看这些油管和油路外表面是否出现了因路面上的沉淀物、铁锈、润滑机油和划痕等产生的损伤。如果有必要的话，更换任何一个损坏的部件。现在许多新型的燃油滤清器，本身附带有两条橡胶软管，橡胶软管从燃油滤清器的两侧引出，通过橡胶软管使燃油滤清器和汽车上的油路连在一起。如果新买的燃油滤清器附带有这种橡胶软管，则更换燃油滤清器时就应该舍弃原来的橡胶软管，而使用新的橡胶软管。因为橡胶管是不断老化的，旧橡胶管可能会发生泄漏。

（二）更换燃油滤清器

首先，放松油路和燃油滤清器的结合处的夹紧装置，然后，将燃油滤清器从油路中拆下来，紧接着用塞子塞住油路，这样就可以防止燃油溢出。大部分安装在油路中的燃油滤清器都标有两个箭头，一个是燃油流入箭头，另一个是燃油流出箭头，用箭头来表明燃油经过燃油滤清器时的流向，如图 4－33 所示。所以当我们安装燃油滤清器时，一定要使箭头的方向指向发动机，即油液是流向发动机的。

另外，还应注意，在油路中所使用的夹紧装置，是专门设计的，在橡胶软管和燃油滤清器结合处把这两个部件紧紧地夹住，以达到密封的效果。与普通的夹紧装置相比，这种夹紧装置不会切入橡胶软管，因此不会对橡胶软管造成伤害，同时这种夹紧装置还能承受很高的油压。相比之下，普通的蜗杆式夹紧装置更容易损坏橡胶软管造成燃油泄漏。最后，我们还应确保橡胶软管夹紧装置安装在正确的位置并按照指定的规格夹紧结合处。

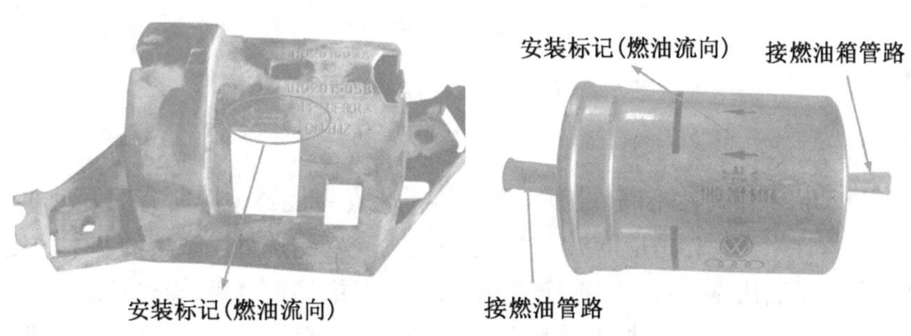

图 4－33　燃油滤清器安装更换示意图

任务 4.5　点火系统保养

由于汽车长时间运转，火花塞的电极会逐渐烧蚀，电极间隙增大或电极处出现污垢时，就无法产生正常的火花。因此，普通汽油发动机汽车每行驶 10 000～15 000 km 左右，应该对火花塞进行一次清洁。

基础知识

1. 火花塞的功用

火花塞，见图 4－34，其功用是将点火线圈所产生的脉冲高压电引进燃烧室，并在电极间发生电火花，点燃混合气，完成燃烧。来自点火线圈和分电器的高压电由于要跳过火花塞的间隙才能产生火花，因此，火花塞的间隙对发动机的点火性能影响很大。间隙过小，则火花微弱，并且还因容易积炭而产生漏电故障；间隙过大，所需的穿透电压增高，发动机不易起动，而且在高转速时容易发生“缺火”现象，因此，火花塞中心电极与侧电极之间的间隙应合适，常用火花塞的间隙在 0.60～0.90 mm 之间。

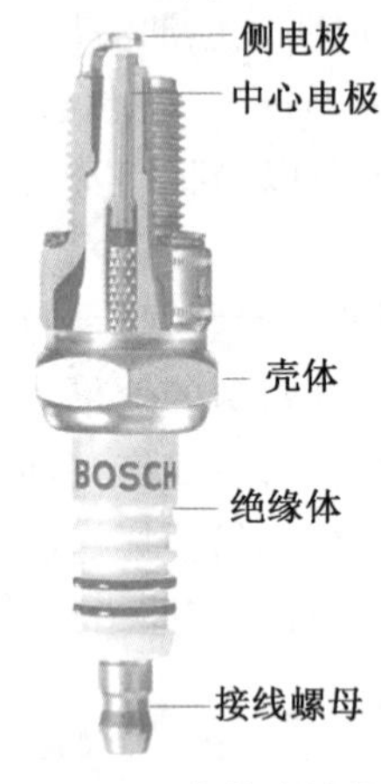

图 4－34　火花塞结构图

2. 火花塞的选型

由于各种发动机工作特性不同，没有一种标准的火花塞能够适应所有的发动机。因此必须要根据发动机的特性来选择相适应的火花塞，这就是火花塞的选型。选型的基本原则是：“热型”发动机(大功率、大压缩比、高转速)应选配“冷型”火花塞(裙部长度短、导热长度短)；“冷型”发动机(小功率、小压缩比、低转速)应选配“热型”火花塞(裙部长度长、导热长度长)，以维持火花塞的热平衡，使其工作温度保持在 500℃～850℃工作范围。火花塞热值规律见图 4－35。

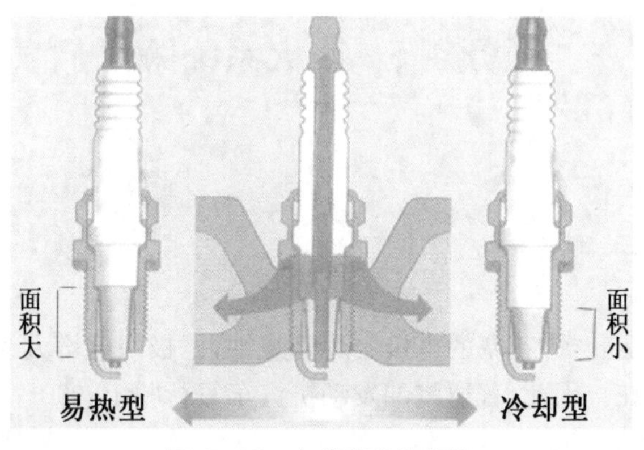

图 4－35　火花塞热值规律

注意:不同品牌火花塞定义热值的规律不同,主流火花塞热值对照见图 4-36。

热↕冷	NGK	PULSTAR	DENSO	CHAMPION	BOSCH
	2		9	18,19	10
	4	1	14	14,16	9
	5	1	16	11,12	8
	6	1	20	9,10	6,7
	7	1	22	7,8	5
	8	2	24	6,61,63	4
	9	2	27	4,59	3
	9.5		29	57	
	10		31	55	2
	10.5		32	53	
	11		34		
	11.5		35		
	12		37		

图 4-36　主流火花塞热值对照图

以上原则在实际应用时,还需结合地域路况、燃油成分等具体情况加以修正。以"BOSCH"为例,如果车辆经常在地势平坦、路况较佳的地段(如高速公路)行驶,车辆常处于高速状态,发动机高负荷运转,根据选型原则应当选热值较高的冷型火花塞。如果同一车辆经常行驶在地形复杂、路况较差的地段,不得不低速行驶,发动机负荷降低,火花塞达不到自净温度,就可能因油污积炭造成发动机熄火,此种情况应选用低热值火花塞。前者如果采用 F7TC 型火花塞,那么后者就改用 F6TC 型火花塞。汽油的成分对选型也有影响。通常为了提高汽油的辛烷值,常加入少量四乙铅作为抗爆添加剂。这种"有铅汽油"燃烧后产生的铅化物熔点较低,自净温度为 450℃。如果用无铅汽油,则自净温度为 500℃～520℃,这就要求火花塞的下限温度必须提高,此时应选用热值较低的热型火花塞。火花塞自净与车速关系见图 4-37。

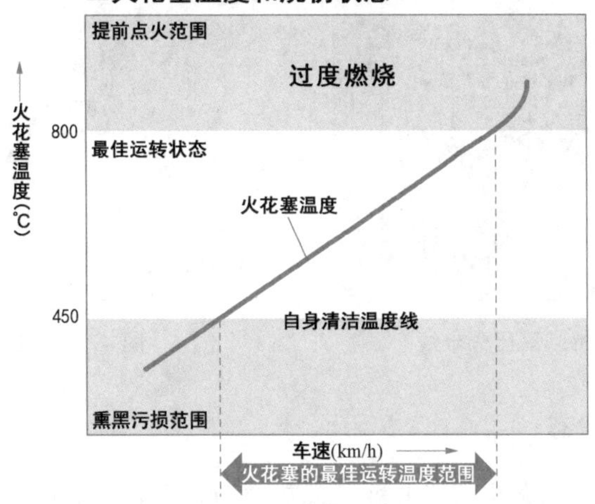

图 4-37　火花塞自净温度与车速关系图

此外，气候、温度、起动点火方式等因素也对火花塞的选型有影响。因此火花塞选型应该“具体情况，具体分析”。选型一般在发动机试验台架上进行。要经过积炭试验、自净试验和炽热试验，所有试验合格后，才能确定火花塞能否与发动机匹配。

一、火花塞的检查与清洁

扫一扫见微课“火花塞的检查与维护”

（一）拆卸火花塞

依次拆下火花塞上的高压分线。在拆下高压分线时，应做好各缸的记号，以免搞乱。

拆卸高压分电线时，不要抓住电线猛拉，应该抓住高压分线的末端的防尘套扭转着卸下电线，如图 4 - 38 所示。

拆卸火花塞前，要清除火花塞孔处的杂物和灰尘。如果火花塞孔处有灰尘或杂物，可用压缩空气吹去灰尘和杂物；如果不易吹掉，可用抹布和起子进行清除。

用火花塞套筒逐一卸下各缸的火花塞，如图 4 - 39 所示。拆除火花塞后，用布块堵住火花塞孔，确保火花塞拆卸后，不会有杂物掉进气缸里。拆卸时火花塞套筒要确实套牢火花塞，否则，会损坏火花塞的绝缘磁体，引起漏电。为了稳妥，可用一只手扶住火花塞套筒并轻压套筒，另一只手转动套筒，卸下的火花塞应按顺序排好。

图 4 - 38　拆卸高压分电线

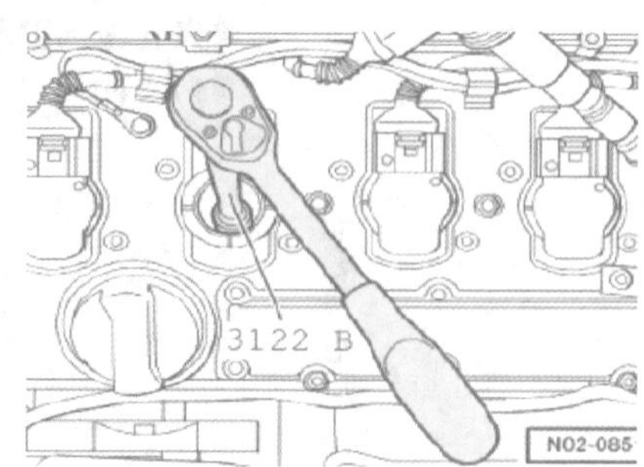

图 4 - 39　拆卸火花塞

（二）检查火花塞状态

逐一检查火花塞，如果火花塞的电极呈现灰白色，而且没有积炭，则表明该火花塞工作正常，燃烧良好；如果有电极严重烧蚀或存有积炭甚至有污迹或其他异常现象，则表明该火

花塞有故障，火花塞状态及原因分析见表 4－3。

表 4－3　火花塞状态原因分析表

序号	火花塞状态	图示	产生原因	解决方法
1	积炭 被黑色炭沉积物覆盖，绝缘阻值降低，情况严重时会导致熄火。		火花塞热值过高；空燃比 A/F 混合气过浓；高压线龟裂；长时间低速运转。	更换热值较低的火花塞，例如：W7DC 换成 W8DC；检修点火系统；更换高压线；跑跑高速。
2	MMT 污损 (1) 发火端形成深棕色的沉积物。 (2) 车辆高速和重负荷时失火，掉速，无力。 (3) 火花塞发火端可以看到辐射状的放电痕迹。		汽油无铅化，作为代替四乙基铅的物质 Mn 系添加剂加入汽油中。	更换火花塞，更换燃油。
3	油污 火花塞附着黑色湿润光亮油迹。		活塞环磨损，气门导管密封漏油。	检修发动机后更换新火花塞。
4	过热 绝缘体裙部呈灼白状，电极烧损快，严重的造成提前点火。		冷却水泵，润滑油不足；火花塞未拧紧；火花塞热值低。	检查冷却系统性能；检查火花塞安装状态；更换高热值火花塞。

对燃烧状态不好的火花塞，应先进行清洁，去除火花塞磁体上的积炭和污迹，然后检验其性能。

就车检查时，将火花塞放置在缸体上，使火花塞能与缸体连通，用从点火线圈出来的中央高压线触到火花塞的接线柱上(不要有间隙)，打开点火开关使高压电跳火，让高压电通过火花塞。如果从火花塞间隙处跳火，说明火花塞是好的；如果不从间隙处跳火，说明火花塞的内部磁体的绝缘已被击穿，必须更换这只火花塞。

检查火花塞的绝缘体时，如有油污和积炭应清洗干净，磁芯如有损坏、破裂，应予更换。清除积炭时，最好使用火花塞清洁剂进行清洁，不要用火焰烧烤。

（三）检查、调整火花塞电极间隙

火花塞的间隙因车型车种的不同而异，可以从随车手册中查到。如果找不到适当的依据，火花塞的电极间隙一般可按 0.7～0.9mm 调整。间隙过小，火花塞容易烧蚀；间隙过大，火花塞跳火会变弱，甚至断火。

如果有火花塞量规，可用来测量火花塞电极间隙，如图 4－40 所示。如果手边没有量规，可用折断的钢锯片或刀片来代替量规，测量火花塞间隙。火花塞间隙太大时，可用起子柄轻轻敲打外电极来调整，但不要用力过大，否则外电极可能因过度弯曲而损坏；如果间隙过小时，可用"一"字头的起子插入电极间，扳动起子把间隙调整到要求大小为止。调整间隙时，只能弯动旁电极，不能弯动中心电极，以免损坏绝缘体。

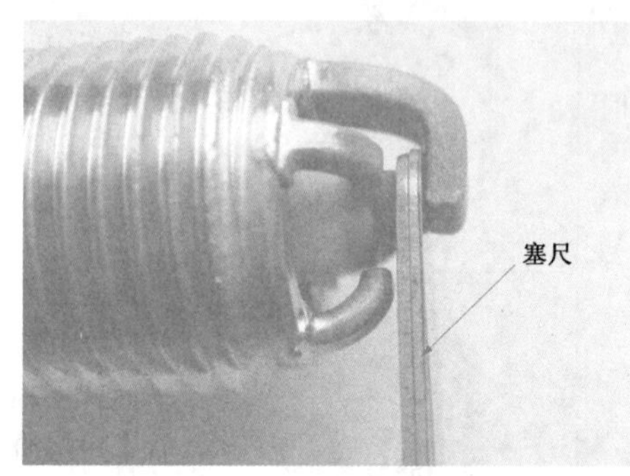

图 4－40　火花塞电极间隙检查

火花塞间隙调整好之后，外电极与中央电极应略成直角，如过度偏曲或电极烧蚀成圆形，则该火花塞不能再使用，应更换新品。

（四）安装火花塞

安装火花塞时，先用手抓住火花塞的尾部，对准火花塞孔，慢慢用手拧上几圈，然后再用火花塞套筒拧紧。如果用手拧入感觉有困难或费力，应把火花塞取下来，再试一次，千万不要勉强拧入，以免损坏螺纹孔。为使火花塞安装顺利，可以在火花塞螺纹上涂抹一点机油。

连接高压线时，要注意各缸线的顺序，不要插错。起动发动机，查看有没有严重的抖动或放炮声。如果有抖动或放炮声，说明各缸高压线插错了，应重新安插高压线。

（五）更换火花塞

火花塞是汽车的消耗零件之一，普通型火花塞使用寿命约为 15 000 km，长效型使用寿命约为 30 000 km。火花塞使用达到寿命终了时，电极的放电部分会烧蚀，因此，必须定期更换。

如果舍不得更换老化的火花塞，仍然勉强使用，不但汽车起动困难，还比较费油。

二、高压导线的保养与维护

从火花塞上脱开高压线时应捏住橡胶护套，小心地从火花塞上拆下高压线。注意：不要抽拉或弯曲高压线，以避免损坏内部的导线。

目视检查高压线表面有无龟裂、破损，如有则需更换所有高压线。

用欧姆表测量高压线电阻，如图 4－41 所示。最大电阻：25 kΩ(每根高压线)。如果电阻大于最大值，则更换所有高压线。

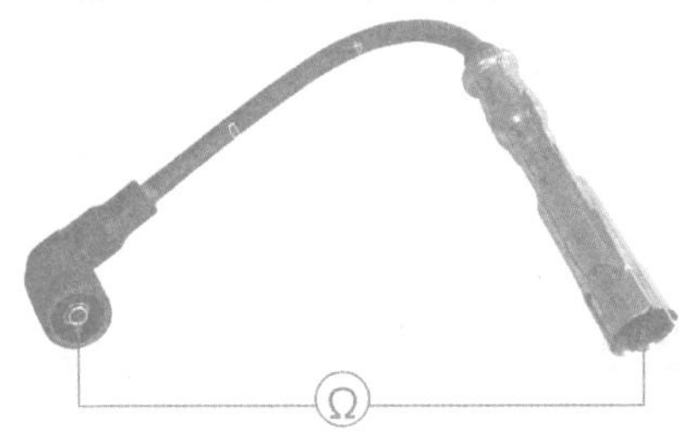

图 4－41　测量高压线电阻

三、点火线圈的检测与维护

用欧姆表测量点火线圈的初级及次级线圈电阻，如图 4－42 所示，如测量结果不符合标准值，则应更换点火线圈。

工作参数：
初级线圈：0.5 Ω±0.05 Ω(23±5 ℃)
次级线圈阻：100 Ω±300 Ω(23±5 ℃)

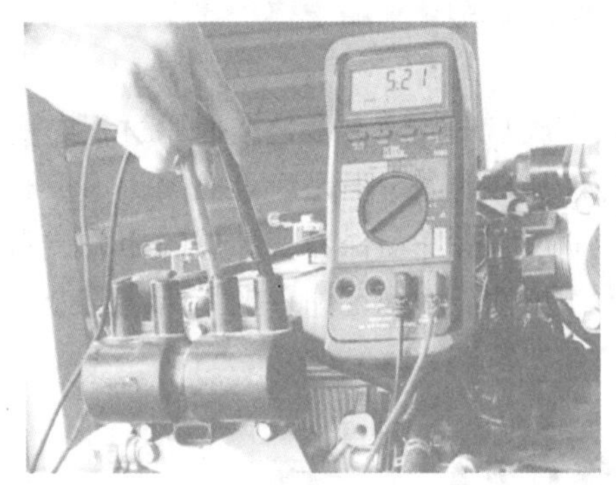

图 4－42　检查点火线圈电阻

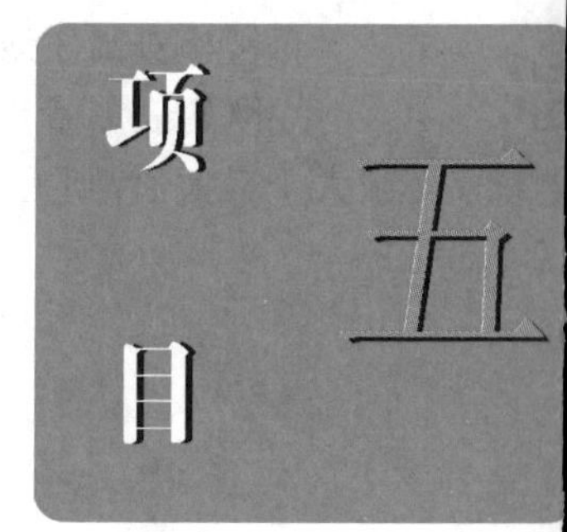

汽车底盘的维护

学习目标

(1) 了解不同底盘结构的性能特点;了解汽车轮胎品牌知识。

(2) 熟悉汽车底盘的结构、作用、种类;熟悉各种悬架系统的结构和优缺点。

(3) 掌握底盘各系统的性能检查、故障分析、维护与保养等专业技能。

项目描述

汽车底盘的故障大多是在使用过程中缓慢发生的,驾驶员对这些故障的感觉不像对离合器打滑那样明显。但是底盘的故障不及时排除不仅会对汽车整体性能造成影响,甚至会危及生命。掌握底盘保养和维护的相关技术对汽车底盘出现的故障做到早发现、早排除,可以保障汽车性能的稳定和乘坐人员的安全。

课时计划

项目	项目内容	参考课时/h			
		教学课时	实训课时	小　计	合　计
5.1	离合器与手动变速器的维护	1	1	2	18
5.2	自动变速器的免解体维护	1	1	2	
5.3	车轮的检查与维护	1	1	2	
5.4	制动系统的检查与维护	2	2	4	
5.5	四轮定位的检测与调整	2	2	4	
5.6	转向系统的检查与维护	1	1	2	
5.7	汽车底盘综合检查	0	2	2	

任务 5.1　离合器与手动变速器的维护

王先生的凯越有 8 年车龄了，最近车主发现汽车发动机怠速运转时，离合器踏板虽已踩到底，但挂挡困难，变速齿轮有撞击声。勉强挂上挡后，尚未放松离合器踏板，汽车已行驶或熄火。技师告诉王先生，这是典型的离合器打滑故障，需要检查维修离合器。

离合器是传动系的第一个总成，它的主动部分与发动机飞轮相连，从动部分与变速器相连。在汽车起步到行驶阶段，它使发动机与变速器暂时分离或逐渐结合，以切断或传递发动机向传动系输出的动力。

一、离合器自由间隙和离合器踏板自由行程

离合器在正常接合状态下，分离杠杆内端与分离轴承之间应留有一个间隙，一般为几个毫米，这个间隙称为离合器自由间隙。如果没有自由间隙，从动盘摩擦片磨损变薄后压盘将不能向前移动压紧从动盘，这将导致离合器打滑，使离合器所能传动的转矩下降，车辆行驶无力，而且会加速从动盘的磨损。

为了消除离合器的自由间隙和操纵机构零件的弹性变形所需要的离合器踏板行程称为离合器踏板自由行程，离合器自由间隙和离合器踏板自由行程关系见图 5－1 所示。可以通过拧动调节叉来改变分离拉杆的长度，对踏板自由行程进行调整。

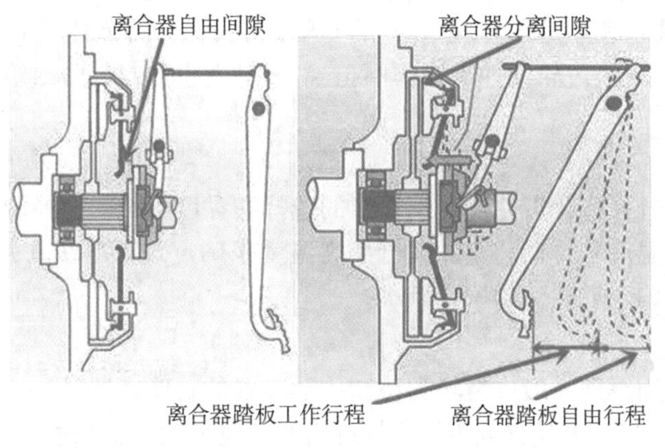

图 5－1　离合器自由间隙和离合器踏板自由行程关系图

在车辆的使用过程中，如果离合器踏板位置不正常，即离合器踏板高度、自由行程不符合规定要求，会导致离合器分离不彻底、换挡困难、离合器打滑、（车辆加速不良）车速下降、分离轴承及压盘总成过早损坏等故障发生。因此，正确地检查、调整离合器踏板位置，对提高车辆使用性能和减轻驾驶员劳动强度具有十分重要的意义。

二、齿轮油的认知

（一）国产汽车用齿轮油情况

汽油车：代表车型有奥迪、捷达、富康、桑塔纳、夏利、别克等，用油等级 GL－4 或 GL－5；微型车：代表车型有大发、吉林、长安、昌河、五菱等，用油等级 GL－4 或 GL－5；轻型载货车，代表车型 CA120、BJ130、NJ131、NJ1061、金杯等，用油等级 GL－4。

（二）车辆齿轮油性能分类

美国石油学会（API）将车辆齿轮油按使用性能分为 GL－1、GL－2、GL－3、GL－4、GL－5和 GL－6 六类。其性能水平顺序逐级提高。其中，使用较多的是 GL－4 和 GL－5两类。近年来 API 还提出了两种新使用性能分类规格，一种是 PG－1，适用于重载、高温（可达 150℃）手动传动箱（卡车与公共汽车用），另一种 PG－2，适用于有高偏置的重载轴齿轮传动（重型卡车最后一级传动用）。这两种新规格还要求能满足对清净分散性、密封寿命与同步啮合腐蚀极限的更高要求。

（三）齿轮油的组成

齿轮油简单说就是由基础油及添加剂组成。性能的优异和选择机油一样，要看基础油是何类型。

常用于调配齿轮油的基础油有 500SN、650SN、150BS、200BS 等，有的还采用合成油如 PAO、聚醚等调和，一般 GL－4、GL－5 级的 85W/90、85W/140 及 90、140 油采用普通矿油调和则可，GL－4、GL－5 的 75W/90、80W/90 则需要用合成油调和。

一般厂家手册上都是介绍终生不用更换手动变速箱齿轮油，家庭用车如果需要更换手动变速箱齿轮油，建议使用 API 75W－90 的 GL－4、GL－5 的全合成型齿轮油。

需要说明的是，更换齿轮油如果操作不正规，容易发生油封处密封组件的漏油现象。

（四）车辆齿轮油的选用

车辆齿轮油的选择包含齿轮油使用等级的选择和黏度等级的选择两个方面。一方面要根据使用环境最低温度和传动装置的运行最高温度来确定最低等级；另一方面要根据齿轮类型和工作条件来确定齿轮油的质量档次。

1. 使用性能级别的选择

车辆齿轮油使用级别一般按齿轮类型和传动装置的功能来选择。

对准双曲面齿轮式主减速器或工作条件苛刻的其他齿轮式主减速器，一定要选择 GL－4以上的齿轮油。

为了减少用油级别，方便管理，在汽车各传动装置对齿轮油使用性能级别要求相差不太

大的情况下，手动变速器和后桥可以选用同一级别使用性能的齿轮油。

汽车转向机构多为齿轮齿条式、蜗轮蜗杆式或滚珠螺母式，齿轮传动部分一般和手动变速器使用同一种润滑油。

2. 黏度级别的选择

车辆齿轮油的最低黏度级别，主要根据最低气温和最高油温，并同时考虑车辆齿轮油换油周期较长等因素来加以选择。

车辆齿轮油的黏度应既能保证低温下的车辆起步，又能满足油温升高后的润滑要求。

黏度等级选择可按最低使用温度（表 5－1）或按小齿轮转速及工作温度来选择。

表 5－1　最低使用温度与黏度牌号

最低使用温度/℃	SAE 黏度等级	最低使用温度/℃	SAE 黏度等级
－40	75W/90	－20	85W/90
－30	80W/90	－10	90

（五）车辆齿轮油选用的注意事项

(1) 等级低的齿轮油不能用在要求较高的车辆上；等级高的齿轮油可降级使用，但降级过多则在经济上不合算；

(2) 齿轮油的黏度应以能保证润滑为宜，尽可能选用合适的多级齿轮油，如果黏度过高，会显著增加燃料消耗；

(3) 不同等级的车辆齿轮油不能混用。

一、离合器的检查维护

1. 总泵液体渗漏检查

检查储液罐中液面的高度，应位于“MIN”和“MAX”刻度线之间位置。

检查离合器总泵以便确保液体不渗漏到总泵室中。检查总泵端口处、储液罐、离合器软管、分泵进油口等部位，是否存在漏油现象。

2. 离合器踏板的外观检查

检查离合器踏板有无弯曲或扭曲；检查踏板垫有无损坏或磨损。

3. 离合器踏板状况检查

起动发动机，连续踩下离合器踏板时，检查离合器踏板工作状况。离合器踏板不应出现回弹无力情况，踩踏时应无异常噪声、无过度松动情况，每次踩踏踏板时，不应有踏板沉重感。

二、离合器踏板自由行程的调整

（一）拉线式离合器踏板自由行程的调整

普通型桑塔纳轿车新车行驶 7 500 公里以上或使用 6 个月后，要对离合器踏板自由行程和功能进行检查。踏板自由行程为 15～20 毫米，检查方法见图 5－2。

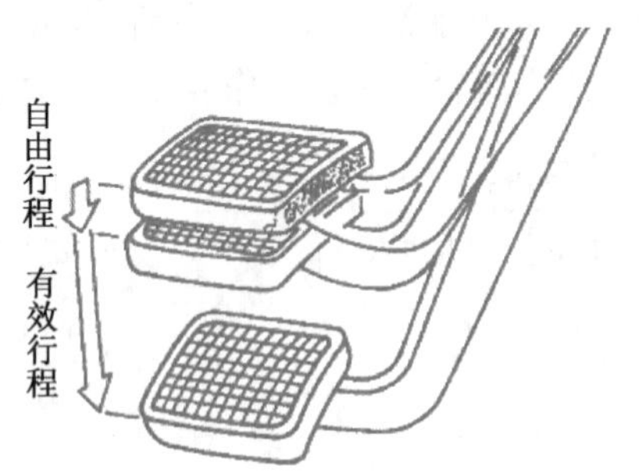

图 5－2　离合器踏板高度与自由行程

若自由行程过大或过小，可通过离合器拉索进行调整，如图 5－3 所示。

所需工具：17＃开口扳手两把。

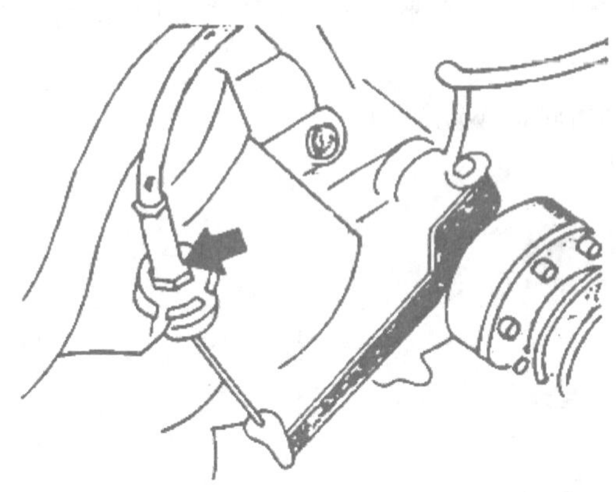

图 5－3　离合器踏板自由行程的调整

（二）液压式离合器踏板自由行程的调整

一般地，因为液压式离合器操纵机构在离合器磨损后，并不会因为离合器磨损而导致离合器踏板自由行程变小，所以一般液压式离合器操纵机构无须调整离合器踏板自由行程。其原理见图 5－4。

由于离合器磨损后，分离轴承会把离合器工作缸的活塞向左边推，而离合器踏板回位后，离合器主缸的工作油腔与储液罐相通，此时离合器主缸无压力，不会阻碍离合器工作缸活塞左移。因此离合器磨损后，离合器踏板自由行程并不变化。

以金杯海狮车型为例，说明液压式离合器操纵机构的调整。

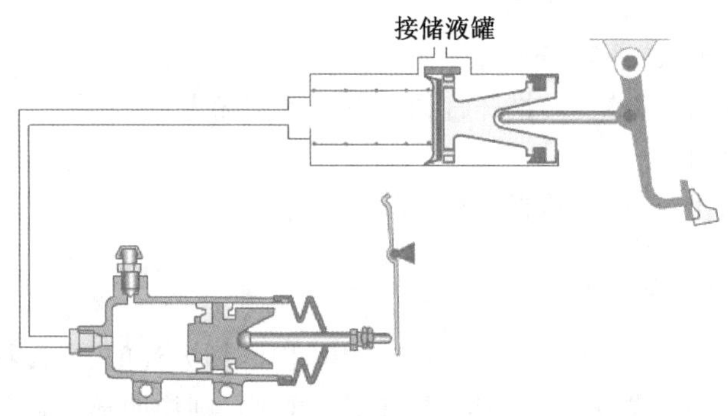

图 5－4　液压式离合器操纵机构自动调整原理图

1. 踏板高度和推杆行程的检查

踏板高度和推杆行程检查见图 5－5。

(1) 从转向柱的地板部分的上表面算起的踏板高度为 170 mm；

(2) 踏板顶处的推杆行程为 1～5 mm。

若经检查不符合规定，应对踏板高度和推杆行程进行调整。

2. 踏板高度和推杆行程的调整

(1) 拧松锁紧螺母，调整旋转限位螺栓直到高度正确为止。拧紧锁紧螺母；

(2) 拧松锁紧螺母，调整旋转推杆直到推杆行程正确为止。拧紧锁紧螺母。

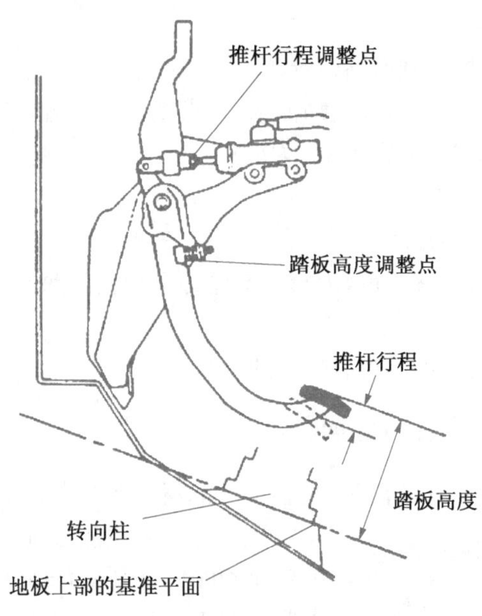

图 5－5　踏板高度和推杆行程的检查与调整

3. 踏板自由行程的检查

踏板自由行程的检查，见图 5－2。轻压踏板直到能感觉到离合器开始产生阻力为止。踏板自由行程：5～15 mm。

4. 踏板自由行程的调整

踏板自由行程的调整，见图 5 - 5。

(1) 拧松锁紧螺母，调整旋转推杆直到自由行程正确为止；

(2) 拧紧锁紧螺母；

(3) 调整踏板自由行程后，检查踏板高度。

(三) 离合器功能的检查方法

起动发动机，完全拉紧驻车制动器，挂上一挡，稍许加大油门，慢慢抬起离合器踏板，这时如果发动机转速下降或熄火，则为其功能正常。否则，则说明离合器打滑，应首先检查离合器踏板自由行程，如自由行程符合标准，则为摩擦片上粘有油污或破碎，应予更换。

三、手动变速器齿轮油的检查

扫一扫可见微课“检查变速器油”

变速器在使用中，由于变速器渗漏等原因，会引起齿轮油减少，润滑油的质量也在渐渐变差，因此，应按照维修手册上的定期检查周期，对润滑油数量和质量进行检查。

1. 变速器齿轮油数量的检查

(1) 将车辆用提升机提升到最高位置；

(2) 清除加油塞周围的油污，拧下加油塞，要求变速器内齿轮油的油面与加油口下边缘齐平或将手指插入加油口，以能探到油面为准；

(3) 按规定力矩拧紧加油塞。

2. 变速器齿轮油质量的检查

(1) 取出少许齿轮油，观察颜色，齿轮油不允许有颜色变深、结块、浑浊和金属屑脱落等现象出现。

(2) 闻齿轮油气味，齿轮油不得有烧焦的异味。

四、手动变速器齿轮油的更换

变速器齿轮油保障了变速器内齿轮、轴承的润滑和零件的冷却散热，在使用过程中，变速器齿轮油润滑性能会逐渐降低，出现浑浊、掺杂其他杂质和颜色逐渐变深等现象，因此，应按维修手册上要求的更换周期，定期更换齿轮油。手动变速器齿轮油的更换周期一般为30 000～40 000 km。

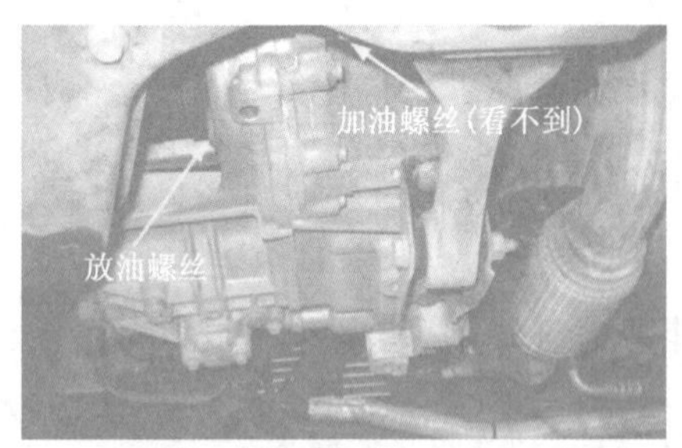

图 5 - 6　手动变速器齿轮油的更换

(1) 车辆行驶一段路程后，变速器油温升高，将车辆举升到最高位置，先拧开变速器上的加液盖，再拧下变速器的放油螺栓，将齿轮油放出，如图 5 - 6 所示。

在排放变速器齿轮油时，注意齿轮油颜色是否明显变深，观察放油螺栓塞吸附的金属屑数量的多少，以此判断变速器齿轮和轴承的磨损状况。

(2) 待油液放完后，清除放油螺塞磁性材料上吸附的杂质和金属屑，根据放油螺塞上吸附的金属屑的多少，判断齿轮、轴承的磨损状况。

(3) 更换放油螺塞上的“O”形密封垫圈，并按规定扭矩拧紧放油螺栓。

(4) 用专用的齿轮油加注器将齿轮油加入变速器，直到液面与加油口齐平，停止加油。

(5) 拧上加油螺塞，按规定力矩将变速器加油螺塞拧紧，放下车辆，操作完毕。

任务 5.2　自动变速器的免解体维护

汽车维修公司经常接到车主因自动变速箱损坏而需要救援的事件，拖回车间检查后发现，自动变速箱内各摩擦片严重烧蚀，叶片卡死而导致汽车不能行驶。导致故障的主要原因是自动变速箱严重失油或自动变速箱油变质。据向车主了解，该车从未更换过自动变速箱油。

在自动变速器的保养中，变速器油液的选用、检查、更换是最重要内容。从维修自动变速器的实践中发现，自动变速器的故障有 80%以上是由于自动变速器油变质而引起的。

自动变速器，是指根据发动机转速、载荷、车速和其他操作因素自动改变变速器内齿轮啮合状态，改变传动比，从而达到变速目的的变速器。

一、自动变速器油(ATF)

自动变速器油(Automatic Transmission Fluid)简称 ATF，是指专用于自动变速器的油液。ATF 对自动变速器的工作、使用性能以及使用寿命都有非常重要的影响。汽车自动变速器保养的主要内容就是对 ATF 的检查和更换。

(一) ATF 的功用

在自动变速器中 ATF 主要有下列功用：

(1) 通过液力变矩器将发动机动力传递给变速器；

(2) 通过电控、液控系统传递压力和运动，完成对各换挡元件的操纵；

(3) 冷却。将变速器中的热量带出传递给冷却介质；

(4) 润滑。对行星齿轮机构和摩擦副强制润滑；

(5) 清洁。清洗相对运动零部件。

(二) ATF 的特性

由于 ATF 工作特点的不同，在性能上有别于其他油液，主要有以下特性：

(1) 较高的黏温性。ATF 的黏度过大过小都会使变速器传动效率下降，而黏度又随温度而变化。因此，要求 ATF 低温时黏度不要太大，高温时黏度不能太小。

(2) 较高的氧化安定性。自动变速器在工作中其离合器等零件温度高达 300 ℃。在高温下油液容易与空气作用生成一种胶质黏附在阀体及各运动零件上，影响系统的正常工作。因此，要求 ATF 具有较高的氧化安定性。

(3) 防腐防锈性。零件的腐蚀或锈蚀，会造成系统工作失灵，以至损坏。

(4) 良好的抗泡沫性。油液中的泡沫影响传动油的正常循环，并有可能使各挡离合器一直处于不能彻底分离或不能完全结合的状态，使自动变速器无法正常工作。

(5) 抗磨性。要求 ATF 既能良好地润滑各运动副，但摩擦系数又不能太小，否则离合器将难以结合。

(6) 剪切稳定性。液力变矩器中，传动油受到强大的剪切力，若油的剪切稳定性差，变矩器则会出现打滑现象，降低变矩器的传递效率，还会出现换挡不平稳、脱挡等故障。

用于自动变速器的油液应通过严格的台架实验和道路实验，具备上述的各种性能。各个国家对 ATF 均有严格的规定。目前，应用广泛的 ATF 是 DEXRON 与 DEXRONⅡ和Ⅲ型。主要应用于美国通用、克莱斯勒，日本和德国的大部分车型上。福特汽车公司使用的是 F 型，国产轿车使用的 ATF 主要是 8 号自动传动油。

(三) ATF 的更换周期

自动变速器油是有使用寿命的。近年有些汽车品牌声称自己的自动变速箱不需要对油液进行检查和更换，实际上是向消费者表明，当油液变质时，就要更换整个自动变速器了。

自动变速器油的更换周期是以行驶千米数或使用时间为准，若在车辆使用手册中同时给出了这两个指标，则哪一项指标先到就先执行。如果车辆使用手册未标明自动变速器的换油时间，则按照 60 000～80 000 千米的里程来更换。所谓 60 000～80 000 千米的周期区间，是指车辆正常使用强度条件周期和恶劣条件下的周期。在我国建议使用恶劣条件下比较短的更换周期。

二、ATF 用油滤清器

在进行预防性维护时，汽车变速器用油滤清器通常是被遗忘的角落。在大部分情况下，变速器用油滤清器并不像机油、空气或燃油滤清器那样易于更换。除非该滤清器的堵塞已经影响到变速器的正常工作，否则人们通常会忽略对其及时更换的重要意义。事实上，由于自动变速器 ATF 用油滤清器是对汽车第二大总成进行保护的装置，所以应该保持其清洁或者按照其制造商推荐的更换周期及时更换。

汽车自动变速器通常采用纸质滤清器、毡质滤清器或滤膜滤清器来滤除其油液中的污垢。亚洲汽车制造商喜欢使用滤膜滤清器；而欧美制造商则更倾向于纸质或毡制滤清器。

包括通用汽车(GM)在内的一些汽车制造商推出了长寿命或免维护的变速器。这些变

速器没有量油尺装置，并且其正常维护功能流液和滤清器的更换周期可达 16 万千米。当然上述的免维护不免含有哗众取宠的成分，因为其同时提出的在诸如短途、停停走走工况、高温或灰尘四起及重载拖车等恶劣行驶环境下的保守维护更换周期仅为 8 万千米。

维护操作

一、ATF 油的检查

在进行自动变速器维护时，对 ATF 的检查是极其重要的工作。检查内容主要包括油质检查、油量检查和漏油检查。

（一）油质检查

检查油质、颜色、气味和杂质，确认 ATF 是否过热变质。Dexron 油染成红色，油质清澈纯净，如颜色变黑、有烧焦味且含有杂质，则予更换，如图 5-7 所示。

新ATF

使用过的ATF

图 5-7　ATF 油质检查

检查变速器油的状态十分重要，油液的气味和状态就可以表明自动变速器的工作状态，检查油液时，检查颜色，用手指摩擦油，看是否有杂质并闻气味。如液压油有焦味且呈棕黑色，说明已经变质了。ATF 油变质及原因分析如表 5-2 所示。

表 5-2　ATF 油变质原因分析

油的状态	变质原因
油变成深棕色或棕褐色	没及时更换油或由于重负荷运转，某些部件打滑或损坏造成变速器过热
油中有金属屑	单向离合器或轴承严重损坏
油中有胶状油膏胶质	变速器油温长期过热
油有烧焦味道	油温过高，油面过低，冷却器或管路堵塞导致离合器或制动器摩擦片烧蚀

（二）油量检查

自动变速器中油面的高低对变速器的性能影响很大。若油面过高，旋转机件旋转时剧烈搅动油液会产生气泡，气泡混入 ATF 内，会降低液压回路的油压，影响控制阀的正常工作。同时，还会引起离合器、制动器打滑，加剧磨损。

若油面过低，油泵吸入空气或油液中渗入空气，同样会产生前述类似的问题。另外油面过低还会使润滑冷却条件变差，加速 ATF 的氧化变质。

在自动变速器中，ATF 液面的高低与油液的温度和变速器的工作状况有关。温度升高油面也升高。当自动变速器正常运转时，ATF 充注在变矩器和各油缸油道内，液面下降。熄火后，油面会升高。因此油面高度的检查要在规定的条件下进行。

(1) 将车辆停在平坦路面上，拉紧驻车制动器。

(2) 起动发动机，变速器油温度达到正常温度后，踩住制动踏板，将变速杆从[P](驻车)到[L]挡位以 2～3 秒为时间间隔在各挡位来回移动 2～3 回，最后挂入[N](空挡)或[P](驻车)挡位。

(3) 打开发动机盖，拔出变速器油标尺。注意避免衣服或手碰到发动机旋转部分及过热的散热器。

(4) 擦干变速器机油标尺后，再次将它插入变速器，然后拔出，确认变速器油是否在[HOT]范围之内，如图 5-8 所示。

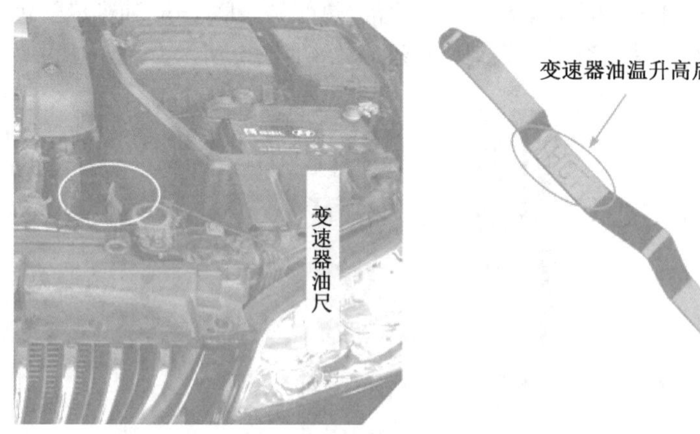

图 5-8　ATF 油量检查

(5) 变速器油不足时，利用漏斗加入变速器油至[HOT]范围。

警告：测量自动变速器油量时，在发动机温度达到正常温度后测量，注意不要被散热器和排气装置烫伤。

二、更换 ATF 油

目前有两种换油的方法，效果大不一样。

1. 自然换油法

这种方法在行业内俗称“手换”，即打开自动变速器的放油螺塞，让里面的油液自然排出，如图 5-9 所示。这是一种旧的换油方式，优点是操作方便，耗时少，缺点是换油不彻底，只能放掉四分之一至三分之一旧油液，大约是 4 升。目前相当一部分服务店都沿用这种换油方式，由于添加油液后，新旧油液混合，自动变速器里面的油液仍处于不纯净的状态，所以只能缩短换油时间，有些服务店要求每 20 000～30 000 千米更换一次自动变速器油液。

(1) 拆卸排放塞和垫片，排放自动传动桥(变速器)液(ATF)；

(2) 将液体排放之后，重新安装带有一个新垫片的排放塞；

(3) 通过量油尺指示重新加注规定数量的自动传动桥(变速器)液；

(4) 检查液位。

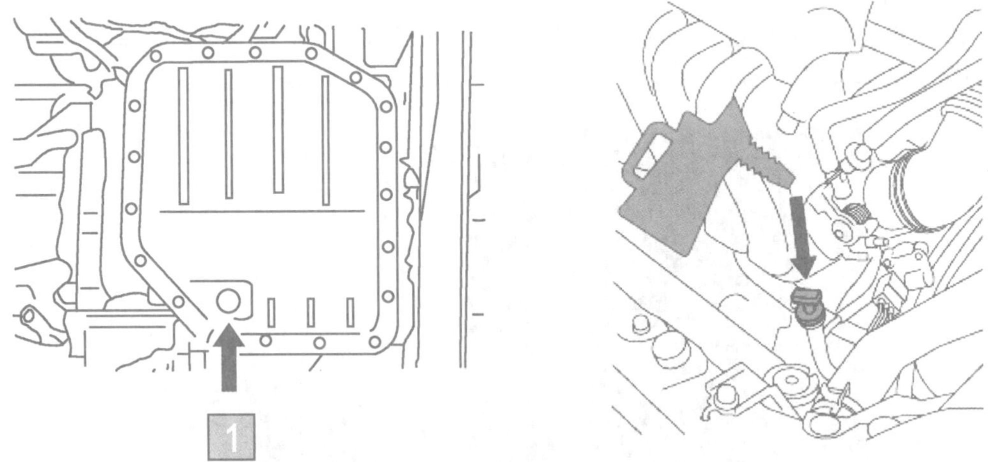

图 5-9　手动更换 ATF 油

2. 专用换油机更换(免解体维护)

(1) 自动变速器的清洗循环。

对自动变速器免解体维修时，要将自动变速器出油管从管接头处拆开，从回油管的管接头拆开也是一样的。用清洗和注油用油管将自动变速器油路与维修设备连接起来。这样当换油泵转动时，就带动自动变速器油呈体外循环。此时在自动变速器量油尺孔(加油孔)加注一瓶自动变速器清洗剂，则在废油循环过程中与原来的废油充分混合，并彻底清洗自动变速器内各部位，如图 5-10 所示。

图 5-10　自动变速器免解体维护

清洗过程中应不断变换变速杆置于 D 位和 R 位等各位置，踏住制动踏板并拉紧驻车制动；变换节气门开度，使自动变速器各挡都能得到清洗。清洗循环时可用液压油流量调节阀调节流量，并从机械转动的指示器中可看到自动变速器油的流动，当自动变速器油受到污染而全变黑时指示器窗孔即变黑，看不见叶轮转动，但用手摸时可以感到热量，用手摸清洗注油油管也能感到热量和油流波动。废油油量表指示废油流量，油量随着调节阀开度大小而变化，适当控制流量调节阀的开度，对废油和清洗液的循环有利，可以在较短的时间内清洗好自动变速器。当废油油量表显示为“0.00”时，表示循环液有堵塞之处，适当开启和关闭调节阀可将堵塞处冲开而重新恢复油流循环，直到将自动变速器清洗好为止。

(2) 新油加注。

新油加注也称换油，其工作原理是将新油用油泵压入自动变速器，与此同时顶出自动变速器中的废油，如图 5-11 所示。

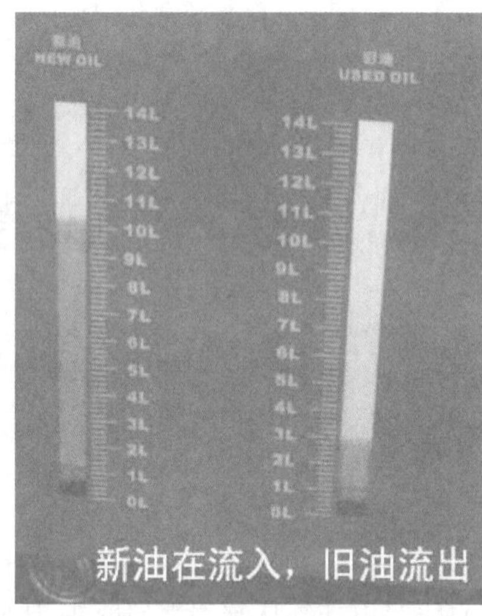

图 5-11 自动变速器换油

当自动变速器清洗完毕，将清洗加注设备上的“换油”开关按下，此时内部油路的电磁阀动作，油路自动切换。新油油箱与进油管相连，废油油箱与出油管相连，而新油油箱与废油油箱是彼此分开的。当换油泵转动时，新油从进油管流进自动变速器，并逐渐顶出自动变速器中的废油。

当换油开始时，可从透明的进油管上看到废的黑油逐渐被红色的新油所代替；当换油快要结束时，出油管就变得透明并完全变红了，但此时还有间断的黑色油液；继续进行换油，顶出废油，直到出油管全部变红并透明，自动变速器中的脏物随废油排出，并在废油油箱侧面的玻璃管油面高度指示器的下部呈现新油为止，即把废油和脏物几乎全部排出。

强制换油的油量略高于自动变速器油量容积，如自动变速器的油量容积为 6 L 时，换油量最好是 8 L；油量容积为 8 L 时，换油量应为 10 L 比较合适。

换油的流量可由新油流量调节和指示装置调节和显示出来，通过新油数字式流量表指示出具体数字。调节阀门可以改变油量，当进油量略小于出油量时，可将新油刚好加注到量油尺的最小和最大刻度之间，几乎不用重新加注和减油。

3. 注意事项

两种换油方法都要在发动机起动的情况下进行。更换自动变速器油液，在操作的时候必须是在热车的状态下，更换前应行驶 20 分钟以上，不能冷车换油。换油时要起动发动机，把各挡位从 P 挡到 N、D、L1、L2 等挡位来回拨动，然后才开始换油液。

任务 5.3　车轮的检查与维护

车主王先生来店反映，他刚买 3 个月的新车在高速公路上面竟然方向跑偏。经检查发现是该车两前轮车胎气压不一致所致。汽车维修人员向王先生介绍了汽车轮胎的功用和检查轮胎性能对行车安全的重要性，并讲解了轮胎检查的方法。

一、轮胎的标识

按国家标准规定，在外胎的两侧要标出生产编号、制造厂商标、尺寸规格、层级、最大负荷和相应气压、胎体帘布汉语拼音代号、安装要求和行驶方向记号等。

1. 普通斜交轮胎的规格

表示方法：B－d，单位 in(英寸)。例：9.00—20 表示轮胎宽度为 9.00 英寸、轮胎内径为 20 英寸的斜交轮胎。

2. 子午线轮胎的规格

表示方法：【胎宽 mm】/【胎厚与胎宽的百分比】R【轮毂直径(英寸)】【载重系数】【速度标识】

或者：【胎宽 mm】/【胎厚与胎宽的百分比】【速度标识】R【轮毂直径(英寸)】【载重系数】

例如：轮胎编号：P 195/65R 14 89H

P——轮胎前缀标识：轿车轮胎；

轮胎前缀标识有：P、LT、T、ST 等。其含义：P——轿车轮胎；LT——轻型载重汽车轮胎；T——备用胎，供临时使用的轮胎；ST——公路型挂车使用的特种轮胎。

195——轮胎与地的接触面为 195 mm；

65——胎面与胎壁高度的％；一般称为扁平比 195×65％＝127(胎壁高度是 127mm)；

R——Radial 辐射胎(子午线结构)；

14——钢圈直径；

89——载重标示；从 62(265 kg)～121(1 450 kg)『单轮』；

H——安全速限的代号。

3. 其他标识

P：轿车轮胎；REINFORCED：经强化处理；RADIAL：子午线轮胎；TUBELESS(或 TL)：无内胎(真空胎)；M＋S(Mud and Snow)：适用于泥地和雪地，轮胎花纹及用途见表

5-3;→:轮胎旋向,不可装反。

表 5-3　轮胎花纹及用途

类型	花纹特征	基本图案	主要用途
条形花纹	优势 滚动阻力以及发热都较低 较大的侧滑阻力，优异的转向与安全性能 震动较小,驾乘感优异 劣势 制动以及驾驶性能较差 沟槽容易疲劳		一般路面，高速公路 主要用于小轿车、公共汽车以及轻型卡车
横花纹	优势 优异的驾驶及制动性能 适合于未铺设好的路 劣势 相对较大滚动阻力(省油效率较低) 噪音相对较大 对侧滑的阻力相对较低		一般路面，未铺设好的路 用于卡车、公共汽车、轻型卡车、大多数工程车辆以及工业用车辆
条纹及横向花纹混合型	优势 由于同时采用条纹及横向花纹,具有优异的转向与安全性能 对于同时在城市公路及乡村小路上行驶的车辆比较适用 劣势 在横向花纹的末端磨损较大 条形沟槽中的切纹在驾驶和制动性能比横向花纹差		已铺设，未铺设好的路 用于载货卡车，公共汽车
块状花纹	优势 推进力以及制动性能优异 制动、转向以及安全性能优异 雪地以及泥泞路面使用胶佳 劣势 比条形花纹及横向纹磨损快 滚动阻力大		雪地防滑轮胎 可用于沙地行驶的车辆
不对称花纹	优势 一致的接地面积 良好的耐磨和制动性能 无须转动轮胎 劣势 使用不多 与其他尺寸轮胎兼容性差		小轿车用胎(高速) 一些卡车

二、轮胎磨损及原因分析

1. 外侧边缘磨损

现象:轮胎外侧边缘磨损见图 5 - 12。

图 5 - 12　轮胎外侧边缘磨损

原因:如果顺行驶方向观察,在轮胎的外侧边缘有较大的磨损,说明轮胎经常处于充气不足的状态,即压力不够。

解决办法:多检查几次轮胎压力。可能的话,按"高速公路"标准充气,即比正常标准再多加 3 万帕。再者,一般人以为,既然轮胎充气不足有利于雪地和沙地行驶,在潮湿地面上也可如此。须知,充气不足的轮胎非常不利于雨天行驶,抓地性会明显减弱。

2. 凸状及波纹状磨损

现象:轮胎凸状及波纹状磨损见图 5 - 13。

图 5 - 13　凸状及波纹状磨损

原因:假如发现轮胎着地部分的两侧呈凸状磨损,而且轮胎周边也呈波纹状磨损,说明车的减震器、轴承及球形联轴节等部件磨损较为严重。

解决办法:由于更换新轮胎费用较高,所以建议您在更换轮胎前,先检查悬挂系统的磨损情况、更换磨损部件。否则,即使更换轮胎也无济于事。

3. 表面均匀磨损

原因:轮胎的均匀磨损是正常现象,其各部都会有相应的表现,一旦花纹已经磨平。说明轮胎的寿命已尽,必须更换。另外花纹还有排遣路面积水的功效,因此,是保持汽车抓地性的重要环节。

解决办法：千万不要自行制造轮胎花纹。如果磨损已达轮胎花纹的极限深度(通常为1.6毫米，宽度大于175毫米的轮胎则为2毫米)就要更换。当然，磨损程度会有差别，但须知同一根车轴上不同轮胎的磨损差别不得超过5毫米。

4. 轮胎内的“暗伤”

原因：车辆与硬物发生冲撞后(例如撞在便道边沿上)或在瘪胎状态下行驶后，轮胎的橡胶层会有严重划痕，影响密封程度。

解决办法：在此情况下，轮胎会漏气、破裂。如创面较小，当然可以修补，以应不时之需，但若想长途行驶则必须立即更换。

5. 中心部分磨损原因

现象：轮胎中心部分磨损见图5-14。

图5-14 中心部分磨损

原因：如果发现轮胎着地部分的中心面积出现严重磨损的情况，这表明轮胎经常处于充气过满的状态。这也不利于轮胎的保养，反而加速了轮胎的磨损。

解决办法：首先一定要检查一下压力表是否精确并调整好压力。须知只有高速行驶或载重行驶的时候，才需给轮胎过分充气，而在一般状态下则大可不必。

6. 轮胎侧面裂纹

原因：多因保养不善或行驶于多石子的路面及建筑工地上，以致坚硬物体接触到轮胎、在重压下造成了轮胎内层的破损。

解决办法：须立即行动，如修理费不太贵，则以修补为好，否则就要更换轮胎。现在的轮胎虽应用了新技术，但也更娇气，要妥善保养。

7. 轮胎出现鼓泡原因

现象：轮胎鼓泡现象见图5-15。

原因：轮胎侧面出现鼓泡，这是因为轮胎内层有裂纹而造成气体通过裂纹达到表层，最终会导致轮胎“放炮”。

解决办法：不要以为可以修补一下了事，在橡胶上打补丁并不能持久，特别是驾车跑长途，最好及时更换轮胎。

图 5-15　轮胎鼓泡

8. 轮胎内侧磨损原因

原因：轮胎内侧磨损、外层边缘呈毛刺状。常见到一些旧车的悬挂系统不良，使整个车身深陷下去。这表明轮胎变形，两个轮胎的对称性已受影响。

解决办法：把减震器、球形联轴节等一应配件全更换一遍。如果费用太高，则可考虑先请专业修理工调校前桥与轮胎的角度。

9. 轮胎局部磨损原因

现象：轮胎局部磨损现象见图 5-16。

图 5-16　轮胎局部磨损

原因：如果轮胎表面只有一块大面积磨损，说明是紧急刹车时别住车轮所造成的；如果前后轮有两块相同的磨损，就说明鼓式刹车有问题了。

解决办法：在这种情况下无论如何必须更换轮胎了。为应付急用，也可以把旧轮胎暂时换到后轮，以保证安全。

一、轮胎检查

（一）轮胎气压检查

汽车轮胎气压检查用专用胎压表逐个测量，如图 5 - 17 所示。

轿车各轮胎标准气压值可查询车主手册或者直接从油箱盖内侧的标签上读出，如图 5 - 18 所示。要注意的是，轮胎气压的检查应在轮胎冷却后进行。

图 5 - 17　轮胎气压检查

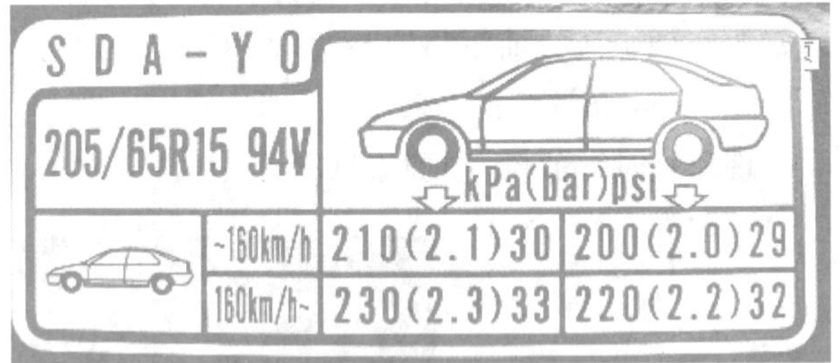

图 5 - 18　轮胎标准气压

（二）轮胎花纹深度检查

可以通过观察与地面接触的轮胎表面的胎面磨损指示标记轻易检查胎面花纹深度。更专业的是使用一个轮胎深度规测量轮胎的胎面深度，如图 5 - 19 所示。

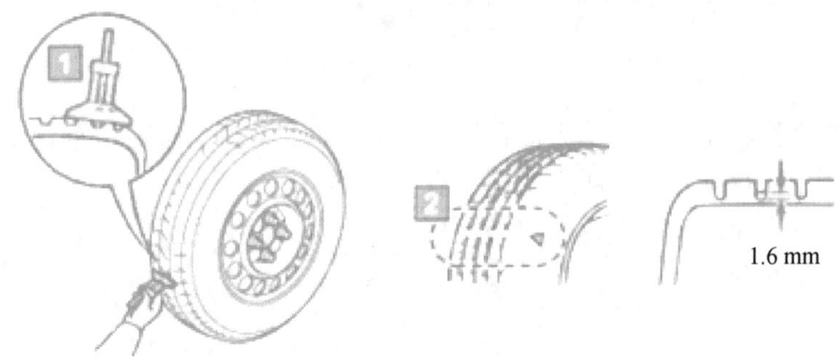

图 5 - 19　轮胎花纹深度检查

（三）轮胎充气注意事项

(1) 充气要注意安全。要随时用气压表检查气压，防止充气过多，使轮胎爆破。

(2) 行驶停止后，须等轮胎散热后再充气，因车辆行驶时胎温会上升，对气压有影响。

(3) 检查气门嘴。气门嘴和气门芯如果配合不平整，有凸出凹进的现象及其他缺陷，都不便充气或量气压。

(4) 充气要注意清洁。充入的空气不能含有水分和油液，以防内胎橡胶变质损坏。

(5) 充气时不应超过标准过多后再放气，也不可因长期在外不能充气而过多地充气。如超过标准过多，会促使帘线过分伸张，导致其强力降低，影响轮胎的寿命。

(6) 充气前应将气门嘴上的灰尘擦净，不要松动气门芯，充气完毕后应用肥皂泡水涂在气门嘴上，检查是否漏气（如果漏气就会产生小气泡），并将气门嘴帽配齐装紧，防止泥沙进入气门嘴内部。

(7) 子午线胎充气时，由于结构的原因，其下沉量、接地面积均较大，往往误认为充气不足而过多地充气；或反之，因其下沉量和接地面积本来就较大，在气压不足时也误认为已充足。应用标准气压表加以测定。子午线轮胎的使用气压应高于一般轮胎 50～150 kPa。

(8) 随车的气压表或胎工间使用的气压表均应定期进行校对，以保证气压检查准确。

二、轮胎的换位

在汽车使用过程中，由于汽车承受载荷、行驶路况、轮胎质量、悬架或转向系统零部件损伤、车轮定位失准及驾驶习惯等因素作用，使车轮产生变形或轮胎异常磨损，导致汽车产生行驶振动摇摆、轮胎加速磨损以及制动性能、加速性能和转向性能降低等故障发生，使汽车的行车安全性和使用经济性受到严重影响。因此，应定期检查轮胎磨损状况；同时，为提高各个轮胎的磨损均匀性，还需要定期进行车轮换位，延长轮胎使用寿命。

（一）为什么轮胎要换位

由于各轮胎工作条件和负荷不相同，载货汽车一般后轮负荷大于前轮，轿车行驶一般前轮负荷大于后轮，如果驾驶位置在左侧，那么通常情况下，汽车向左转时的车速会大于向右转弯时的车速，导致汽车右侧的轮胎在左转弯时受到的压力大于左侧轮胎，汽车行驶一定里程后，右侧轮胎的右侧边缘磨损最为严重。反之，在香港，英国，澳大利亚等右驾地区，左侧轮胎外侧边缘磨损较大。

因此，应按汽车保养规定及时进行轮胎换位，特别是新车初驶后的换位，对轮胎的使用寿命影响很大。

（二）换位周期

根据驾驶者不同的驾驶习惯和驾驶路线，应参照汽车自带的保养手册定期进行轮胎换位。轮胎换位间隔一般新车为 10 000 km，以后每行驶 5 000 km 至 10 000 km 进行一次轮胎换位。

（三）换位方法

1. 花纹无方向斜交轮胎的换位

由于轿车轮胎在使用中，前轮磨损比后轮重，可采用图 5－20 所示的方法进行换位。

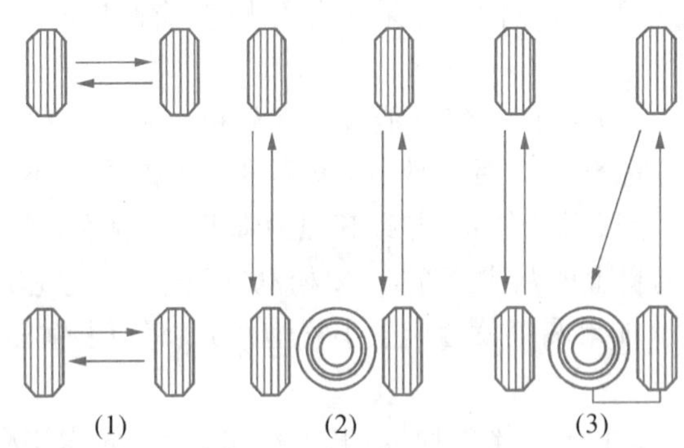

图 5－20　车轮换位方法

这种轮胎换位就是将同一车桥上的轮胎对换，可使轮胎的左右侧面磨损均匀。经过一段时间的使用后，前轴换下的轮胎可予以报废、翻新或作为备胎使用，新轮胎则装在前轮上。这样做是较为经济合理的。

2. 子午线轮胎的换位

子午线轮胎应保持在车辆的同一侧使用，即保持相同的旋转方向，可采用前后换位的方法进行换位。子午线轮胎的旋转走向是固定的，如果旋转方向弄反了，会使车辆失去操纵稳定性，使汽车行驶不顺并产生振动。

轮胎换位可使四个轮胎尽可能磨损均匀，使轮胎受力平衡，保证车辆行驶平稳，同时也能延长轮胎寿命，而子午胎由于内部结构的原因，使用时其旋转方向必须是唯一的，若交叉换位（含轮辋）必然会改变它的旋转方向，其结果会引起轮胎不平衡，车辆行驶时会有发摆、发飘和跳动等现象，且不利于轮胎散热，容易发生爆胎事故，所以子午胎只能单边换位。

此外，子午胎与斜交胎绝不能混装，大家应该特别注意。

另外在使用的雪地轮胎或带防滑钉的轮胎时，不应换位。储存该类轮胎时，应在轮胎上标明轮胎使用时旋转的方向，以确保该类轮胎以同一旋转方向重新装用。

检查完毕后，按照规定要求安装轮胎。按对角线拧紧车轮螺母，最后应使用扭矩扳手按规定扭矩检查并拧紧螺母，如图 5－21 所示。

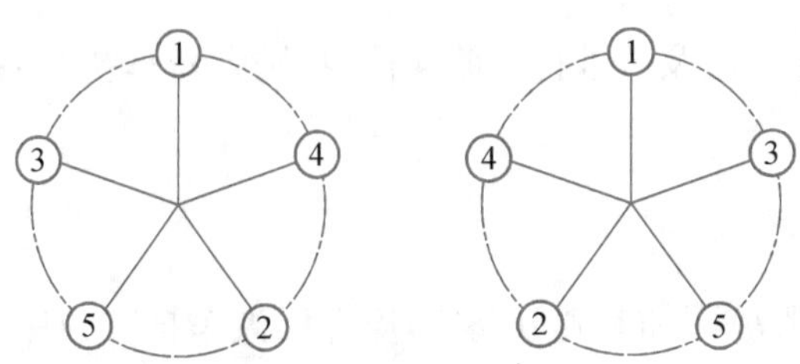

图 5－21　车轮螺母拧紧顺序

三、轮胎的动平衡

汽车的车轮是由轮胎、轮辋等组成的一个整体。但由于制造、使用不当等原因，使这个整体各部分的质量分布不可能非常均匀。当汽车车轮高速旋转起来后，就会形成动不平衡状态，引起车轮的跳动和偏摆，造成车辆在行驶中车轮抖动、方向盘振动的现象。为了避免这种现象或是消除已经发生的这种现象，就要使车轮在动态情况下通过增加配重，校正车轮各边缘部分的平衡。从而使车辆行驶更加平稳。这个校正的过程就是人们常说的动平衡。

（一）什么时候做动平衡

当在行车过程中发现车辆高速行驶时方向盘抖动或是车轮出现某种有节奏的异响时，就有可能是车轮该做动平衡了。

（1）当更换轮胎、轮毂或是补过轮胎后；

（2）车轮受过大的撞击产生变形或由于颠簸导致平衡块丢失。

如果车轮动平衡不好会造成轮胎的异常磨损，也会影响车辆的稳定。以上情况都应该对车轮做动平衡。

（二）车轮动平衡机类型

1. 就车式

就车式车轮动平衡机在校正时，车轮无须从车辆上拆下，只需把待测车轮支离地面，如图 5－22 所示。

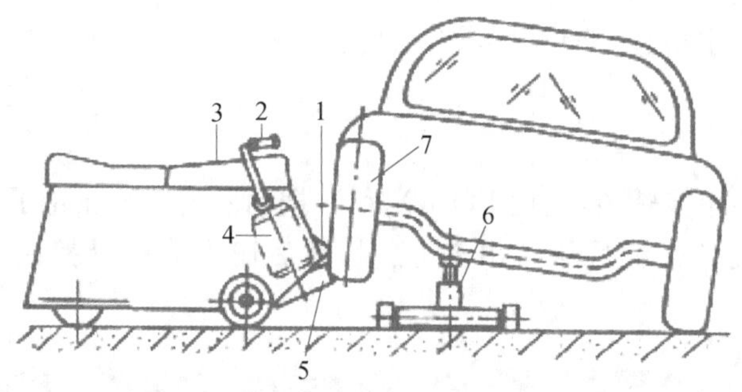

1－光电传感器；2－手柄；3－仪表板；4－驱动电机；5－摩擦轮；6－传感器支架；7－被测车轮

图 5－22　就车式车轮平衡机工作图

2. 离车式

离车式车轮动平衡机在校正时，车轮需从车辆上拆下，正确安装至平衡机上，由平衡机电机带动做高速旋转进行测量，如图 5－23 所示。

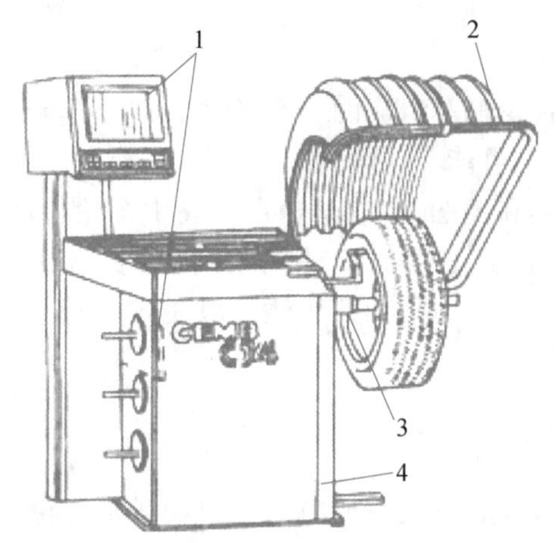

1 -显示与控制装置;2 -车轮防护罩;3 -转轴;4 -机箱
a) 车轮静平衡但动不平衡;b) 车轮动平衡且静平衡

图 5 - 23　离车式车轮动平衡机

(三) 离车式车轮平衡机的使用方法

1. 检测车轮准备

(1) 清除被测车轮上的泥土、石子和旧平衡块;

(2) 检查轮胎气压,势必要充至规定值;

(3) 根据轮辋中心孔的大小选择锥体,仔细地装上车轮,锁紧螺母并拧紧。(轮胎安装定心要准,装夹要牢固,否则影响平衡精度)

注意:测试前,一定检查台面上是否有工量具、平衡块等物,防止其滑落到转轴上,造成安全事故。

2. 检测及修正车轮不平衡量

做动平衡需要 4 个步骤:首先把 LOGO 拆掉,把动平衡仪装在轮子上,选择适应大小的固定器。先把动平衡仪上的尺子拉出来,测量,然后输入第一个控制器(比如 7.2),见图 5 - 24。

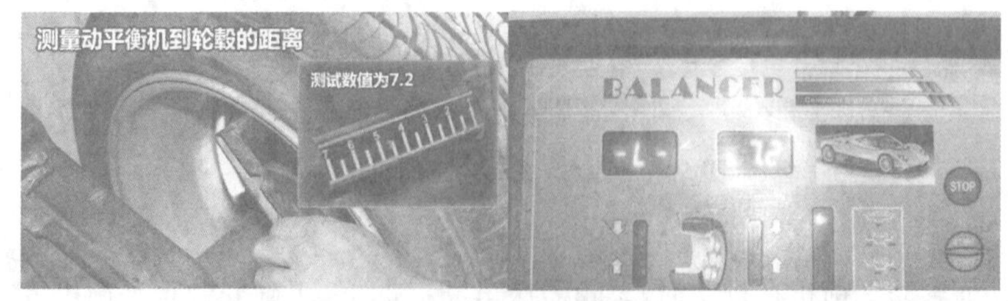

图 5 - 24　输入测得数值

第二步,使用弯尺,测量轮辋宽度,见图 5 - 25,同样在第二个控制器上输入(比如 7.5),见图 5 - 26。

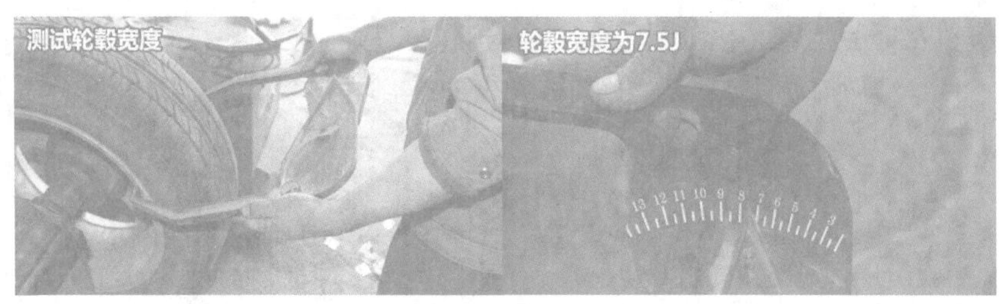

图 5-25　测量轮毂宽度

图 5-26　输入数值

第三步，在控制器输入轮辋直径，见图 5-27，按 START，开始。

图 5-27　输入数值轮毂尺寸

当检测停止后，电脑会测量出轮辋内外侧需要增加的砝码重量，先装外侧，转动轮胎，根据提示把砝码敲打上，见图 5-28。

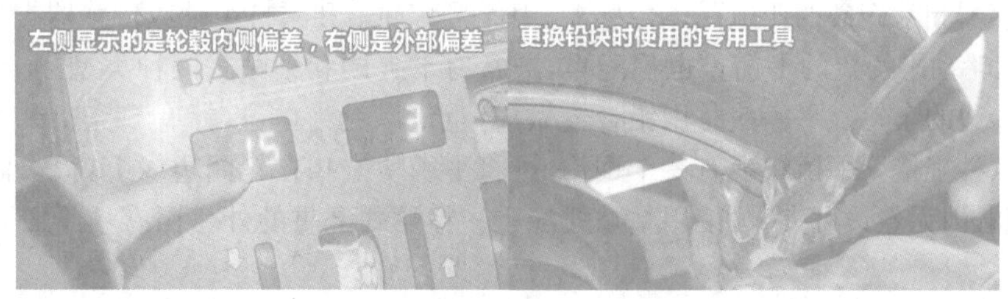

图 5-28　根据测量值调整平衡块

动平衡是只对单个轮胎而言，目的是使轮胎在转动时自身不发生重心的偏转。使用轮胎动平衡机检测，操作简单，结果明确，见图 5-29。

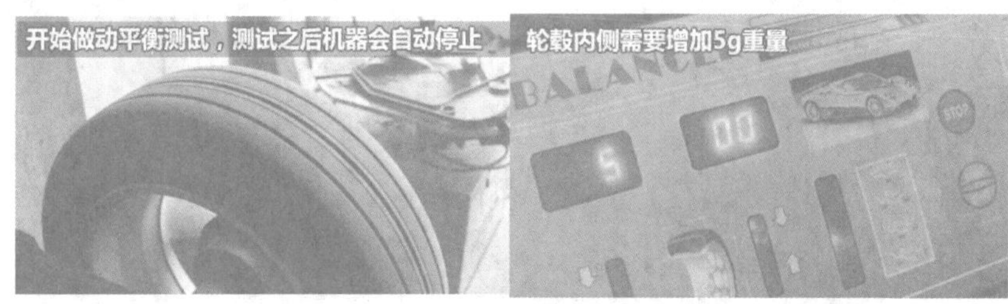

图 5-29　进行动平衡检测

在轮毂两边同时敲上与数值对应重量的平衡块(一个带扣的小锡块,上面标好了重量),见图 5-30。但要注意的是,比如左右分别显示 10、15,就应同时在左右分别敲上重 10 和 15 的两个平衡块,而不能只在右侧敲一块重 5 的平衡块,那是达不到要求的。

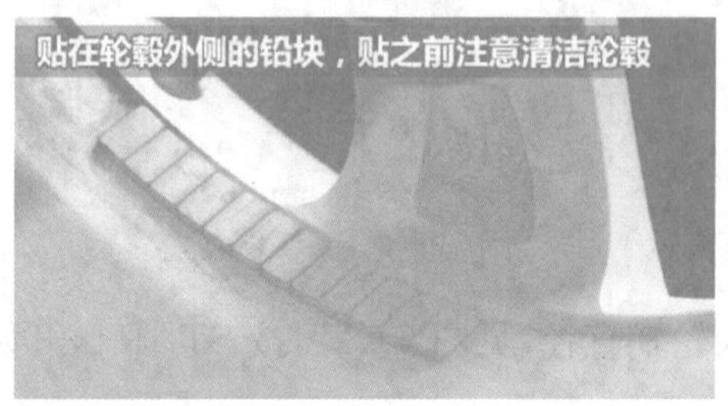

图 5-30　轮毂外侧的平衡块

轮胎应当定期做动平衡检查,用动平衡检测仪检查。轮胎平衡分为动态平衡和静态平衡两种。动态不平衡会使车轮摇摆,令轮胎产生波浪形磨损;静态不平衡会产生颠簸和跳动现象,往往使轮胎产生平斑现象。因此,定期检测平衡不但能延长轮胎寿命,还能提高汽车行驶时的稳定性,避免在高速行驶时因轮胎摆动、跳动,失去控制而造成的交通事故。

(四) 注意事项

(1) 离车式车轮动平衡机的主轴固定装置和就车式车轮动平衡机的支架上都装有精密的位移传感器和易碎裂的压电晶体传感器,因此严禁冲击和敲打主轴或传感器支架。

(2) 车轮动平衡机的平衡重也称配重,通常有卡夹式和粘贴式两种类型。卡夹式适用于轮辋有卷边的车轮。平衡块是用铅合金做成,重量以克为单位,计有 5 克、10 克、15 克等多达十五六种规格。平衡块上有一个钢钩,可将平衡块嵌扣在轮圈边缘上,很牢固;对于铝镁合金轮辋,因无卷边可夹,可使用粘贴式配重。粘贴式配重的外弯面有不干胶,粘贴于轮辋内各面。

(3) 必须明确,车轮动平衡机的机械系统和电算电路都是针对正常车轮使用条件下平衡失准或轻微受损但仍能使用的车轮而设计的,对因交通事故而严重变形的轮辋或胎面大面积剥离的车轮是不能上机进行平衡检测的。一方面不平衡量过大的车轮旋转时的离心力可能损伤车轮动平衡机的传感系统,另一方面超值的不平衡力可能溢出电算范围而使仪器自动拒绝工作。

(4) 当不平衡量超过最大配重时,可用两个以上配重并列使用。但这时要注意因多个

配重占用较大的扇面会使其有效质量低于实际质量。

（5）一般情况下，离车式车轮动平衡机或就车式车轮动平衡机都是分别各自使用的。但对高速行驶的汽车车轮而言，如果用离车式车轮动平衡机平衡后再装在车上行驶时，仍会出现不平衡现象。因此，使用离车式车轮动平衡机平衡车轮后，最好能再用就车式车轮动平衡机进行校对。

任务 5.4　制动系统的检查与维护

一车主反映制动性能不如新车时灵敏，维修人员进一步检查发现制动液液面低于最低位。补充制动液，排除管路空气后，故障现象消失。

汽车制动液（俗称制动液、刹车油），是汽车液压制动系统中所用的传递压力以制止车轮转动的工作介质。制动液选用是否正确，直接影响汽车制动系统工作的可靠性和汽车行驶的安全性。

正确选用制动液，除了要熟悉汽车的使用条件、制动系统的结构特点、橡胶密封材料的特性外，还应熟悉各种牌号制动液的性能。

一、制动液的质量分级

随着汽车技术的发展，为了适应更高的制动要求，提高汽车制动的可靠性。2012 年 5 月 11 日国家颁布了国家标准《机动车制动液》（GB 12981—2012）。按使用工况、温度和黏度要求的不同将合成制动液分为 HZY3、HZY4、HZY5、HZY6 四个级别。序号越大、其平衡回流沸点越高，高温抗气阻性越强，行车制动安全性越好。

HZY3 级制动液具有优良的低温流动性能和良好的抗高温气阻性能，相当于 ISO4925（国际标准）和 DOT3（美国车辆安全标准）水平，能满足国产轿车、微型车、进口货车的使用要求。

HZY4 级制动液具有良好的低温流动性能和优良的抗高温气阻性能，相当于 DOT4 水平，能满足新型高级轿车的使用要求。

HZY5 级制动液具有良好的低温流动性能和优异的抗高温气阻性能，相当于 DOT5.1 水平，仅供有特殊要求的车辆。我国汽车制动液规格与国外汽车制动液规格的对应关系见表 5-4。

表 5-4 我国汽车制动液规格与国外汽车制动液规格的对应关系

序号	质量标准	质量级别				
		醇醚型	硼酸酯型	硼酸酯型	硅酮型	硼酸酯型
1	美国 FMVSS No. 116	DOT3	DOT4/超级 DOT4	DOT5.1	DOT5	—
2	国际标准组织 ISO 4925	CIass3	CIass4	CIass5.1	—	CIass6
3	JIS K 2233	BF-3	BF-4	BF-5	—	BF-6
4	美国 SAE J 系列	J1703	J1704	—	J1705	—
5	中国 GB 10830—1998(已废止)	JG3	JG4	JG5	—	—
6	中国 GB 12981—2003(已废止)	HZY3	HZY4	HZY5	HZY5	—
7	中国行业标准 QC/T 670—2000(现行)	V-3	V-4	—	—	—
8	中国 GB 12981—2012 (现行)	HZY3	HZY4	HZY5	—	HZY6

二、对制动液的使用性能要求

由于制动液在液压制动中肩负着重要作用,故要求其安全可靠、质量高、性能好。良好的制动液必须具备以下性能:

(1) 高温抗气阻性,制动液的沸点应在 205℃以上,吸湿温度要高,在高温下不产生气阻,在常温下吸湿水分要少。

(2) 制动液应有良好的运动黏度和润滑性,其低温流动性好,-40℃黏度越小越好。

(3) 有一定的溶水性,能将外来的少量水分完全溶解吸收,制动液不能因为吸水产生分层和沉淀。

(4) 两种制动液混合时,应能充分混溶,不产生分层和沉淀而影响使用。

(5) 不腐蚀金属,对制动系统橡胶零部件侵蚀作用小,保证制动系统制动灵活、工作可靠。

(6) 能够长期贮存和使用,性能稳定,对其加温、冷却,化学性能无变化。

三、汽车制动液的选用

车辆使用和维修人员首先应该按照车辆使用说明书上的规定选择相应的制动液。一般应遵循以下原则:

(1) 选用的制动液产品类型应与车辆制造厂家规定的制动液产品类型相同。

(2) 尽量选择正规厂家生产的、性能稳定的、质量有保证的制动液产品。

(3) 选用的制动液产品质量等级应等于或高于车辆制造厂家规定的制动液质量等级。

(4) 选择合成制动液。

四、制动液使用中应注意的问题

(1) 车辆正常行驶 30 000 km 或制动液连续使用超过 2 年,制动液很容易由于使用时

间长而变质，要注意及时更换。

(2) 应随时观察制动液液面高度，液面应保持在标定刻度和最高容量刻度之间，当制动液不足的时候应及时添加。

(3) 车辆在正常行驶中，若出现制动忽轻忽重时，要及时更换制动液，并用酒精清洗制动系统。

(4) 若出现制动效能降低或制动不回位时，要及时对制动系统进行全面检查。如发现橡胶件膨胀变形，说明制动液质量存在问题。这时应选择质量比较好的制动液予以更换，同时更换系统内橡胶件。

(5) 冬季时，如发现制动效果下降，则有可能是制动液的级别不适应气候，此时更换新制动液，选择在低温下黏度偏小的制动液。

(6) 不同类型和不同品牌的制动液严禁混合使用，对有特殊要求的制动系统，应加注特定牌号的制动液。由于不同品牌和不同类型的制动液的配方不同，混合制动液会造成制动液性能指标下降。即使是那些互溶性比较好，标明能混用或可替代的品牌，使用中也可能引起故障，因此也不要长期使用。

(7) 选用时要注意制动液的质量指标，外观要求透明，无悬浮物，无尘埃和沉淀物。发现制动液有杂质或沉淀物时，应该及时更换，否则会影响制动效果，造成事故隐患。

一、制动液及行车制动踏板的检查

1. 检查制动液面情况

检查储油罐内的制动液面是否正常。如图 5 - 31 所示，制动液面应位于储油罐上“MAX”与“MIN”刻度线之间。若液量不足，应首先对液压系统进行泄漏检查，然后再补充制动液至规定液位。

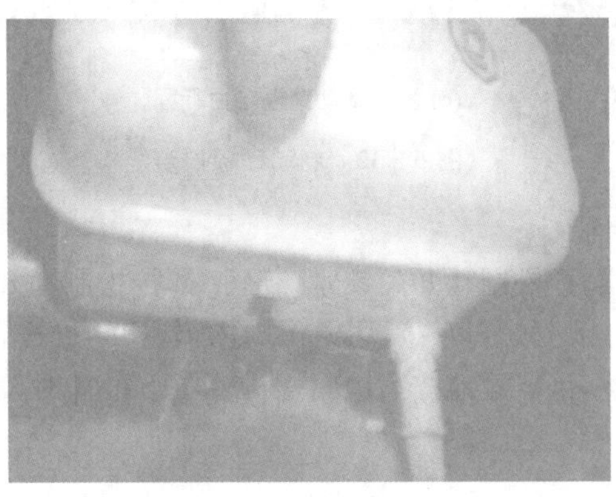

图 5 - 31　制动液面检查

2. 行车制动踏板的检查

(1) 进入驾驶室,关闭发动机踩几次制动器,检查制动踏板是否出现变形等损伤。踩下制动踏板数次,释放真空助力器中残余的真空度。通过踩踏制动踏板确保踏板反应灵敏、无异常噪声及过度松动等。

(2) 取出制动踏板下方的底板垫。

(3) 使用直尺测量制动踏板高度。测量时,将直尺垂直于地板面,观察踏板上平面在直尺上的显示数值,该数值即为踏板高度,如图 5-32(a)所示。标准值是:174.3 mm (6.86 in)。

(4) 使用直尺测量制动踏板自由行程。测量时,将直尺保持与地板垂直,踏板处于自然状态,确认此时的踏板高度值后,用手稍用力下压踏板,当感觉阻力增大时,停止下压,观察踏板上平面在直尺上显示的数值,计算得出两个数据的差值,即为制动踏板自由行程,如图 5-32(b)所示。标准值:3~8 mm(0.11~0.31 in)。

注意:如果测量数值不在规定范围内,将会影响制动系统正常工作性能。如果测量值过大,系统产生的制动力变小,车辆制动距离增加;如果测量值过小,会出现制动拖滞,导致制动器过热,制动效能下降。

(5) 使用直尺测量制动踏板行程。起动发动机并怠速运转,测量时,首先将直尺垂直于地板,然后确认制动踏板自由状态下的高度值,用力踩下制动踏板至止动位置,观察此时直尺所显示的踏板高度,两高度之差即为制动踏板行程,如图 5-32(c)所示。标准值:135 mm (5.31 in)。

注意:如果踏板行程大于规定值,应检查制动系统是否泄漏、储油罐中液面是否正常、制动蹄是否磨损过度、制动系统内是否存留空气等。

(a) 测量制动踏板高度

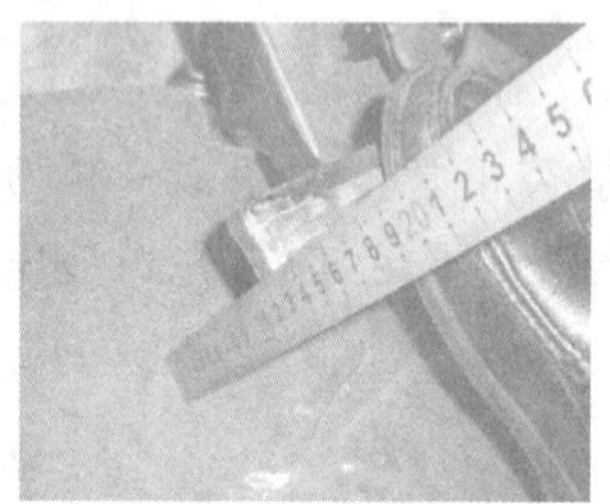

(b) 测量制动踏板自由行程

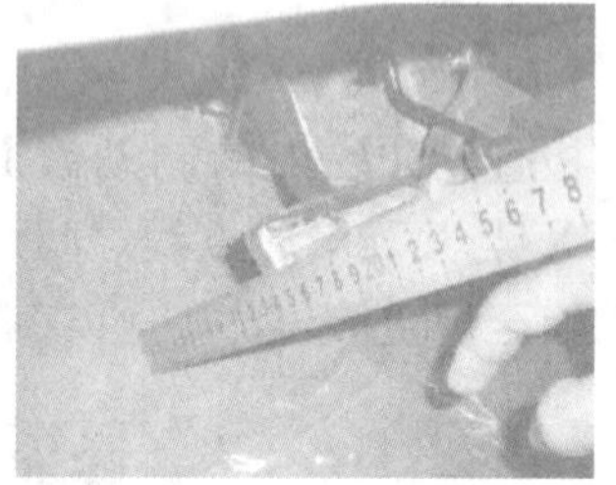

(b) 测量制动踏板行程图

图 5-32　制动踏板检查

(6) 制动踏板高度调整

分离制动开关连接器,拧松制动开关锁紧螺母(A),拧松制动开关(B),直到它不再接触制动踏板为止。拧松推杆锁紧螺母(A),用钳子向内、外扭转推杆,直到踏板距离地面的高度达到标准值为止。调整后,牢固地拧紧锁紧螺母。压下推杆时,禁止调整踏板高度,如图 5-33 所示。

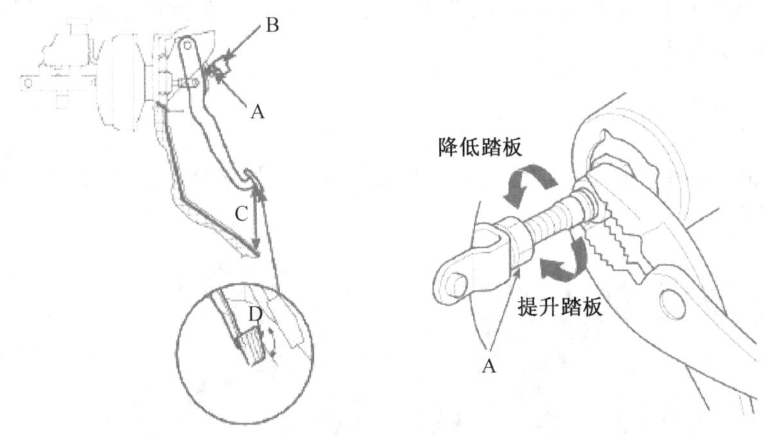

图 5－33　制动踏板高度调整

二、真空助力器的检查

(1) 起动发动机运转 1～2 分钟后停止运转。如果制动踏板第一次可以完全踩下,但接下来踩时,每次制动踏板的高度逐渐上升,说明制动助力器正常,如果踏板高度无变化,说明制动助力器已坏。

(2) 在发动机停止运转状态下,数次踩动制动踏板。然后,在踩下制动踏板的状态下,起动发动机。这时,如果制动踏板稍微向下移动,说明制动助力器工作正常,如果没有变化,说明已经损坏。

(3) 发动机运转状态下,踩下制动踏板后停止发动机,踩下制动踏板 30 秒。如果踏板高度不变化,说明助力器处于良好状态。

三、驻车制动器的检查

(1) 目视检查驻车制动器操纵杆,应无变形损伤,如图 5－34 所示。

(2) 将点火开关位于"ON"挡时,拉起驻车制动操纵杆时,仪表板上驻车警示灯应亮起;放下驻车制动操纵杆时,警示灯应熄灭,如图 5－35 所示。

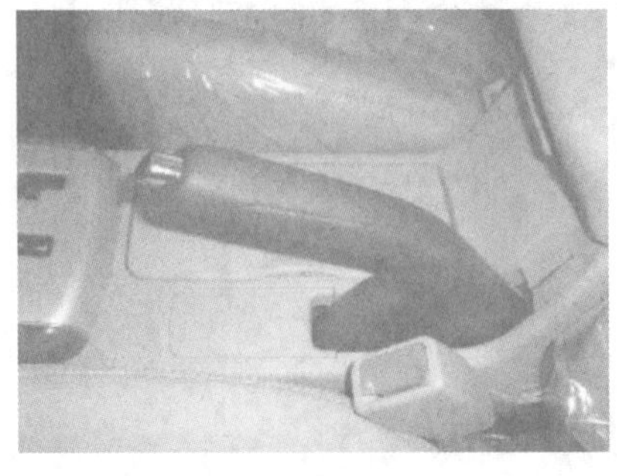

图 5－34　驻车制动器的基本检查图

图 5－35　驻车制动器及指示灯工作情况

(3) 检查驻车制动器棘爪的锁定性能。将变速换挡杆置入空挡位置,然后将车举起离地一定的高度(不低于 20 cm),拉起驻车制动器的操纵杆,然后转动两后车轮,后车轮应无法转动。按下操纵杆前端按钮，操纵杆应快速复位，证明按钮性能正常。同时转动两后车轮，后车轮应转动灵活。

四、制动管路的检查

(1) 检查制动总泵(前端)、油管(接口处)是否泄漏，管路是否有破损，储油罐有无裂纹，如图 5-36 所示。

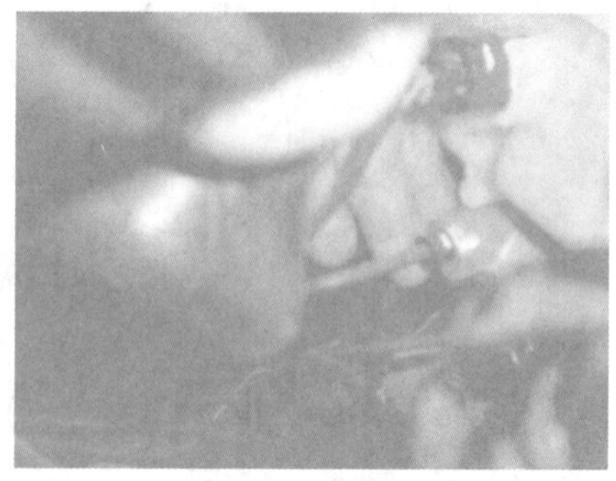

图 5-36　制动总泵、油管接口的检查

(2) 将车辆举升至适当高度，将举升机锁止，检查各制动管路是否存在泄漏，油管与车身底板有无摩擦，是否有压痕等。

(3) 检查制动管路软管是否老化、扭曲、裂纹、凸起或有其他损坏，如图 5-37 所示。

(4) 检查制动器管道和软管的安装是否牢固。

(5) 检查制动分泵处是否存在泄漏。

(6) 转动车轮，观察车轮内侧是否与制动管路发生摩擦或干涉，如图 5-38 所示。

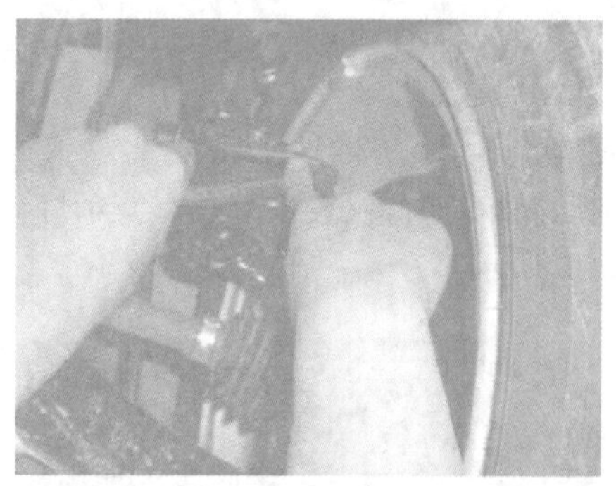

图 5-37　检查制动管路老化、损伤情况图

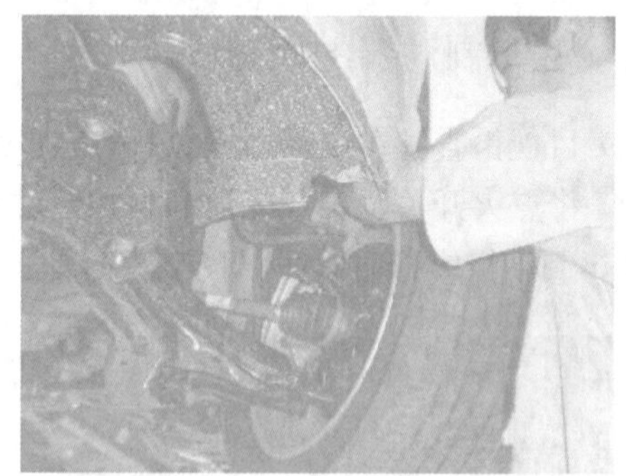

图 5-38　观察车轮内侧是否与制动管路发生摩擦或干涉

五、制动液的检查、更换与添加

(一) 制动液检查

(1) 关闭点火开关，拔下安装在储液罐上的液位传感器的电插头，旋下储液罐盖。观察制动液的颜色，如变色应更换，如图 5-39 所示。

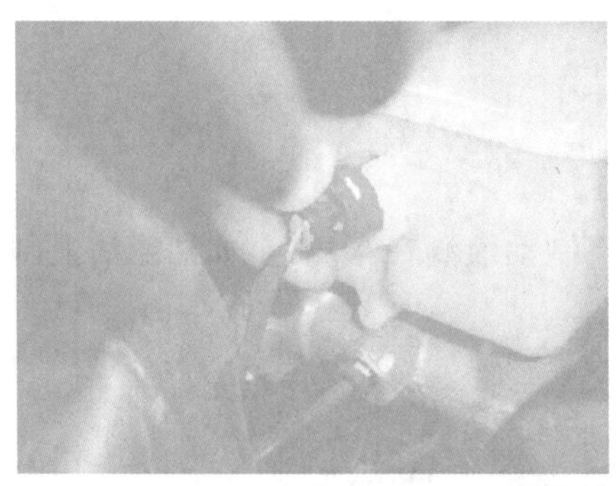

图 5－39　检查制动液颜色的检查

(2) 观察制动液的颜色,如无变色变质,检查制动液面。检查储油罐内的制动液面是否正常。(制动液面应位于储油罐上“MAX”与“MIN”刻度线之间。若液量不足,则添加补充制动液至规定液位。)

(二) 制动液更换

常规方法更换制动液,需要两人配合进行。一人踩踏制动踏板,给液压制动系统加压,另一人打开制动分泵上的放气阀,排出制动系统中的空气和制动液。

维修技师甲进入驾驶室内,关闭车门,降落车窗玻璃,放松驻车制动器操纵杆。维修技师乙将车举升至适当高度,将举升机锁止,并将右后车轮制动分泵放气阀上的防尘帽取下,同时用一根塑料软管一端插入制动分泵的放气阀上,另一端插入接油容器中,并用排气专用扳手拧松制动分泵放气阀,如图 5－40 所示。维修技师甲随维修技师乙的口令踩踏制动踏板,维修技师乙观察制动液排放情况,当无油液排出时,拧紧放气阀,取下塑料软管,至此右后车轮分泵内的制动液排放完毕。按此过程分别将左前、左后、右前车轮分泵内的制动液排放完毕。

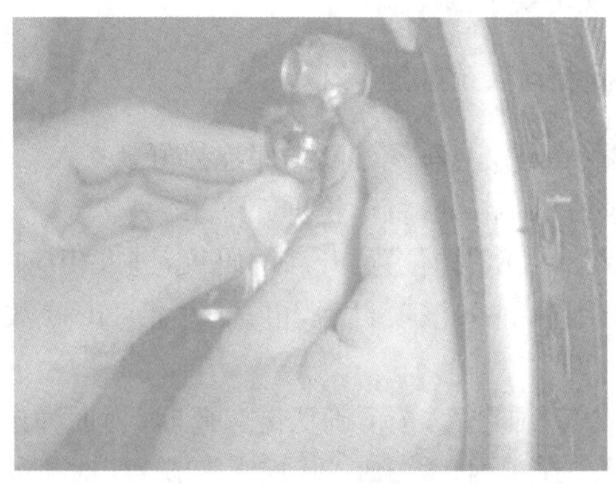

图 5－40　制动液排放过程

制动液排放完毕后应进行必要的制动管路的清洗。将车降至地面,旋下储液器盖,在储液罐加油口周围放好一块干净的抹布,然后将新的制动液缓慢倒入储液罐内,直到达到规定要求为止,最后旋紧储液罐盖。按照排放制动液的方法将该部分制动液排出,直至排出的制动液的色泽鲜亮清澈时可以停止动作。然后再次给储液罐内加注制动液至规定要求。

六、制动系统排气

（一）常规方法进行制动系统排气

（1）拧下制动液罐盖，加满制动液，注意勿将制动液滴在车身上，如油漆沾上制动液应立即清洗干净，以免腐蚀油漆。

（2）按照图 5－41 的顺序对各车轮分泵放气。

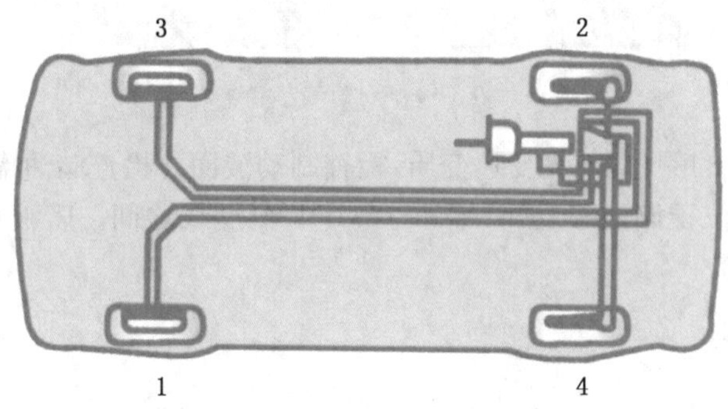

图 5－41　各车轮分泵放气顺序

（3）在制动分泵放气孔上插上软管，将另一端插入容器中。

（4）维修技师甲在车上踩若干次制动踏板。

（5）在踩住制动踏板的情况下，维修技师乙拧松放气螺塞，当发现塑料管中制动液的流动速度变慢时，维修技师乙拧紧制动分泵上的放气阀，并通知维修技师甲继续踩踏制动踏板。

（6）按第 4、5 步骤重复进行，直到放气孔中无气泡流出，按规定扭矩 7～13 N·m 拧紧放气螺塞。取下放气软管，擦净油迹。至此，右后车轮制动管路排气结束。完毕后，观察储液罐中的制动液，如少于规定要求则应添加。

（二）利用解码仪进行制动系统排气

（1）关闭点火开关，将解码仪与车辆诊断插座连接好。

（2）将车举升至离地约 30 cm 处，将车轮拆卸下来。

（3）打开点火开关，置于“ON”挡位置，开启解码仪，进入相应的操作界面——选择制动控制项目，选定后按下确认键，进入该项目后，再选择“给 HCU 放气”项目，如图 5－42 所示。（注：以伊兰特轿车为例）

（4）选定“给 HCU 放气”项目后，按下确认键。此时，界面弹出做该项目的基本要求。

（5）然后维修技师甲坐在车内，关好车门，摇下车窗；同时维修技师乙将车举升至适当高度，将举升机安全锁止后，进入车下。

（6）维修技师乙同时分离制动分泵的放气阀与防尘帽，并在放气阀上接入一段塑料软管，软管另一头置入接油容器中，并将扳手套在放气阀的锁止螺母上。

（7）当维修技师甲踩下制动踏板时（踩到底，不放），同时按下解码仪的确认键（接操作步骤 4），此时，利用解码仪开始排气过程。当制动踏板踩到底时，维修技师甲就让车下的技

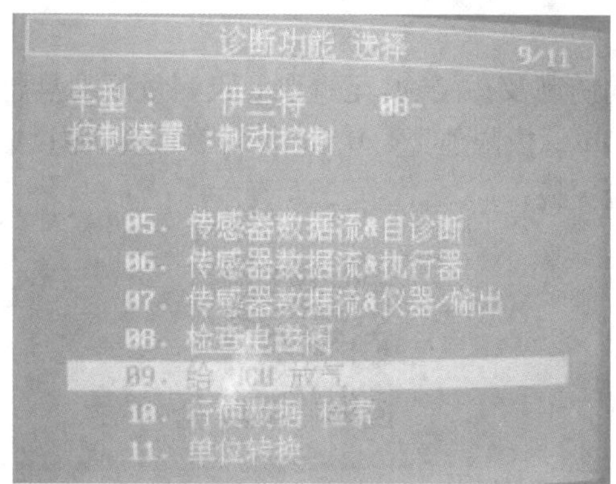

图 5－42　选择排气功能

师放气，维修技师乙便拧松放气阀上的锁止螺母，进行放气。当 3 s 左右，维修技师甲感到制动踏板会有向上顶的感觉，此时，应让维修技师乙停止放气，维修技师乙接到命令后，迅速拧紧放气阀上的锁止螺母。如此反复进行，直到接油容器中不再有气泡生成，同时有制动液排出即可。排气顺序按右后、左前、左后、右前车轮进行。

七、盘式制动器维护

扫一扫可见微课“检查盘式制动器”

1. 制动块检查

（1）目视检查制动块是否有裂纹、油渍或脱胶现象，如图 5－43 所示。

（2）目视检查制动块的表面与制动盘的接触面积和接触位置，是否存在不均匀磨损。制动盘上不应有刻痕、不均匀或者异常磨损以及裂纹和其他损坏。

（3）对制动盘和制动块表面进行清洁工作。

（4）用钢片直尺检查制动块(外侧)厚度，前制动块厚度标准值 11.0 mm；维修界限：2.0 mm；如图 5－44 所示。如低于规定要求应进行更换。后制动块厚度规定值：10.0 mm，维修界限：2.0 mm；低于规定要求应进行更换。

图 5－43　制动块外观检查

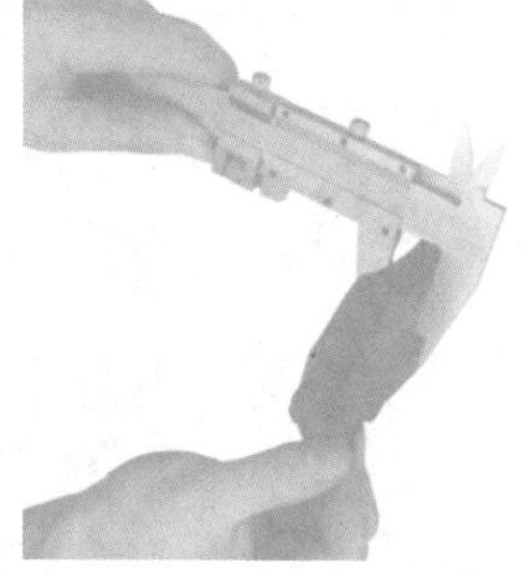

图 5－44　检查制动块厚度

2. 制动盘厚度检查

清除制动盘表面上的锈迹及污染物，至少取 8 点测量制动盘厚度，如图 5－45 所示。前制动盘厚度规定值：26.0 mm；极限值：24.0 mm。任意位置，厚度差不能超过 0.005 mm；如果磨损超过规定要求则应更换。

扫一扫见微课“更换刹车片”

后制动盘厚度规定值为 10.0 mm，极限值为 8.4 mm，超过规定值应进行更换。任意位置，厚度差不能超过 0.01 mm。如果磨损过度，需更换车辆左右两侧的圆盘和衬块。

图 5－45　前制动盘厚度检查

3. 前制动盘跳动量检查

在距制动盘外缘约 5 mm 处设置百分表，测量制动盘的径向跳动量。制动盘跳动量极限值：0.05 mm，如图 5－46 所示。

图 5－46　制动盘跳动量检查

超过极限值则更换。如果径向跳动量不超过极限值，将其转动 180 度安装，再次检查径向跳动量。如果改变制动盘的位置，跳动量不正确，则需要维修制动盘。

后制动盘跳动量的检查(方法如上述一样)。在距制动盘外缘约 5 mm 处设置百分表，测量制动盘的径向跳动量。极限值：0.05 mm。超过极限值则更换。如果跳动量不超过极限值，则将其转动 180 度安装，再次检查跳动量；如果改变制动盘的位置，跳动量不正确，则需要维修制动盘。

4. 制动钳检查

目视检查制动卡钳及连接管路是否有液体渗漏，如果有渗漏，应进行更换，如图 5-47 所示。

图 5-47　目视检查制动卡钳渗漏情况

八、鼓式制动器维护

扫一扫可见微课“检查鼓式制动器”

(1) 卸下车轮与制动鼓。

(2) 检查后制动鼓与制动器摩擦面有无过度磨损，损坏。在卸下车轮与制动鼓的同时，应检查制动分泵有无泄漏。必要时，应更换。制动鼓内径标准值：180 mm，极限值：181 mm；制动蹄片厚度极限值：2.5 mm，见图 5-48。

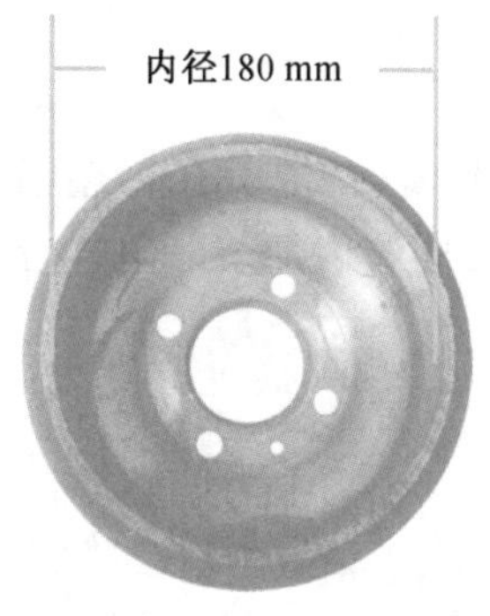

图 5-48　鼓式制动器检查

任务 5.5 四轮定位的检测与调整

当驾驶员感到方向盘转向沉重、发抖、跑偏、不正、不自动复位或者发现轮胎单边磨损、波状磨损、块状磨损、偏磨等不正常磨损以及驾驶时车感飘浮、颠颤、摇摆等不正常的驾驶感觉，行驶中转向盘不正或行车方向的跑偏现象出现时，就应考虑做四轮定位了。

一、四轮定位基础

四轮定位的作用是使汽车保持稳定的直线行驶和转向轻便，并减少汽车在行驶中轮胎和转向机件的磨损。许多轿车和全轮驱动越野车的前桥既是转向桥又是驱动桥，称为转向驱动桥。转向驱动桥主要由主减速器、差速器、万向节、转向节、主销等组成，见图 5-49。

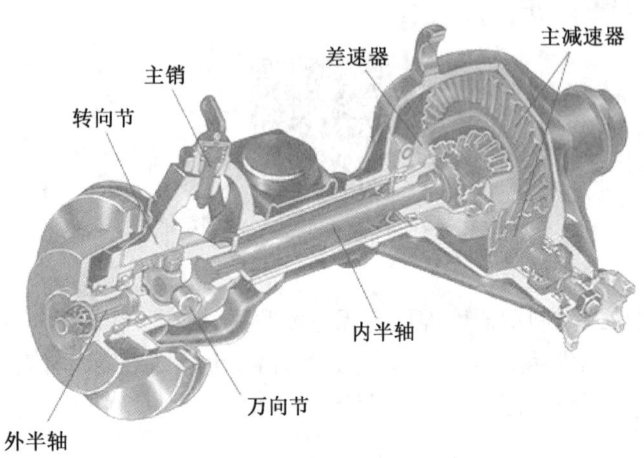

图 5-49 北京切诺基越野车转向驱动桥

前轮轮毂固定在转向节上，汽车转向时转向节绕主销旋转，带动前轮绕主销旋转。转向驱动桥为了将动力传给前轮，又能使前轮偏转，必须在转向节内加装万向节，且主销的轴线必须通过万向节中心，以确保不发生运动干涉。

二、四轮定位检测的项目

四轮定位仪可检测的项目包括前轮前束、前轮外倾角、主销后倾角、主销内倾角、后轮前束角、后轮外倾角、车辆轴距、转向 20°时的前张角、推力角和左右轴距差等。目前常见的国

产或进口定位仪可以测量上述检测项目中的几个或全部项目。在这些检测项目中,前轮前束、前轮外倾角、主销后倾角、主销内倾角统称为前轮定位,也称前轮定位四要素,各种前轮定位仪都能对其检测。但汽车的操纵稳定性不仅仅由前轮定位来保证,后轮定位也起着至关重要的作用,所以最好使用四轮定位仪对后轮也进行检测。

三、四轮定位参数

扫一扫见微课“四轮定位参数”

所谓的四轮定位参数是在前轮定位参数(前轮前束、前轮外倾角、主销后倾角、主销内倾角)的基础上增加了后轮前束与后轮外倾角两个定位参数。许多前轮驱动车辆有较小的负后轮外倾角,以改善转向稳定性。后轮外倾角与前轮外倾角在定义上基本上相同。

1. 主销后倾角

从车辆的侧面观察上球头或支柱顶端与下球头之间的连线(假设的转向轴线)向前或向后倾斜,即转向轴线与地面的垂线之间的夹角,用 γ 表示,一般 γ 角不超过 $2^\circ \sim 3^\circ$。如图 5－50所示。后倾角包括正的后倾角与负的后倾角以及零的后倾角 3 种。

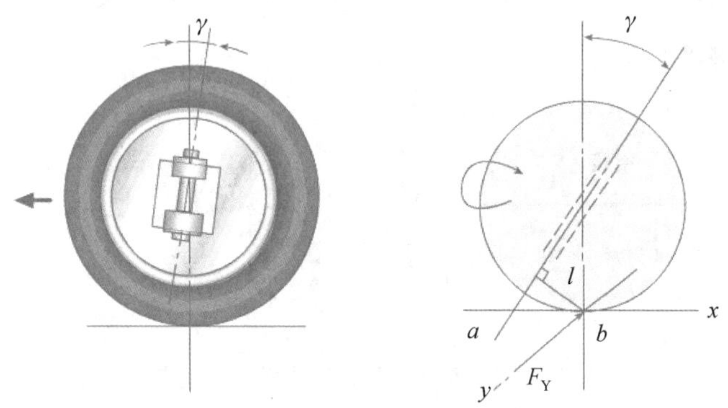

图 5－50　主销后倾角

主销后倾角的作用是使车轮复位以及提高直线行驶的稳定性,产生的回正力矩使汽车在行驶中若偶遇外力作用能自动回正。后倾角的主要功能是使车辆保持向正前方行驶。后倾角的角度不会影响轮胎磨损,它是用来稳定车行方向和转向时能自动回正。

对于后倾角的调整,应根据车型不同首先进行分析判断,然后进行调整,其调整方法有下列几种:垫片、不同心凸轮轴、偏心球头、大梁槽孔、平衡杆等。

2. 主销内倾角

从车子的前方看转向轴线与地面铅垂线所形成的角度 β,如图 5－51 所示。内倾角的作用是减少转向操纵力、减少回跳和跑偏现象、改善车辆直线行驶的稳定性、减小转向盘上的冲击力。

3. 前轮外倾角

前轮安装在车桥上，其旋转平面上方相对纵向垂直平面略向外倾斜，称为前轮外倾。在汽车的横向平面内，前轮中心平面向外倾斜一个角度 α，称为前轮外倾角，如图 5－51 所示。现在的汽车一般都将前轮外倾角设定为 1°左右。

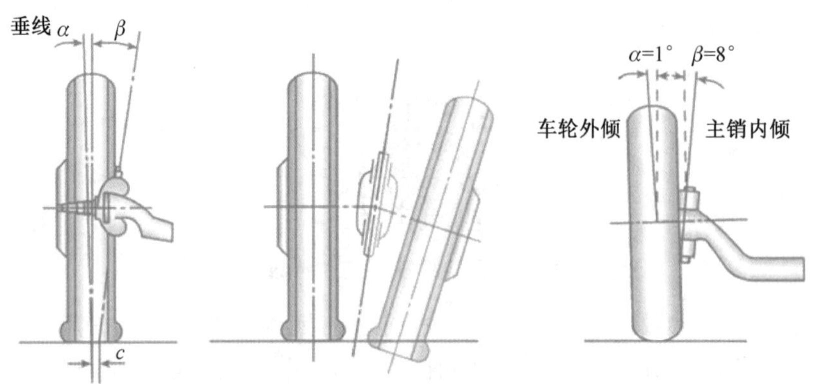

图 5－51　主销内倾角作用示意图及前轮外倾

当轮胎中心线与铅垂线重合时，称为零外倾角，其作用是防止轮胎不均匀的磨损。

当轮胎中心线在铅垂线外侧时的夹角称为正外倾角，其作用主要是减小作用于转向节上的负载、防止车轮滑落、防止由于载荷而产生不需要的外倾角及减小转向操纵力且便于与拱形路面接触。正外倾角可以保证汽车满载时车轮与地面垂直，如图 5－52 所示。

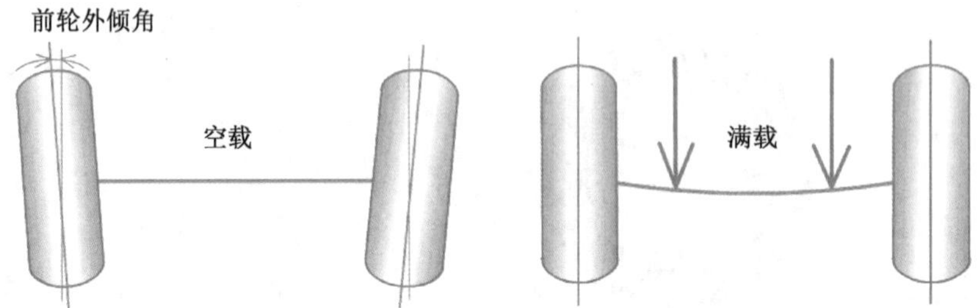

图 5－52　正外倾角可以保证汽车满载时车轮与地面垂直

当轮胎中心线在铅垂线内侧时的夹角称为负外倾角，其作用是可使内外侧滚动半径近似相等，使轮胎的内外侧磨损均匀，还可以提高车身的横向稳定性。后轮的负外倾角可增加车轮接地点的跨度，增加汽车的横向稳定性。

外倾角的调整根据各车型各有不同，调整方法也有不同。主要调整方法为调整垫片、大梁槽孔、不同心凸轮、偏心球头，上控制臂的调整、下控制臂的调整等。

4. 前轮前束

俯视车轮，汽车两个前轮的旋转平面并不完全平行，而是稍微带一些角度，这种现象称为前轮前束。在通过两前轮中心的水平面内，两前轮的前边缘距离 B 小于两前轮后边缘距离 A，A 与 B 之差称为前轮前束，如图 5－53 所示。像内八字一样前端小后端大的称为前束，而像外八字一样后端小前端大的称为后束或负前束。

前轮前束的作用是消除前轮外倾造成的前轮向外滚开趋势，减轻轮胎磨损。

前轮前束的调整方法：调整可调式拉杆，在调整前先将左右两边球头锁止螺栓松开，夹紧转向盘正中位置。再根据电脑提供的资料进行同时调整。如果原来的转向盘是在正中位置，同时调整前束转向盘可能不会变动。直至调整到标准数值，然后测试看其是否有变动，如有变动应将其调正为止。

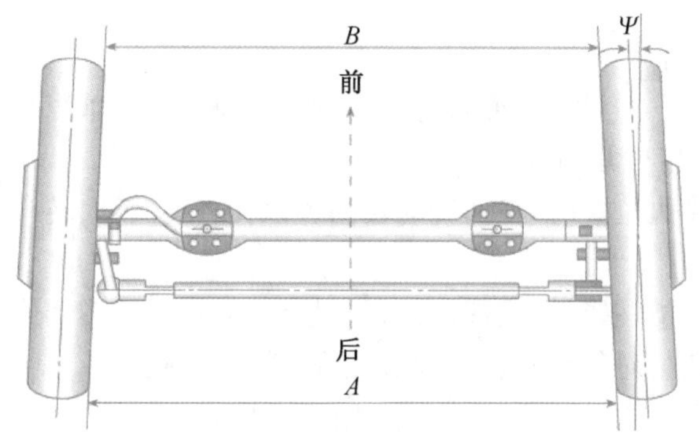

图 5－53　前轮前束

5. 后轮外倾角与后轮前束

后轮外倾角与前轮外倾角在定义上基本相同。在前轮驱动车辆中，驱动力使后轮心轴受向后的力。因此，这些后轮根据车辆本身的情况设计成零前束或很小的前束。正确的后轮前束设置对保证轮胎正常寿命有重要意义。

一、四轮定位的检测

（一）定位前车辆的检查

1. 在定位前下列元件及尺寸的检查

(1) 整备质量；
(2) 轮胎气压；
(3) 悬架高度；
(4) 转向盘游隙；
(5) 减震器或滑柱性能；
(6) 车轮轴承调整；
(7) 球铰状况；
(8) 摆臂及衬套；
(9) 转向传动装置及转向横拉杆接头；
(10) 横向稳定杆及衬套；
(11) 燃油箱是否满。

2. 车停在地面时进行下述检查

(1) 检查粘在底盘上的泥是否过多。卸去不计在整备质量内的行李箱及客舱内的大宗物件。对有的重物,如工具箱或机械用具与随车物品,在车轮定位过程中应该留在车内。

(2) 将轮胎充气至规定值并注意每只轮胎上是否有异常磨损或损坏。注意所有轮胎尺寸要相同。

(3) 检查前轮是否有径向跳动。

(4) 检查悬架高度。如果这方面尺寸不在规定值内,检查弹簧是否下陷或破损。在有扭力杆的悬架中,检查扭杆并调节。

(5) 当前轮处在中央位置时,来回转动转向盘以检查转向轴、转向器或转向传动装置的间隙。

(6) 检查减震器或滑柱,衬套或螺栓是否有松动,并查看减震器或撑杆是否出现渗漏。

(7) 在车辆各个角处对每只减震器或滑柱进行摇晃检查。

3. 在车辆被抬升后悬架被支撑起时进行下述检查

(1) 检查前轮轴承是否有水平移动。对前轮驱动的车辆,检查所有的车轮轴承。车轮轴承必须在车轮定位以前调整好并视情况进行清洁、重新装配或其他调整。

(2) 测量球铰轴向、径向移动,如果任何方向出现过大的位移,都需要更换球铰。注意在检查球铰时悬架须支撑妥当。

(3) 检查摆臂是否有损坏,以及摆臂衬套是否有磨损。

(4) 检查所有转向传动装置以及转向横拉杆接头,看是否有松动。

(5) 检查横向稳定杆固定铰链及衬套是否有磨损。

(6) 检查转向器固定螺栓是否有松动,安装托架和衬套是否有磨损。

(二) 四轮定位的检测

1. 做好准备工作

(1) 调整转角盘和后滑板,根据轮距和轴距调整举升机的宽度;

(2) 将汽车驶上转角盘和后滑板上,车轮要位于转角盘和后滑板的中部;

(3) 拉上驻车制动,不让车轮滑动;

(4) 抽出转角盘和后滑板的安全销,使汽车车轮处于自由状态;

(5) 进行车辆目视检查,检查车轮轮辋和车胎尺寸、轮胎的花纹深度和胎压;

(6) 检查转向装置和轮轴间隙,弹簧装置和减震器的状态;

(7) 安装卡具和传感头,进行轮辋补偿;

(8) 松开制动,用力压下车身前部和后部,使减震弹簧装置恢复到中间位置;

(9) 安装制动器锁,锁定制动踏板,见图 5-54。

2. 安装车轮卡具和传感头

在开始定位前,将每个车轮卡具和传感头总成安装在车轮的轮辋上,如图 5-55 所示。请务必注意各传感头的位置。位置颠倒将使定位仪不能正常工作。留意各个传感头上的箭头标就不会弄错位置。

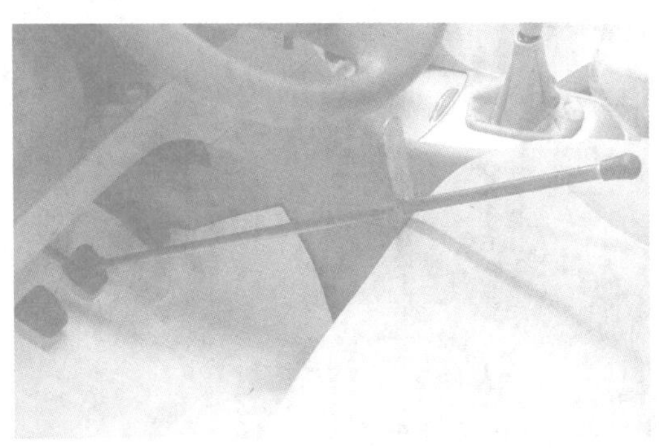

图 5－54　制动器锁

图 5－55　车轮卡具

安装卡具，松开拧紧旋钮，通过拉伸上下滑板使卡具能够很快地由外向内或相反方向夹紧在轮辋上。卡爪张到适合轮辋直径大小。卡具安装要求卡具手柄向上并且垂直于地面；要求四爪的固定面必须与轮辋的边缘靠齐；转动手轮来调整并锁紧卡具在车轮的位置，晃动一下，检查卡具是否固定牢固。然后用防滑胶圈将卡具固定在轮胎上。

3. 开机进入四轮定位主界面

接通仪器电源，开机进入 SUN 主界面，如图 5－56 所示。选择四轮定位测试，系统开始自检。

4. 选择制造厂家、车型资料

选择相应车辆制造商，按回车键键入汽车年款选项，按回车键确定后，车辆有关资料出现于显示器上，见图 5－57；记录这些数据，按回车键，进入项目检查选项。

图 5－56　四轮定位主界面

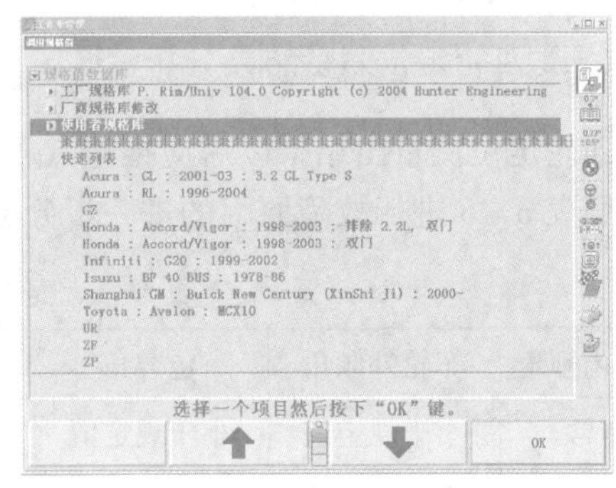

图 5－57　选择车型

5. 基本功能选择

按动键盘上的向下光标箭头，仪器进入基本功能选择。

开始定位操作、设定；定位机操作说明；保养定位机；档案库管理（以上功能都可通过上下光标键进行选择）。

6. 进行各项检查

依次进行定位预备检查、轮胎检查、制动检查、车底检查、发动机盖下检查，按回车键进入钢圈补偿。检查结果显示如图 5－58 所示。

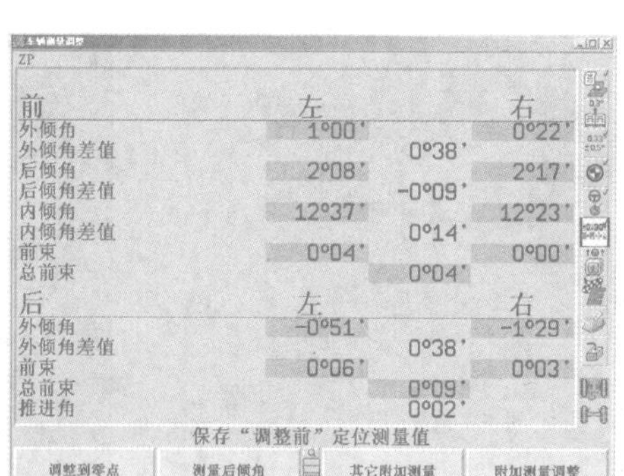

图 5－58　测量结果显示

7. 其他测量项目

四轮定位仪还可以进行其他附加测量。前轮:外倾角、后倾角、前束、内倾角、包容角、最大转向角、侧偏摆、退缩角、轴距、轮距;后轮:外倾角、前束、推进角、退缩角、轴偏摆。操作根据系统提示进行,在此不再详述。

8. 打印测量结果

单击调整结束,进入打印机。出现画面对话框提示"是否保存客户资料",如保存则鼠标单击"Yes"按钮,不保存则鼠标单击"No"按钮。若选择保存数据,显示画面,然后输入相关数据。其中"车辆号码或客户名字"一项必须输入,否则将无法存储。如果确认将输入内容保存在电脑中,鼠标单击画面存储数据处,出现对话框,单击"OK"按钮,填写出现的画面空格处,然后单击打印数据,打印机将把车辆的数据打印出来。不需要保存时,鼠标单击画面"取消"按钮处。

(三) 四轮定位测量结果分析

四轮定位测量出结果以后应把重点放在测量结果的分析上,当测出的结果超出正常值,可对照表 5－5 进行故障原因的进一步分析,为排除故障奠定基础。

表 5－5　麦弗逊悬架的故障诊断表

主销内倾角	车轮外倾角	包容角	可能出现的故障区域
正常	小于规定值	小于规定值	半轴弯曲、麦弗逊立柱弯曲
正常	大于规定值	小于规定值	半轴弯曲、麦弗逊立柱弯曲
小于规定值	小于规定值	正常	控制臂弯曲,或由于车体变形使立柱上端向外受推,或发电机托架扭曲失调
小于规定值	小于规定值	正常	由于车体变形使立柱上端向外受推或发电机托架扭曲失调
小于规定值	大于规定值	大于规定值	控制臂弯曲,或由于车体变形使立柱上端向外受推,或发电机托架扭曲失调
小于规定值	大于规定值	小于规定值	控制臂弯曲,或由于车体变形使立柱上端向外受推,或发电机托架扭曲失调
小于规定值	小于规定值	小于规定值	控制臂弯曲,或由于车体变形使立柱上端向外受推,或发电机托架扭曲失调

(1) 前轮主销后倾角不对称,偏差超过 0.5°,车辆朝主销后倾角小的一侧跑偏。

(2) 前轮外倾角左右不对称,偏差超过 0.5°,车辆朝前轮外倾角正值最大的一侧跑偏。

(3) 后轮外倾角左右不对称,偏差超过 0.5°,车辆朝后轮外倾角最小的一侧跑偏。

(4) 根据前后轴的退缩角可以观察到车辆轴距的变化。前后退缩角之和超过 0.2°,就会出现可感觉到的跑偏,跑偏朝向轴距小的一侧。

二、四轮定位的调整

进行定位前应首先检查底盘零件是否有损坏,轮胎气压是否正确。如果后桥上已装有任何形式的调整垫片,应首先将垫片拆除后装好后轮再进行测量。车辆定位调整的顺序规则是:先调后轮,再调前轮;后轮先调外倾角,后调前束角;前轮先调主销后倾角,后调外倾角,最后调前束角。

1. 后轮前束和外倾角的调整

通常刚性后桥(俗称死后桥)与车轴垂直,无前束和车轮外倾角之说,因此常常不考虑后轮定位的调整。但是在车辆行驶过程中常常会发生后桥轻微变形或车轴的轻微变形,这种变化长期作用会造成后轮的磨损,出现偏磨或啃胎,还会产生推进角,引起汽车跑偏。出现了这样的症状时应采用方形垫片——全接触式后轮定位专业调整片,来调整后轴车轮外倾角和前束角,如图 5－59 所示。

图 5－59　上海桑塔纳轿车前束的调整

(1) 根据测量结果计算后轮需要调整的角度,选择相等或相近的垫片;

(2) 拆下后轮及轮毂;

(3) 将与垫片接触的表面清理干净;

(4) 按如下需要放置垫片。

① 角度标注片朝上——增大外倾角;

② 角度标注片朝下——减小外倾角;

③ 角度标注片朝后——增大前束角;

④ 角度标注片朝前——减小前束角。

(5) 如需同时改变外倾角和前束角,可将两个动片叠加使用(每侧车轮最多只能加两个垫片)。

(6) 将轮毂装回,按技术要求的力矩拧紧螺栓,安装车轮。

2. 前轮定位参数的调整

(1) 增减垫片调整主销后倾角和车轮外倾角,适用于别克、丰田、马自达等车型,如图 5－60所示。

(2) 移动上控制臂来调整前轮外倾角和主销后倾角，适用于克莱斯勒等车型，如图5-61所示。

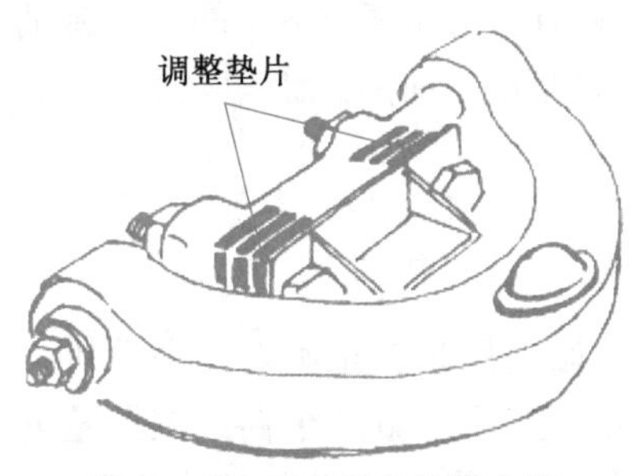

图5-60 增加垫片调整主销后倾角和车轮外倾角

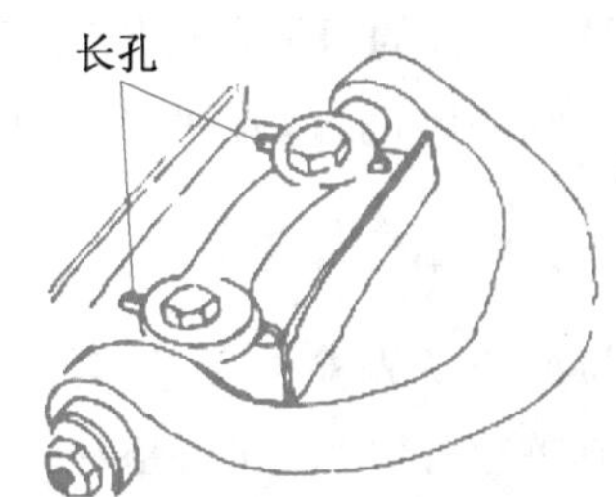

图5-61 移动上控制臂调整前轮外倾角和主销后倾角

(3) 旋转凸轮来调整车轮外倾角和主销后倾角，适用于别克、凯迪拉克、雪佛兰和福特等车型，如图5-62所示。

(4) 分别旋转两个偏心螺栓，来调整车轮外倾角和主销后倾角，适用于本田，如图5-63所示。

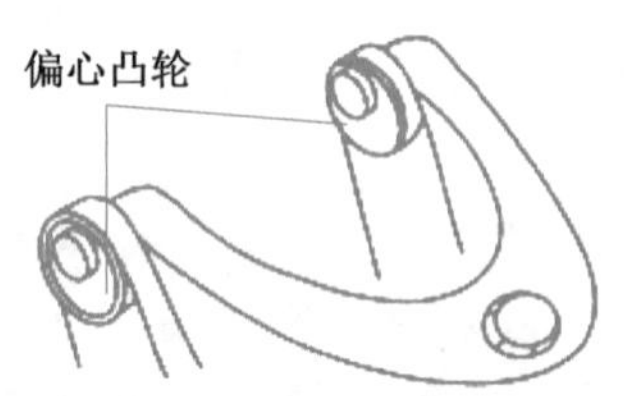

图5-62 旋转凸轮调整主销后倾角和车轮外倾角

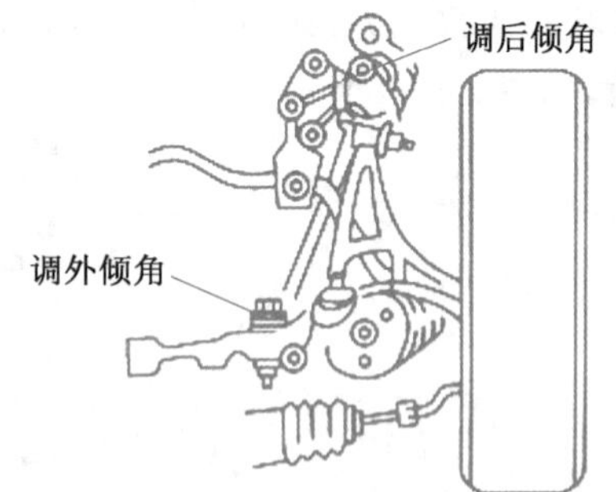

图5-63 旋转两个偏心螺栓调整主销后倾角和车轮外倾角

(5) 松开下控制臂前端的球头安装螺栓，可以推进或拉出球头，从而调整前轮外倾角，适用于奥迪、大众系列等车型，如图5-64所示。

(6) 松开前减震器顶上的几个定位螺栓，可以沿前卡孔左右移动减震器来调整前轮外倾角，适用于奥迪等车型，如图5-65所示。

(7) 松开两个螺栓向里推或向外拉轮胎，可以调整车轮外倾角，适用于别克、凯迪拉克、雪佛兰、克莱斯勒等车型，如图5-66所示。

图5-64 推动偏心球头调整前轮外倾角

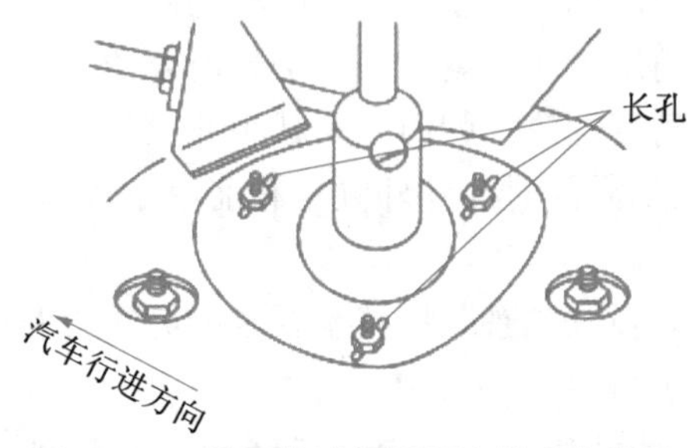

图5-65 松开前减震器顶上的定位螺栓移动减震器来调整前轮外倾角

(8) 松开减震器两个螺栓向内或向外移动轮胎上部，可以调整车轮外倾角。调整后可以加进楔形锯齿边铁片，既能固定又可防松脱，适用于福特等车型，如图 5－67 所示。

图 5－66　松开两个螺栓向内或向外移动轮胎调整车轮外倾角

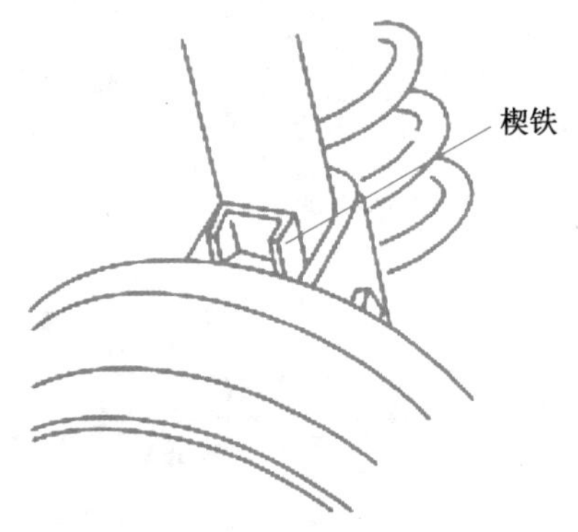

图 5－67　松开减震器后加进楔形锯齿边铁片

任务 5.6　转向系统的检查与维护

车主张先生来到 4S 店来反映，自己的汽车在转向时，出现转向反应不灵敏的问题，具体表现是方向盘已经打了一定的角度，但是车子没有明显的转向趋势，导致经常在转弯时出现手忙脚乱的问题。这是一个典型的方向盘自由行程异常的问题，为了能够正确检查和解决这样的问题，作为汽车维修人员必须了解方向盘自由行程的概念，判断造成故障现象的原因。

一、转向助力油

转向助力油是汽车助力转向泵里使用的一种特殊液体，通过液压作用，可以使方向盘变得非常轻巧，与自动变速器油液、制动油液以及减震油液类似。

(一) 转向助力油的作用

助力转向系统是一个典型的液压系统，用于减小转动方向盘所需的力。助力转向油一方面是液压助力的介质，另一方面用于润滑动力转向系统中的部件。转向助力油工作过程见图 5－68。

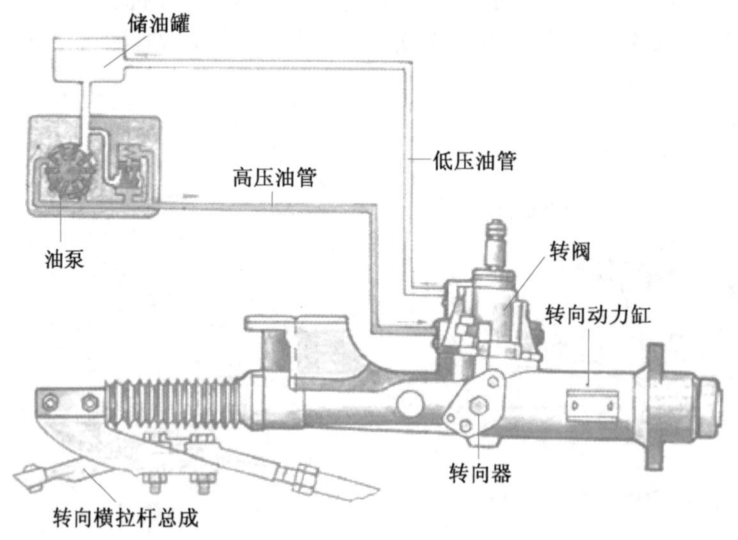

图 5－68　转向助力油工作过程

（二）转向助力油

现在助力油实行的标准基本上都是美国的 Dexron 标准。目前市面上的 ATF 自动变速箱油都可以加。只要符合 ATF Dexron 或 Dexron Ⅲ标准就可以。以下介绍几款常见车型的专用转向助力油，见图 5－69。

嘉实多通用型：　保时捷专用油：　通用系列专用：　奥迪大众专用油：

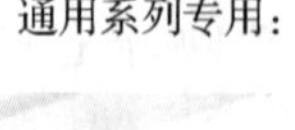

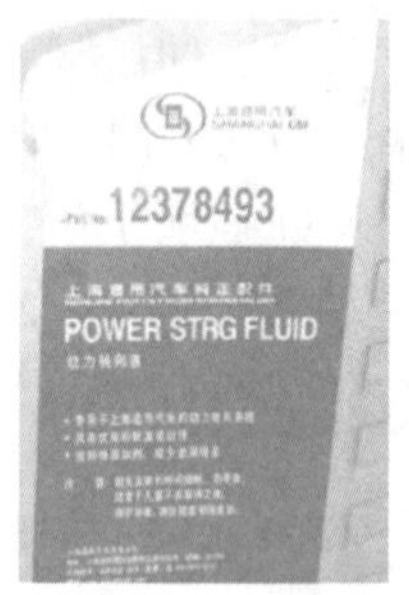

图 5－69　常见车型所用转向助力油

一、转向系统常规检查

（1）让汽车保持直线行驶状态检查方向盘的游隙是否适当，见图 5－70，是否有“卡嗒”声。方向盘游隙“a”：0～30 mm。

(2) 检查螺栓及螺母：是否已拧紧，必要时重新拧紧。如有损伤部件，应维修或更换。

(3) 检查转向杆是否松动和损坏。如有损伤部件，应维修或更换。

(4) 检查转向杆保护罩(见图5-71)和转向齿轮箱罩是否有损坏(泄漏、脱开、撕裂等)如发现有损坏，应用新罩更换。

图5-70　方向盘游隙检查

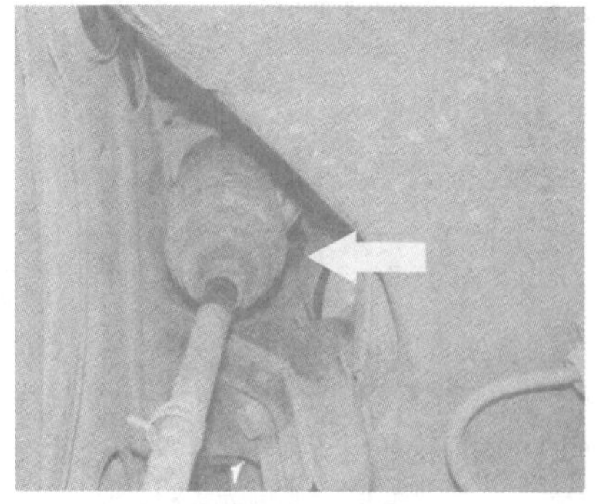
图5-71　转向杆保护罩检查

(5) 检查转向轴、万向节是否有“卡嗒”声和损坏，如有“卡嗒”声和损坏，应更换新部件。

(6) 检查方向盘是否能左右转向自如能否自动回位。如转动不良，应维修或更换。

(7) 检查螺栓和螺母是否拧紧，必要时，应重新拧紧。如有任何损伤，应维修或更换。

(8) 检查方向盘是否校准。

(9) 检查助力转向泵工作情况。

二、转向器的调整

转向器总成经拆装后或在安装了新转向器总成后，须对其进行调整。调整按以下步骤进行：

(1) 使车轮位于直线行驶位置；

(2) 将自锁调整螺钉，见图5-72，小心地拧进约20°；

(3) 进行道路试验；

(4) 转向器如不能自行回到直线位置，则把调整螺钉拧松一点；

(5) 若转向器还有间隙，则将调整螺钉拧紧一点。

三、检查转向盘自由行程

(1) 将前轮摆正，在转向盘周边施加5 N的力；

(2) 向左右方向轻轻转动转向盘，如图5-73所示，测量转向盘行程，标准自由行程为0～30 mm；

(3) 如果自由行程大于标准值，应检查转向轴的连接部位和横拉杆球头的间隙。

图 5－72　自锁调整螺钉位置

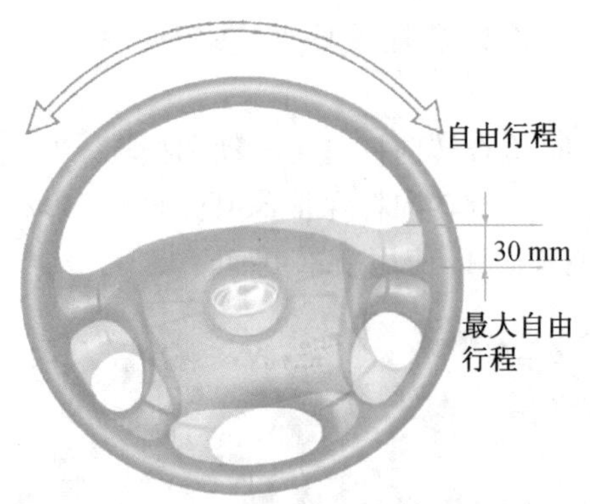

图 5－73　转向盘自由行程检查

四、检查转向角度

（1）将前轮置于转角盘上，如图 5－74，检查车轮转向角，最大转向时，内侧车轮转向角标准值为 40.7°±2°，外侧车轮转向角标准值为 32.4°。

（2）若超出标准值，进行前束调整后再测量转向角。

五、检查转向盘自动回位

（1）检查转向盘回正力时，如图 5－75，无论快慢转动转向盘，左右两侧的回正力都应相同；

（2）车速在 23～30 km/h 打转向盘 90°，保持 1～2 s 后，放松转向盘应回到 70°以上位置，如果快速转动转向盘时可能在瞬间感到转向盘沉重，这不属于故障；

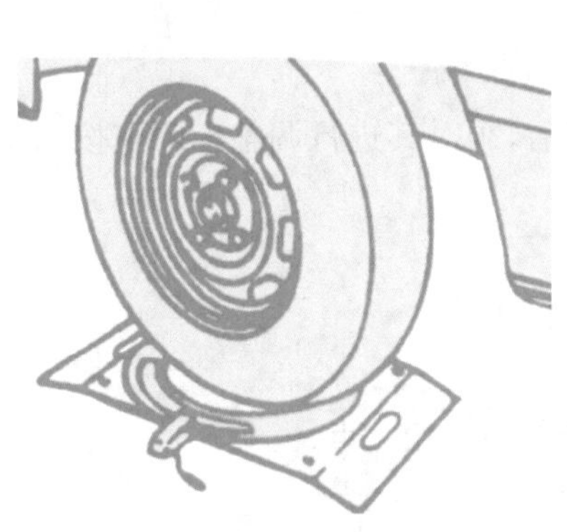

图 5－74　转向角度检查

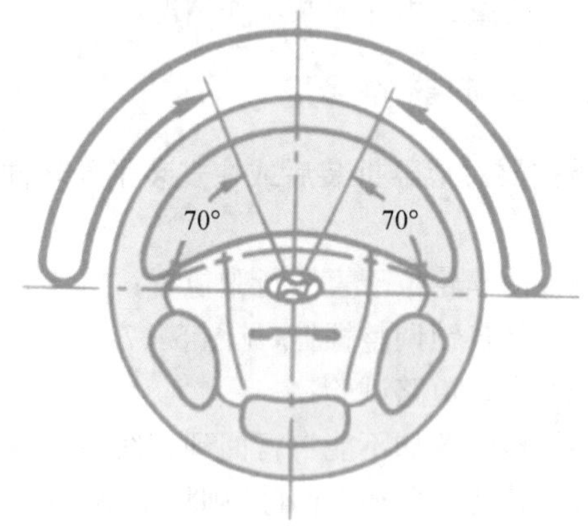

图 5－75　检查转向盘回正力

六、动力转向油

在液压助力转向系统中需要定期检查转向助力液，电动助力转向系统则无此项目。

1. 油量检查

检查油面高度，见图 5－76。

（1）将车辆停放在平坦地面；

(2) 起动发动机，空挡状态下转动转向盘数次，使转向油温上升到 50℃～60℃；

(3) 在发动机怠速状态下数次转动转向盘至左右极限位置；

(4) 检查储油罐的转向油是否有泡沫或混浊；

(5) 检查发动机起动后和停止后的储油罐液面之差，见图 5－77，如果油面之差超过 5 mm 应进行排气；熄火后如液面迅速上升说明放气不彻底；如果系统内有空气，助力泵和控制阀会发出噪声，这将降低油泵性能。

图 5－76　检查转向油液面高度

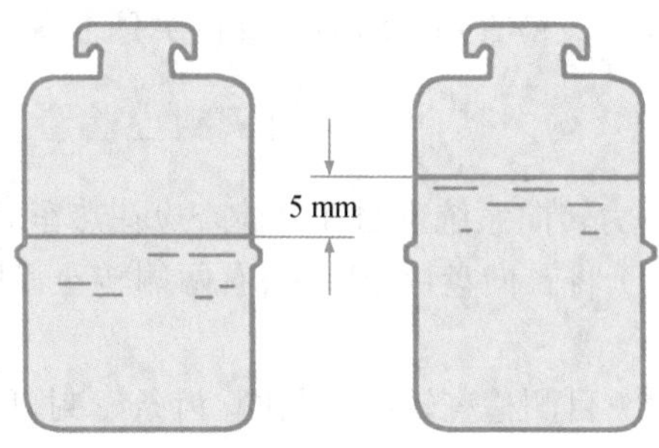

图 5－77　动力转向油储油罐

2. 更换助力转向油

(1) 用抽油机或注射器清空储油壶；

(2) 断开助力转向油排油管，助力转向油储油壶，一般接有进排各两油管，较细的油管是排油管，见图 5－78；

图 5－78　更换助力转向油

(3) 接上排油延长管；

(4) 堵住储油壶的排油管口起动汽车一边排油一边加入新油，用油一升；

(5) 用容器接废油，妥善处理，不要对环境造成污染；

(6) 灭车接上排油管，将油加到适中；

(7) 进行转向系统放气。

3. 动力转向系统放气

(1) 拆开发动机高压线分几次起动电动机，同时转动方向盘到极限位置 5～6 次(约 15～20 s)，此时观察储油罐中的油面，不能下降到储液罐内过滤器下端，应随时加转向油。如果在怠速状态下放气，有可能空气被油吸收，因此在起动时进行放气。

(2) 插好高压线后起动发动机。

(3) 左右转动转向盘，直到储液罐内无气泡，转向盘在极限位置不要超过 10 s。

(4) 确认转向油是否混浊，油面高度是否高于规定值。

(5) 左右转动转向盘时，确定油面高度无变化，如果有变化应重新放气。发动机熄火时油面突然上升，表明系统内有空气。如果系统有空气，从助力泵可以听到噪声，控制阀也发出异常噪声。

4. 动力转向油油管检查

要每天检查动力转向油管接头是否漏油、破裂、磨损、扭曲等。

七、动力转向系统的密封性检查

动力转向系统密封性的检查应在热车时进行。检查按以下步骤进行：

(1) 将转向盘快速向左、右两侧转至极限位置，并保持不动，此时可使系统内压力达到最大值；

(2) 目测检查转向控制阀、齿条密封、叶片泵(转向助力泵)。油管接头是否有漏油现象，如有渗漏则应更换密封件；

(3) 检查储油罐中是否缺少转向助力油，如缺少应检查动力转向系统的密封性是否完好；

(4) 如果动力转向器壳体中的齿轮齿条密封件不密封，助力转向油液可能流入波纹管套里，此时，应拆开转向机构，更换所有密封环；

(5) 检查动力转向系统的油管接头处是否有渗漏现象，如有应查明原因并重新接好。

八、转向助力泵的压力检查

检查动力转向泵的输出油压，主要是为了确定动力转向泵或转向齿轮机构是否有故障。为准确地测出动力转向泵的输出油压，检测前应使储油罐油位正常且动力转向泵传动带的张紧力符合标准。

用压力表检查动力转向泵输出油压，将压力表及手动阀串联在系统中。在发动机停转时，从动力转向泵拆下压力管路，将压力表测量一端连在泵的排液口接头上，手动阀的另一端管口连接在转向控制阀输入管口，这样压力表及手动阀就串联在动力转向泵与转向控制阀的压力管道中。

动力转向泵输出油压检测步骤如下：

(1) 完全开启手动阀；

(2) 起动发动机并使其怠速运转；

(3) 将方向盘从左右转动的极限位置之间连接转动若干次，使转向油液温度升至 80℃，并确保液面高度正常；

(4) 在发动机转速为 800 r/min 时测量静态油压，如动力转向泵良好，则压力表的读数至少应为 300 kPa(不转向时的最低压力)；

(5) 逐渐关闭手动阀，直至压力表指针稳定不动，读取压力值。此时动力转向泵的输出标准压力至少应为 6.2～6.9 MPa。若压力表读数低，则意味着转向泵输出压力太低，不能有效助力转向，说明动力转向泵有故障，应维修或更换动力转向泵。

任务 5.7　汽车底盘综合检查

车主李先生来到 4S 店反映，他在开车的时候总是感觉汽车会跑偏。经检查汽车左右后轮磨损不规则。该车后悬架是非独立悬架。为了正确地判断故障原因，有效排除故障，作为汽车维修人员必须全面了解非独立悬架的构造及维修技术。

一、汽车底盘常见损伤

1. 拖底、异物撞击底盘

由于路面不平导致大石头或者其他路面突出物与车辆的底盘进行刮擦或者碰撞，即拖底。

由于拖底的发生具有不确定性，因此很容易给位于底盘部分的零件造成损坏，如：三元催化器外壳破碎、发动机油底壳裂纹、变速箱壳体裂纹或者是悬挂系统变形等，这些问题的发生将会给车辆带来很严重的损伤。

2. 腐蚀

在酸或者碱性环境下车辆则会增大损坏的可能。由于底盘经常会与污水、油腻等物质接触，而这些物质中的化学成分会慢慢腐蚀底盘以及底盘上的零件，因此在汽车维护中应格外注意底盘防腐蚀。

除了雨水、油泥会腐蚀底盘，冬天用来融雪的融雪剂以及海水都会腐蚀汽车底盘，特别是海水对底盘的腐蚀性会非常强。如果底盘与海水接触的话，应尽快用大量淡水或者中性清洗剂来冲刷底盘。

二、汽车底盘检查

汽车底盘的检查主要内容概括为以下几点：

第一，汽车底盘是否出现锈蚀现象

底盘由于长期处于一种非常恶劣的工作环境下，其受到的危害以及侵蚀也是最大的。雨天驾驶，底盘直接与雨水接触；雪天驾驶，底盘又直接与冰冷的积雪接触；而山路崎岖，底盘又不得不承受碎石等恶劣环境的折磨。这些特殊的路况，对于底盘的伤害都非常大。因此，及时检查底盘的锈蚀度是有效保护底盘的重要项目之一。

第二，底盘的设备装置的检查

底盘装载了很多重要的车身零部件。排气总成就是底盘检查的重要项目之一，虽然排气总成有一部分位于发动机舱，但是其大部分都是装载在汽车底盘上的。因此，在进行汽车底盘检查的时候，还要考虑其相关部件的安全性。汽车排气管的检查主要是判断其是否有漏气现象。

一、举升车辆

检查汽车底部时需要举升车辆，汽车维修企业用得最多的为双柱举升机(龙门举升机)。操作举升机举升汽车时需要注意以下几点：

(1) 将汽车驶上升降台之前，必须确保最低的汽车部件与升降台之间有足够的距离。

(2) 车重不能超出升降台允许的载重范围。

(3) 为避免损坏汽车底板或汽车翻倒，只允许在图 5－79 所示的支撑点上举升汽车。

(4) 在举升车辆时，即便是只有一个驱动轮还在地面上，也不得起动发动机或挂入挡位。

(5) 如要在车辆下作业，必须用合适的垫块牢靠地支撑住车辆，或锁止举升机。

(a) 前部支撑点

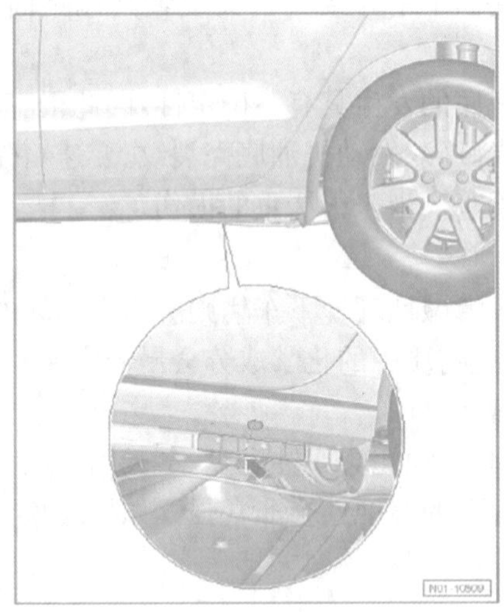

(b) 后部支撑点

图 5－79　汽车支撑点

二、汽车底部检查

检查汽车底部密封件泄漏情况及连接件连接状态，以此判断底盘各总成工作可靠性，排除潜在故障，确保汽车安全性。主要检查内容：漏油检查、驱动轴检查、制动系统密封检查、转向系统密封检查、悬架密封检查、燃油管路检查。

1. 漏油检查

检查发动机机油放油螺塞、油底壳是否漏油，见图 5－80；

检查机油滤清器是否安装可靠，是否漏油；
检查发动机与变速箱安装面；
检查自动变速器传动桥/手动变速器传动桥漏油情况。

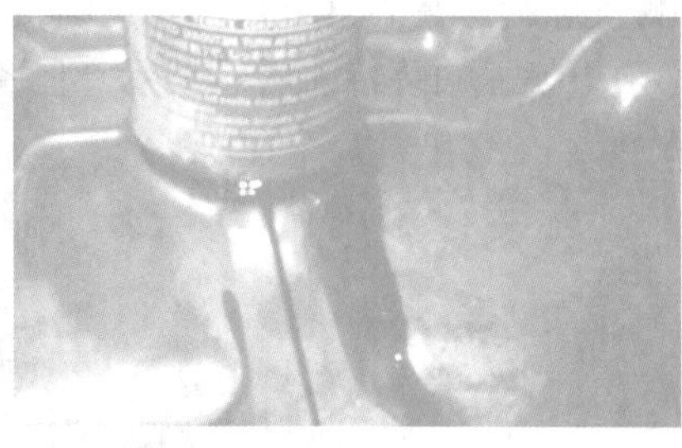

图 5－80　漏油检查

2. 驱动轴检查

主要检查左右驱动轴外侧、内侧护套损坏情况，见图 5－81。

(a) 驱动轴外侧护套检查

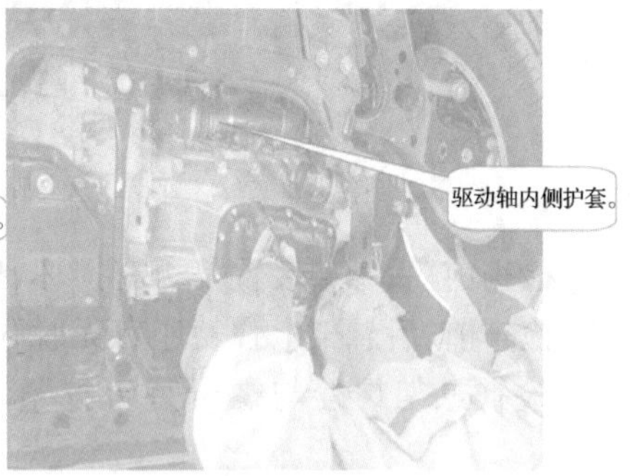

(b) 驱动轴内侧护套检查

图 5－81　驱动轴检查

3. 燃油管路检查

燃油管路泄漏的检查与燃油管路损坏的检查，见图 5－82。

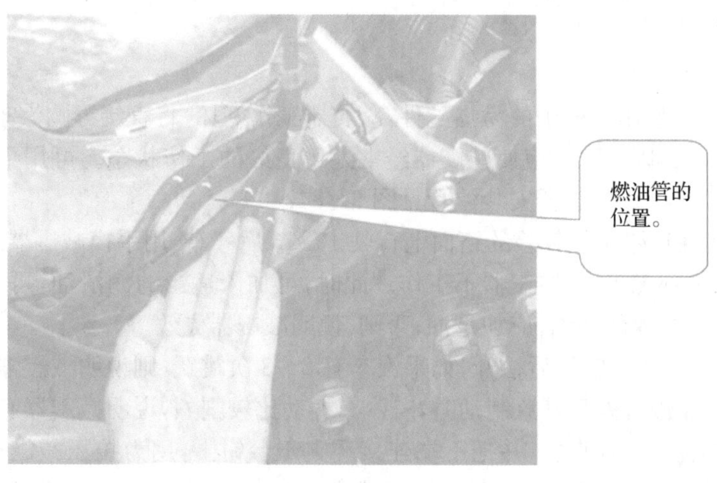

图 5－82　燃油管路检查

4. 悬架检查

汽车悬架弹簧不易损坏,且出现故障易目视察觉。当汽车车身高度过度降低,或发现螺旋弹簧有裂纹和变形,叶片弹簧有断片、缺片、裂纹、变形和磨损等,可对悬架弹簧加以及时更换。如测量螺旋弹簧的自由长度,若比标准弹簧长度减少 5%,即表示螺旋弹簧已产生永久变形,必须更换。帕萨特前后悬架示意图见图 5-83。

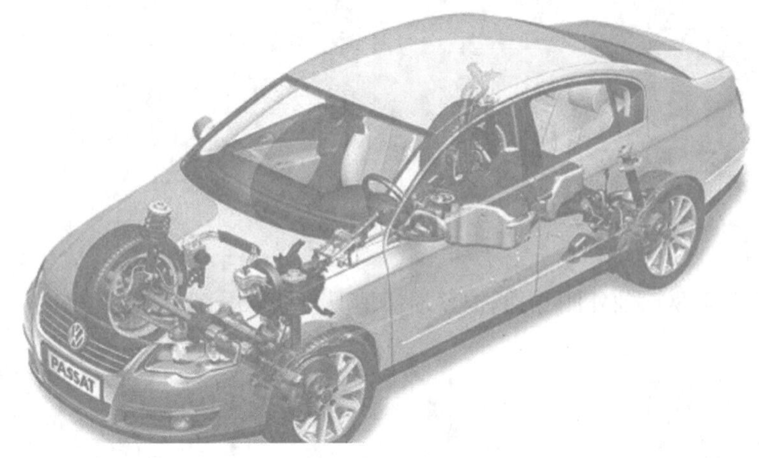

图 5-83　帕萨特前后悬架示意图

(1) 检查前/后悬架装置是否有损坏、松脱或丢失零件,还应检查部件是否有损伤。

(2) 检查前、后悬架上弹簧座有无脱开、撕裂及其他损坏。如有损伤,应更换。

(3) 检查悬架螺栓与螺母是否拧紧,必要时,应重新拧紧,如有损伤部件,应维修或更换。

(4) 检查前悬架上下摆臂。

检查上下摆臂的要点:

① 检查衬套的磨损和老化状况。

② 检查下摆臂是否弯曲或断裂。

③ 检查防尘套是否开裂。

④ 检查所有螺栓。

5. 减震器检查

减震器是汽车使用过程中的易损配件,减震器工作好坏,将直接影响汽车行驶的平稳性和其他机件的寿命,因此我们应使减震器经常处于良好的工作状态。可用下列方法检验减震器的状态是否良好。减震器安装位置见图 5-84。

(1) 使汽车在道路条件较差的路面上行驶 10 km 后停车,用手摸减震器外壳,如果不够热,说明减震器内部无阻力,减震器不工作。此时,可加入适当的润滑油,再进行试验,若外壳发热,则为减震器内部缺油,应加足油;否则,说明减震器失效。

(2) 用力按下保险杠,然后松开,如果汽车有 2～3 次跳跃,则说明减震器工作良好。

(3) 当汽车缓慢行驶而紧急制动时,若汽车振动比较剧烈,说明减震器有问题。

(4) 拆下减震器将其直立,并把下端连接环夹于台钳上,用力拉压减震杆数次,此时应有稳定的阻力,往上拉的阻力应大于向下压时的阻力,如阻力不稳定或无阻力,可能是减震

图 5 - 84　汽车减震器安装位置图

器内部缺油或阀门零件损坏，应进行修复或更换零件。

在确定减震器有问题或失效后，应先查看减震器是否漏油或有陈旧性漏油的痕迹。油封垫圈、密封垫圈破裂损坏，贮油缸盖螺母松动。如果是油封、密封垫圈损坏失效，应更换新的密封件。如果仍然不能消除漏油，应拉出减震器，若感到有发卡或轻重不一时，再进一步检查活塞与缸筒间的间隙是否过大，减震器活塞连杆有无弯曲，活塞连杆表面和缸筒是否有划伤或拉痕。

如果减震器没有漏油的现象，则应检查减震器连接销、连接杆、连接孔、橡胶衬套等是否有损坏、脱焊、破裂或脱落之处。若上述检查正常，则应进一步分解减震器，检查活塞与缸筒间的配合间隙是否过大，缸筒有无拉伤，阀门密封是否良好，阀瓣与阀座贴合是否严密，以及减震器的伸张弹簧是否过软或折断，根据情况采取修磨或换件的办法修理。

另外，减震器在实际使用中会发出响声，这主要是由于减震器与钢板弹簧、车架或轴相碰撞，胶垫损坏或脱落以及减震器防尘筒变形，油液不足等原因引起的，应查明原因，予以修理。

汽车电器的维护

学习目标

(1) 了解汽车电器设备新材料和新技术的应用和发展方向。

(2) 熟悉汽车电器设备的维护操作流程。

(3) 掌握汽车电源、灯光、仪表、空调及其他电器设备的维护操作。

项目描述

汽车电器设备对汽车使用性能、乘坐舒适性、安全性有重要影响。正确合理维护保养是电器设备正常使用的必要条件。本项目要求在熟悉汽车电器设备结构和功用的基础上,学会汽车电器设备维护保养的正确操作方法。

课时计划

项目	项目内容	参考课时/h			
		教学课时	实训课时	小　计	合　计
6.1	蓄电池的检查与维护	1	1	2	14
6.2	发电机的检查与维护	1	1	2	
6.3	起动系统维护	1	1	2	
6.4	灯光信号装置的维护	1	1	2	
6.5	组合仪表的维护	1	1	2	
6.6	空调系统的维护	2	2	4	

任务 6.1　蓄电池的检查与维护

冬天早晨，张先生准备开车去上班，可是起动了五六次，汽车还是没能正常起动，按汽车喇叭开关，喇叭声音低沉，不响亮，初步判断是电池亏电，无奈之下，张先生只有先打车去上班。经检查，该车电池亏电原因是发电机输出电压不足，导致电池充电不足。维修师傅为该车进行了补充充电，并更换了发电机。

一、蓄电池的作用

蓄电池（又称电瓶）是一种可逆的低压直流电源，它既能将化学能转化为电能，也能将电能转换为化学能。蓄电池在整车上的位置，如图 6－1 所示。

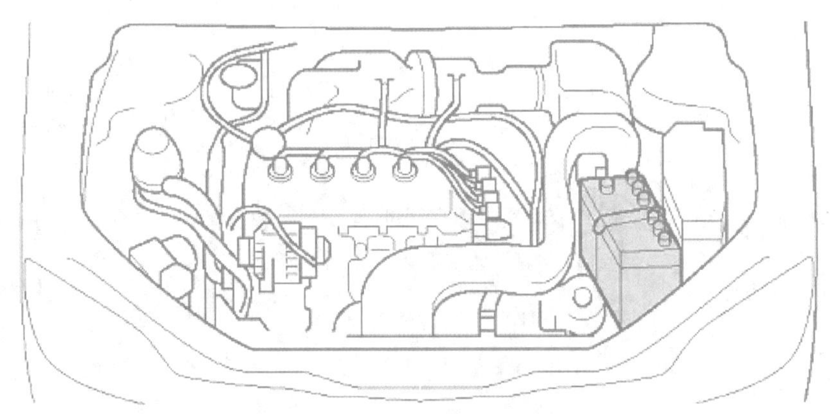

图 6－1　蓄电池在整车上位置

蓄电池可分为碱性蓄电池和酸性蓄电池两大类，其主要目的是起动发动机。汽车上一般采用铅酸蓄电池。

汽车上装有蓄电池与发电机两个直流电源，全车用电设备均与直流电源并联连接，电路图如图 6－2 所示。

蓄电池具体作用有：

(1) 发动机起动时，向起动机和点火系统供电；

(2) 发动机低速运转时，向用电设备和发电机磁场绕组供电；

(3) 发动机中、高速运转时，将发电机剩余电能转化为化学能储存起来；

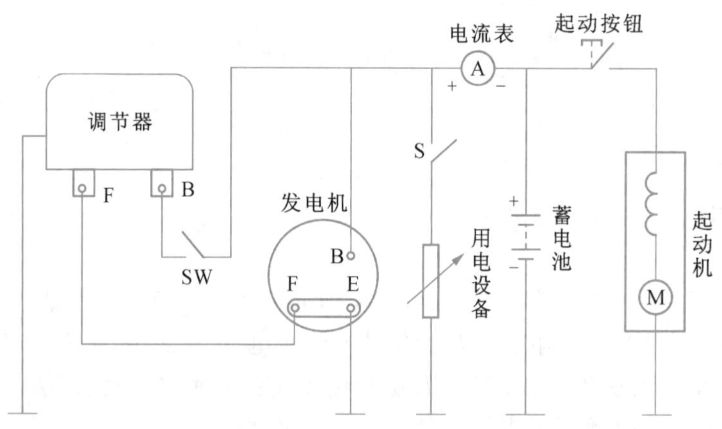

图 6-2　汽车并联电路

(4) 发电机过载时,协助发电机向用电设备供电;

(5) 蓄电池相当于一个大电容器,能吸收电路中出现的瞬时过电压,保护电子元件,保持汽车电器系统电压稳定。

二、蓄电池的基本结构

铅蓄电池主要由正负极板、隔板、电解液、外壳、连接条、极桩、蓄电池盖及加液孔盖等部分组成,如图 6-3 所示。额定电压 12 V 的蓄电池由 6 个单格串联而成,每单格的额定电压为 2 V。

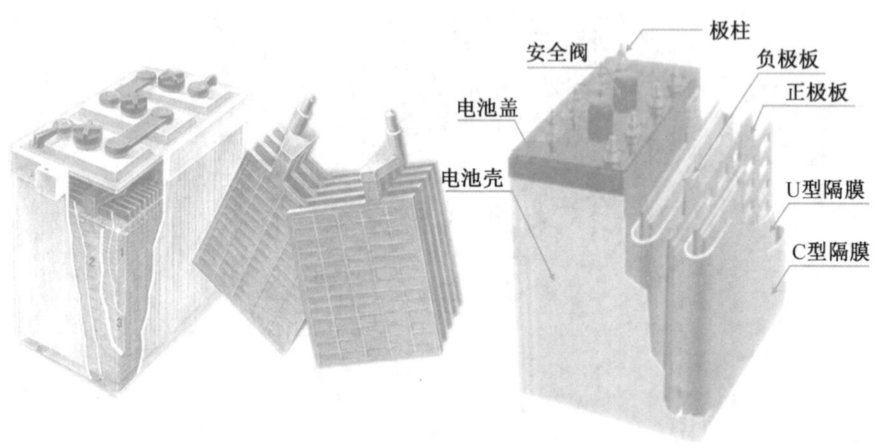

图 6-3　蓄电池结构示意图

三、蓄电池的工作原理

蓄电池充放电过程就是化学能与电能相互转化的过程：当蓄电池向外供电时,将化学能转化为电能;而当蓄电池与外部直流电源相连进行充电时,将电能转化为化学能。其电化学反应是可逆反应,可用如下总的反应方程式表示：

$$PbO_2 + 2H_2SO_4 + Pb \xrightleftharpoons[\text{充电}]{\text{放电}} 2PbSO_4 + 2H_2O$$

四、蓄电池的型号

根据机械工业部《铅蓄电池产品型号编制方法》(JB 2599—1993)标准规定，蓄电池的型号由三部分组成，各部分之间用破折号分开，如图 6-4 所示。

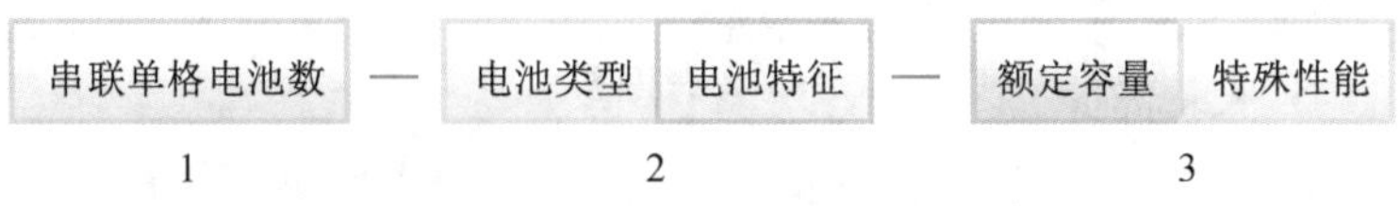

图 6-4　蓄电池型号的表示方法

第 1 部分为串联的单格电池数，用阿拉伯数字表示，其标准电压是这个数字的 2 倍。

第 2 部分为电池类型和特征，常用汉字的第一个字母表示。其中第 1 个字母为电池类型，如“Q”为起动用蓄电池；第二个字母为电池特征代号，如“A”表示干荷电式，具有两种特征时将两个代号并列标示，各代号的含义如表 6-1 所示。

表 6-1　铅蓄电池的特征代号及其含义

特征代号	蓄电池特征	特征代号	蓄电池特征	特征代号	蓄电池特征
A	干荷电	J	胶体电解液	D	带液式
H	湿荷电	M	密封式	Y	液密式
W	免维护	B	半密封式	Q	气密式
S	少维护	F	防酸式	I	激活式

第 3 部分为电池的额定容量，我国目前规定采用 20 h 放电率的容量，用阿拉伯数字表示，其单位为 A·h。有时在额定容量后面用一个字母表示特殊性能，如：G 表示高起动功率，S 表示塑料外壳，D 表示低温起动性能好。

例如，蓄电池型号 6-QAW-100S 的含义如下：

6 表示 6 个单体电池，一个单体电池额定电压 2 V，即代表 12 V；Q 表示起动型；A 表示干荷电式；W 表示免维护蓄电池；100 表示蓄电池容量为 100 A·h；S 表示采用了塑料外壳。

注：单体电池实际电压根据存电量不同，在 1.5～2.4 V 之间。

一、蓄电池的清洁

保持蓄电池外表面的清洁干燥，及时清除极桩和电缆卡子上的氧化物，并确保蓄电池极桩上的电缆连接牢固。

清洗蓄电池时，最好从车上拆下蓄电池，用苏打水溶液冲洗整个壳体，如图 6－5(a)所示，然后用清水冲洗蓄电池并用纸巾擦干。对蓄电池托架，可先用腻子刀刮净厚腐蚀物，然后用苏打水溶液清洗托架，如图 6－5(b)所示，之后用水冲洗并干燥。托架干燥后，漆上防腐漆。

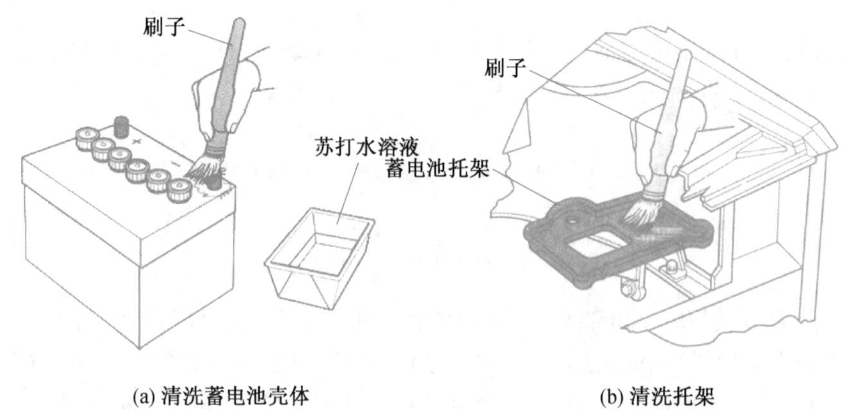

图 6－5　蓄电池的清洁

对极桩和电缆卡子，可先用苏打水溶液清洗，再用专用清洁工具进行清洁，如图 6－6 所示。清洗后，在电缆卡子上涂上凡士林或润滑油防止腐蚀。

注意：清洗蓄电池之前，要拧紧加液孔盖，防止苏打水进入蓄电池内部。

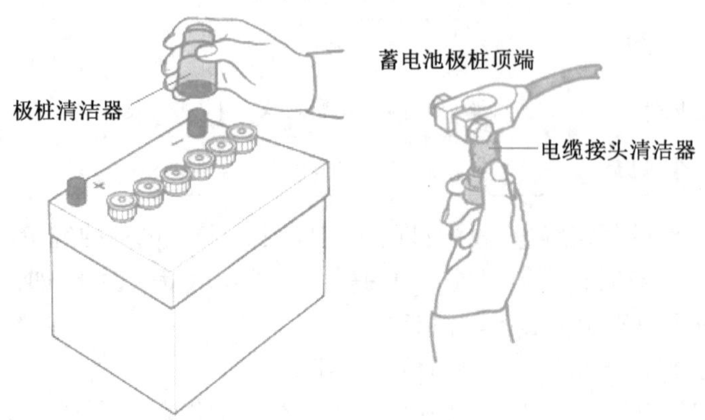

图 6－6　极桩和电缆卡子的清洁

二、检查蓄电池固定情况

紧固电瓶可以保障电瓶的正常功用和较长的使用寿命。蓄电池固定情况主要检查：

(1) 电瓶线夹子的紧固情况。

(2) 电瓶固定(力矩为 20 N・m)，如图 6－7 所示。

(3) 极柱是否清洁。

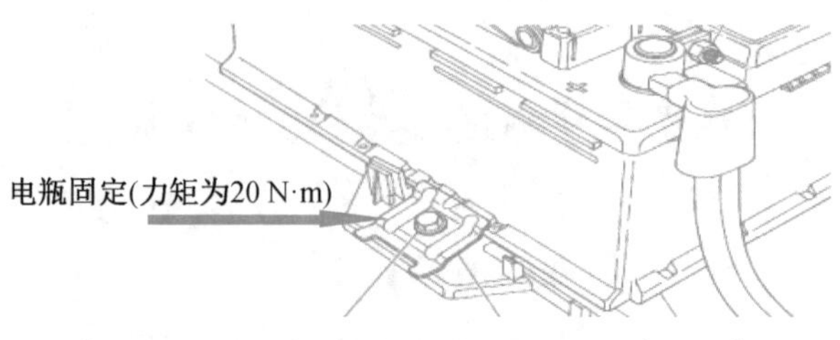

图 6－7　检查电池固定情况

电瓶夹子的检查方法：

打开电瓶防护垫(如果有的话)，用手来回转动电瓶正极线和负极线夹子，如图 6-8 所示，如果电瓶正极夹子不紧，可进行如下操作：

(1) 拆下电瓶负极夹子；

(2) 用 6 N·m 力矩紧固电瓶正极夹子；

(3) 重新用 6 N·m 的力矩装上电瓶负极夹子。

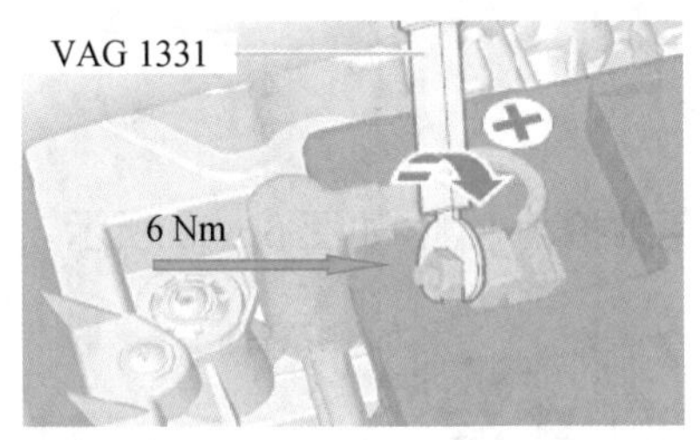

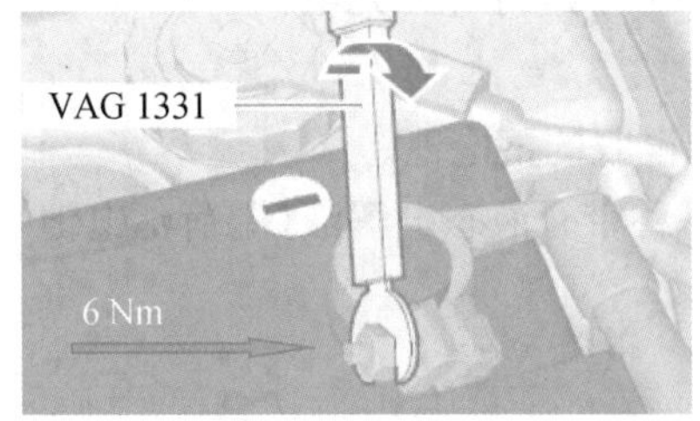

图 6-8　检查电瓶夹子紧固情况

必备的专用工具：V. A. G1331 扭力扳手(5～50 N·m)。

注意：为避免事故，如电瓶正极没接好，应首先拆下电瓶负极。

三、检查蓄电池电解液液面高度

对于普通铅酸蓄电池，由于电池充电会电解水，导致电池液面下降，需要定期检查蓄电池电解液液面高度。说明：若蓄电池是免维护的蓄电池，则无须做此项检查。

(1) 用玻璃管测量法，如图 6-9 所示。工具：内径为 3～5 mm 的玻璃管。液面高度标准值为 10～15 mm。

(2) 观察液面高度指示线法，如图 6-10 所示。正常液面高度应介于 Max 与 Min 两线之间，液面过低时，应加入蒸馏水补充，以恢复正常的液面高度。除非确知电解液溅出，否则不许添加硫酸溶液。

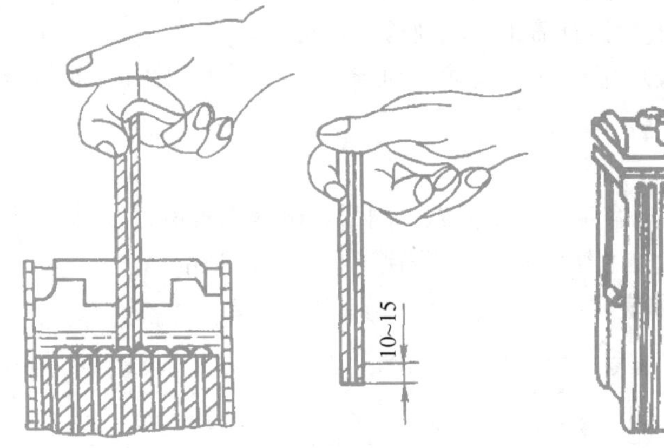

图 6-9　玻璃管测量法

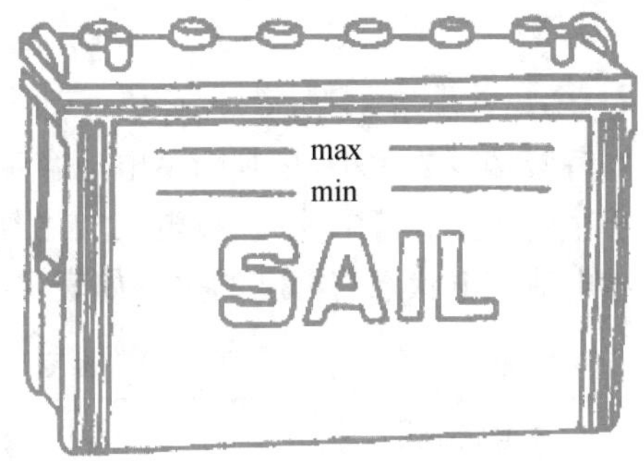

图 6-10　液面高度指示线法

注意：① 冬季向蓄电池内补加蒸馏水时，必须在蓄电池充电前进行，以免水和电解液混合不均而引起结冰。

② 冬季蓄电池应经常保持在充足电的状态，以防电解液密度降低而结冰，引起外壳破裂、极板弯曲或活性物质脱落等故障。

四、检查蓄电池存电量

汽车每行驶 1 000 km 或夏季行驶 5～6 天，冬季行驶 10～15 天，应用密度计或高率放电计检查一次蓄电池的放电程度，当冬季放电超过 25%，夏季放电超过 50%时，应及时将蓄电池从车上拆下进行补充充电。

1. 免维护蓄电池电量的检查

(1) 带电眼的蓄电池。

这是一种带有液态电解液(湿荷蓄电池)的免维护蓄电池，如图 6-11 所示。

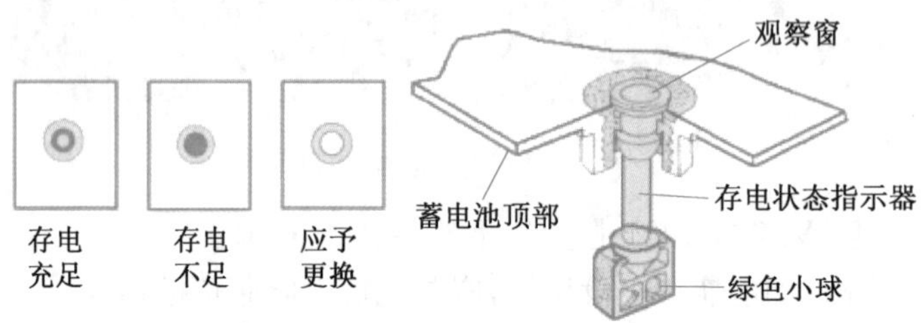

图 6-11　内置式相对密度计

注意：① 电眼无色或显示淡黄色时，不得检测蓄电池或对蓄电池充电，必须更换蓄电池。

② 在进行蓄电池检测和充电时起动、辅助起动车辆存在爆炸危险，此时不得起动、辅助起动车辆。

(2) 玻璃纤维蓄电池(AGM 蓄电池)。

这是一种带固化的电解液且没有电眼的免维护蓄电池，铅酸蓄电池电解液吸附在一个超细玻璃纤维隔膜(AGM)中固化。蓄电池是密封的，且装有阀门。

由于电解液无法流动，因此这种蓄电池上不能配备电眼。蓄电池上的缩写 AGM 表明这是一种玻璃纤维蓄电池。该电池电量检查需用蓄电池检测仪检查。

提示：玻璃纤维蓄电池的更换，须用另一个玻璃纤维蓄电池更换原来的玻璃纤维蓄电池。

2. 检查蓄电池电解液密度

电解液密度的大小，是判断蓄电池容量的重要标志。测量蓄电池电解液密度时，蓄电池应处于稳定状态。蓄电池充、放电或加注蒸馏水后，应静置半小时后再测量。

蓄电池充电状态与密度的关系如表 6-2 所示。

表 6-2　蓄电池充电状态与密度的关系

充电状态/%	100	75	50	25	0
电解液相对密度/(g/cm^3)	1.27	1.23	1.19	1.15	1.11

用吸式密度计测量电解液密度，其测量过程如图 6-12 所示。测得的密度值应用标准温度(+25 ℃)予以校正(同时测量电解液温度)。

通过对各个单格电池电解液密度的测量，可以确定蓄电池是否失效。如果单格电池之间的密度相差0.05 g/ml，则该电池失效。

根据季节和地区的变化及时调整电解液的密度。冬季可加入适量的密度为1.40 g/ml的电解液，以调高电解液的密度（一般比夏季高0.02～0.04 g/ml为宜）。

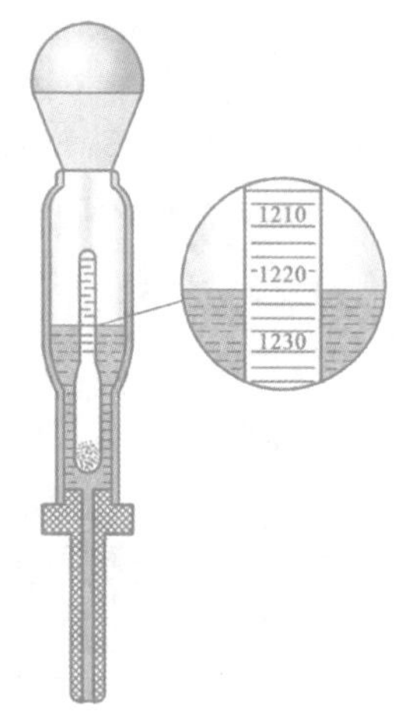

图6－12　吸式密度计测量电解液密度

3. 模拟放电检查电池状态

对于技术状态良好的蓄电池，当以起动电流或规定的放电电流连续放电15 s时，端电压应不低于规定值。

(1) 蓄电池检测仪

① 电流选择如表6－3所示。

表6－3　放电电流选择

蓄电池容量/A·h	放电电流/A	放电时间/s	端电压/V
＞100	200～300	15	10.2
50	100～170	15	9.6
30	70～120	15	9.0

② 操作步骤。

a. 将“电流调节旋钮”逆时针旋转至切断放电电路；

b. 将电流检测电缆上正(红)、负(黑)夹夹到蓄电池正、负极柱上；

c. 将电压检测线上正(红)、负(黑)夹夹到蓄电池正、负极柱上；

d. 顺时针转动电流调节旋钮至规定放电电流，放电15 s；

e. 观察电压表指针位置，根据表6－4判断蓄电池技术状况。

表6－4　电池状态表

指针位置	蓄电池状态
蓝色区域	端电压高于9.6 V，状态良好
红色区域	端电压低于9.6 V，存电不足
不稳定或电流急剧减小至0	蓄电池故障

f. 逆时针转动电流调节旋钮，停止放电。

(2) 高率放电计。

如图6－13所示，将两放电针压在蓄电池正负极桩上，保持5 s，若电压稳定，根据表6－5判断放电程度；若电压迅速下降，说明蓄电池已损坏。

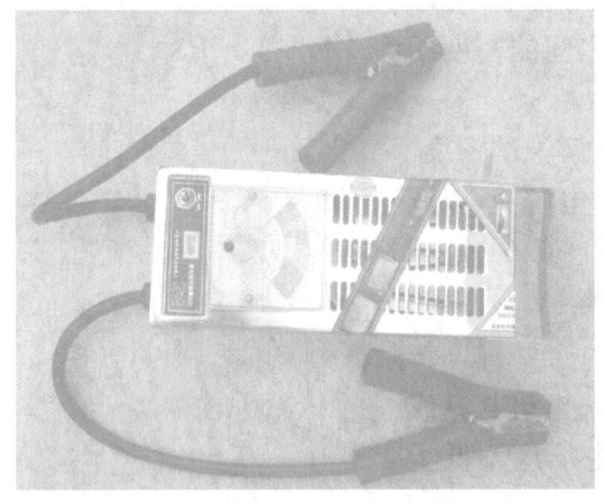
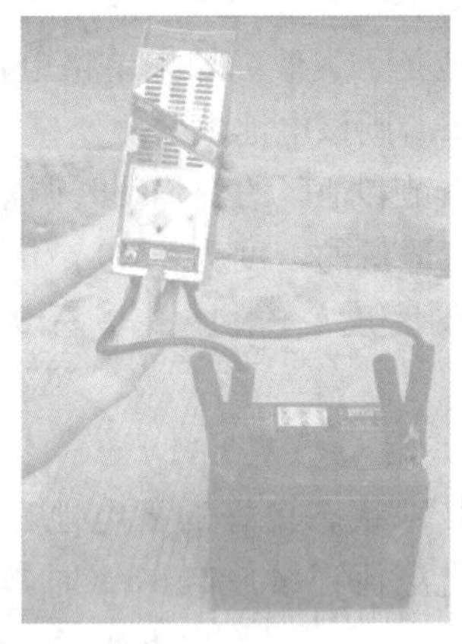

图 6－13　用 12 V 高率放电计测量蓄电池的放电电压

表 6－5　蓄电池电压与放电程度对照表

蓄电池开路电压/V	≥12.6	12.4	12.2	12.0	≤11.7
高率放电计检测蓄电池电压/V	11.6～10.6	9.6～10.6		≤9.6	
高率放电计(100 A)检测单格电压/V	1.7～1.8	1.6～1.7	1.5～1.6	1.4～1.5	1.3～1.4

测 12 V 电池，蓄电池充满电，密度在 1.24 g/cm^3，接入时间 10 s～15 s。

电压能保持在 10.5 V～11.6 V 以上，存电量为充足，蓄电池无故障。

电压能保持在 9.6 V～10.5 V，存电量为不足，蓄电池无故障。

电压降到 9.6 V 以下，存电量严重不足或蓄电池有故障。

五、蓄电池的充电

目前，汽车广泛使用免维护蓄电池。免维护蓄电池在使用过程中一般不需要充电，一旦蓄电池使用至无电，直接予以更换。另外，仍有少数汽车采用普通蓄电池或干荷电蓄电池，对于这些蓄电池，必要时仍然需要充电作业。

（一）充电设备

蓄电池是直流电源，必须用直流电源对其进行充电。汽车上的充电设备是由发动机驱动的交流发电机。充电间多采用硅整流充电机，如图 6－14 所示，现对其作简单介绍。

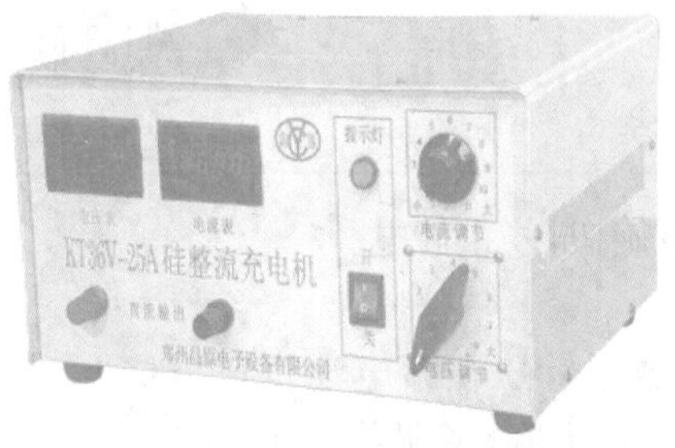

图 6－14　硅整流充电机

(1) 充电机的正极接蓄电池的正极，充电机的负极接蓄电池的负极。

(2) 接通电源，打开电源开关。

(3) 若对 12 V 蓄电池充电，应按下 12 V 按键；若为两只 12 V 串联的蓄电池充电，则按下 24 V 按键。

(4) 将电流调节旋钮调到初充电或补充充电要求的数值(详见后述内容)，按充电规范进行充电。

(二) 充电方法

蓄电池的充电方法主要有恒压充电、恒流充电和脉冲快速充电三种。

1. 恒压充电

恒压充电是指充电过程中，充电电源电压保持恒定的充电方法。恒压充电的接线方法如图 6-15 所示。

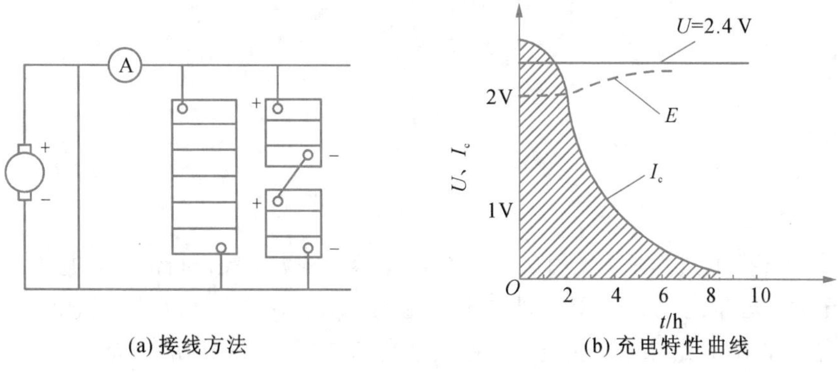

图 6-15　恒压充电

若充电电压过高，将导致过充电；若充电电压过低，将导致充电不足。在恒压充电初期，充电电流较大，4～5 h 内即可达到额定容量的 90%～95%，因而充电时间较短，而且不需要照管和调整充电电流，适用于补充充电。由于充电电流不可调节，所以不适用于初充电和去硫化充电。

2. 恒流充电

恒流充电指充电电流保持恒定的充电方法，广泛用于初充电、补充充电和去硫化充电等。接线方法和特性曲线如图 6-16 所示。

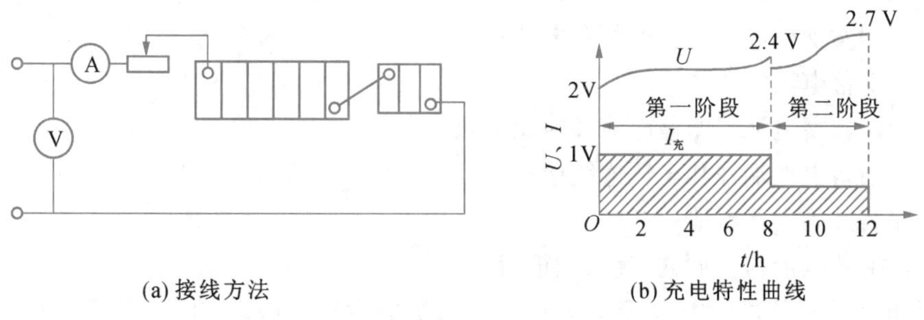

图 6-16　恒流充电

为缩短充电时间，充电过程通常分为两个阶段。第一阶段采用较大的充电电流，使蓄电池的容量得到迅速恢复，当蓄电池电量基本充足，单格电池电压达到 2.4 V，开始电解水产生气泡时，转入第二阶段，将充电电流减小一半，直到电解液密度和蓄电池端电压达到最大值且在 2～3 h 内不再上升，蓄电池内部剧烈冒出气泡时为止。

恒流充电的适应性强，可任意选择和调整充电电流的大小，有利于保持蓄电池的技术性能和延长使用寿命，其缺点是充电时间长，要经常调节充电电流。

3. 脉冲快速充电

脉冲快速充电必须用脉冲快速充电机进行，其充电电流波形如图 6－17 所示。

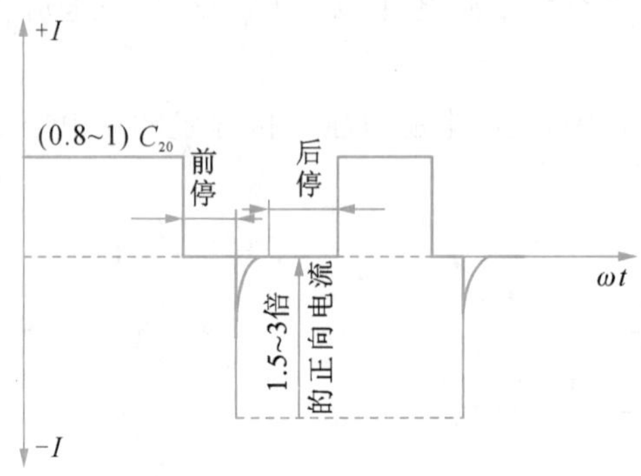

图 6－17　脉冲快速充电的电流波形

脉冲快速充电的过程是：先用 0.8～1 倍额定容量的大电流进行恒流充电，使蓄电池在短时间内充至额定容量的 50%～60%，当单格电池电压升至 2.4 V，开始冒气泡时，由充电机的控制电路自动控制，开始脉冲快速充电。首先停止充电 25 ms（称为前停充），然后再放电或反向充电，使蓄电池反向通过一个较大的脉冲电流（脉冲深度一般为充电电流的 1.5～3 倍，脉冲宽度为 150～1 000 μs），然后再停止充电 40 ms（称为后停充）。之后的过程为：正脉冲充电—前停充—负脉冲瞬间放电—后停充—正脉冲充电……如此循环进行，直至充足电。

脉冲快速充电的优点是充电时间可大大缩短（新蓄电池充电仅需 5 h，补充充电只需 1 h）。缺点是对蓄电池的寿命有一定的影响，并且脉冲快速充电机结构复杂，价格昂贵，适用于电池集中、充电频繁、要求应急的场合。

六、蓄电池的更换

在进行蓄电池的更换时，应注意遵守相应的操作规范：

(1) 关闭发动机和车辆上的所有电器；

(2) 取下蓄电池；

(3) 确认新蓄电池与旧蓄电池性能相一致；

(4) 清洁蓄电池端柱和车辆连线接头；

(5) 安装并固定蓄电池；

(6) 连接蓄电池与车辆的连线(先正后负)。

在蓄电池的安装过程中，要防止蓄电池正负极的意外短路。在两极断开和连接的时候，应保证正确的先后顺序，换句话说，就是在任何情况下都应避免负极单独连接蓄电池。另

外，部分高档车辆断电时，可能需要重新设定参数，所以在更换该类车辆的蓄电池时，应保持车辆电器不断电。

注意事项：

① 在发动机运转情况下，严禁拆卸蓄电池；

② 拆卸蓄电池时应使用专用的工具，尽量不要用手直接触摸有酸液的部位。

七、汽车蓄电池跨接起动

在冬季的清晨，往往由于蓄电池亏电而导致车辆无法起动，此时需要对汽车进行蓄电池跨接起动操作。

当使用跨接法起动车辆时，采用下列的步骤：

(1) 使用一个 12 V 的蓄电池来辅助起动故障车辆。将好的 12 V 的蓄电池靠近车辆以便导线可以接近两块电池。当使用另外一辆车上的蓄电池时，请注意不要使两辆车接触，并且拉紧两辆车的驻车制动杆。

(2) 关闭安全警示用附件(如前大灯、危险警告灯)之外所有不必要的车辆附件。

(3) 按照下列的顺序进行导线的对接，如图 6－18 所示。

① 将第一根导线的一端连接亏电蓄电池 A 的正极(＋)柱。

② 将第一根导线的另一端连接辅助蓄电池 B 的正极(＋)柱。

③ 将第二根导线的一端连接辅助蓄电池 B 的负极(－)柱。

④ 将第二根导线的另外一端连接到蓄电池电量不足的车辆上，要连接在未喷漆的，重量大的金属零件上，如发动机吊耳。

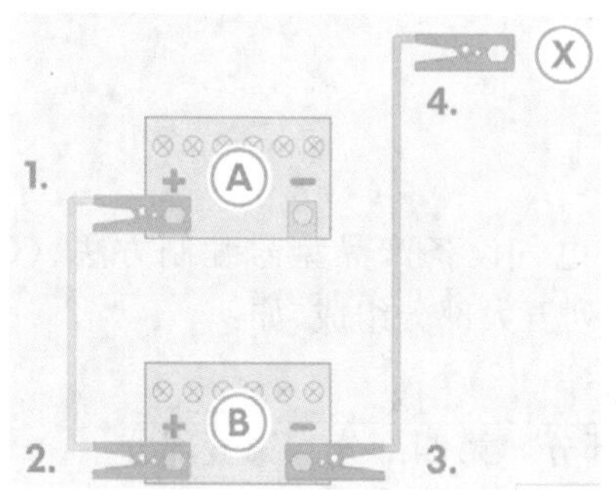

图 6－18　蓄电池跨接起动导线连接

警告：使用跨接法时千万不要将导线的另一端直接连接到电量不足的车辆的负极(－)柱，否则会造成爆炸。

(4) 如果所使用的辅助蓄电池是装在另一辆车上，则先起动该车，并且中速运转。

(5) 起动亏电的车辆。

(6) 按照与连接时相反的顺序将导线全部拆掉。

注意：① 如果车辆的蓄电池可能被冻结时千万不要尝试使用跨接法起动车辆，否则会导致电池爆炸或者爆裂。

② 当使用跨接引线连接时，一定要注意手和引线不要接近皮带轮、皮带或者风扇。

③ 蓄电池可能会产生易燃的氢气。注意不要使火星或者火苗接近电池，否则会造成电池爆炸。在电池的周边区域进行工作时严禁吸烟。

④ 如果你将使用另外一个车辆的蓄电池对本车辆电池进行跨接，注意确保两辆车不要接触。

⑤ 如果重复地亏电，请检查车辆，排除故障后再起动。

⑥ 为了避免对车辆、蓄电池和人员造成不利影响，采用跨接法起动车辆时要严格遵循上述操作顺序和操作说明。

任务 6.2　发电机的检查与维护

2012 年 12 月 15 日，车主赵先生来到 4S 店反映，他的汽车多次在早上因电池亏电而无法起动。经问询，该车一个月前刚换了蓄电池，但电池亏电的故障仍然存在。根据车主描述可以初步判断是发电机不充电，经检查发电机驱动皮带打滑导致发电机输出电压过低。

一、交流发电机的型号

根据中华人民共和国汽车行业标准《汽车电气设备产品型号编制方法》(QC/T 73—1993)规定，国产汽车交流发电机型号主要由下列五大部分组成，如：

$$\frac{\text{JFZ}}{\text{第一部分}}-\frac{1}{\text{第二部分}}-\frac{9}{\text{第三部分}}-\frac{13}{\text{第四部分}}-\frac{\text{Z}}{\text{第五部分}}$$

第一部分为产品名称代号。交流发电机产品名称代号为 JF；整体式交流发电机产品名称代号为 JFZ；带泵交流发电机产品名称代号为 JFB；无刷交流发电机产品名称代号为 JFW。J 表示“交”，F 表示“发”，Z 表示“整”，B 表示“泵”，W 表示“无”。

第二部分为分类代号，即电压等级代号，用一位阿拉伯数字表示，1 - 12 V；2 - 24 V；6 - 6 V。

第三部分为电流等级代号，用一位阿拉伯数字表示，如表 6 - 6 所示。

第四部分为设计序号，按产品设计先后/顺序，用阿拉伯数字表示。

第五部分为变型代号，交流发电机以调整臂的位置作为变型代号。从驱动端看，Y -右边；Z -左边。

表 6－6　发电机电流等级代号

电流等级	1	2	3	4	5	6	7	8	9
电流/A	≤19	20—29	30—39	40—49	50—59	60—69	70—79	80—89	≥90

例如：桑塔纳、奥迪 100 型轿车所使用的 JFZl913Z 型交流发电机，其含义为电压等级为 12 V、输出电流大于 90 A、第 13 次设计、调整臂位于左边的整体式交流发电机。

二、发电机电压调节器的功用

发电机电压调节器在整车上的位置，如图 6－19 所示。它的功用是使交流发电机的输出电压保持恒定。由于交流发电机的转子是由发动机通过传动带驱动旋转的，且发动机和交流发电机的速比为 1.7～3，因此交流发电机转子的转速变化范围非常大，这样将引起发电机的输出电压发生较大变化，无法满足汽车用电设备的工作要求。为了满足用电设备恒定电压的要求，交流发电机必须配用发电机调节器，使其输出电压在发动机所有工况下基本保持恒定。

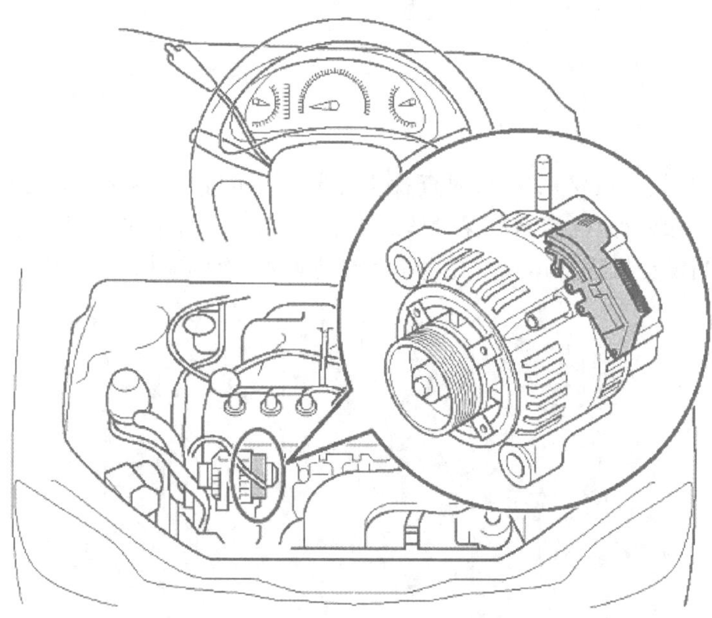

图 6－19　发电机电压调节器的位置

一、发电机传动带检查与维护

发电机传动带的检查，主要检查皮带有无裂纹和传动带张紧度。

首先，目测传动皮带，如有明显裂纹，说明皮带已到了使用极限，不宜继续使用，需更换。

然后，手指用力(98 N)按压传动带，此时传动带应可以往下偏移 7.5～8.6 mm，否则需要调整皮带张紧机构，如图 6－20 所示。

图 6－20　调整发电机皮带张紧力

二、发电机维护

1. 充电指示灯检查

当打开点火开关，不起动发动机时查看仪表充电指示灯是否点亮，如图 6－21 所示。如不亮应检查相应电路或充电指示灯保险丝是否熔断，指示灯灯泡是否损坏，如有应更换。然后起动发动机，当发动机正常运转时充电指示灯应熄灭，否则应检查发电机。

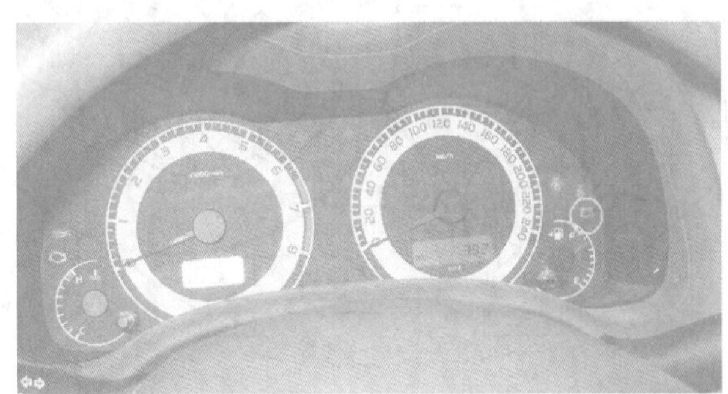

图 6－21　充电指示灯检查

2. 励磁电路检查

在打开点火开关状态下用一金属物体检查发电机转子轴有无磁性，如图 6－22 所示。如有说明发电机励磁电路良好。如没有应检查发电机励磁电路有无输入电压。如有电压则检查电压调节器及励磁绕组有无损坏。

图 6－22　励磁电路检查

3. 发电机运行状态检查

如图 6－23 所示，在发动机运转状态下用万用表检查发电机的输出电压，在 2 500 r/min 的情况下发电机的输出电压应小于 14.10 V。

图 6－23　发电机运行状态检查

三、与发电机相关的实车现象及维护

（一）充电不良

1. 现象描述

（1）发动机正常运转，充电指示灯亮。

（2）蓄电池电压低于 10 V，电瓶放电过度及老化状态。

（3）车灯光线变暗或当风扇等电负载工作时灯光出现闪动现象。

2. 检查调整

当汽车出现上述现象时，需根据表 6－7 进行检查。

表 6－7　汽车充电不良的故障排除

实车现象	检查部位	故障原因	解决措施
充电不良	电池接线端子拧紧状态	 腐蚀 松动	修正 拧紧
	主保险丝状态	 接触状态 断线	拧紧 更换保险丝
	本身接地状态	 腐蚀 喷漆 松动	修正 重拧紧
	发电机“B” 端子拧紧状态	 松动 烧毁	拧紧 更换产品
	点检发电机“L,S” 端子接触状态及断线与否	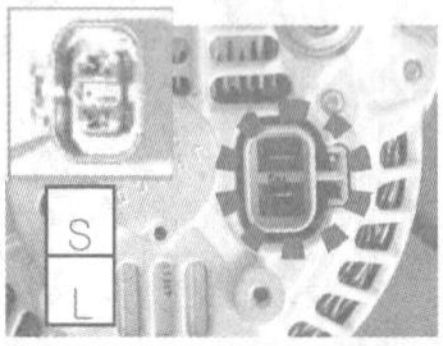 断线 接触不良	修正 引出线端子缩 小后重新拧紧
	发电机外观流入机油状态	 发动机机油漏出 产品内部污染	修理漏机油部位 产品修理或更换
	发电机驱动皮带状态	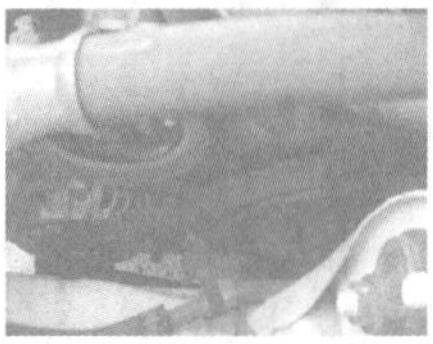 松动	重调整张力

（二）充电过大

1. 现象描述

(1) 灯光因充电过大而不亮。

(2) 超过规定电压时电瓶液逸出(电瓶本身不良及充电过大而造成)。

(3) 保险丝断线，如图 6－24 所示。

① 主保险丝接触不良，断线时发生高电压。

② ALT“S”端子连接 10 A 保险丝断线时显示比规定值高 1 V。

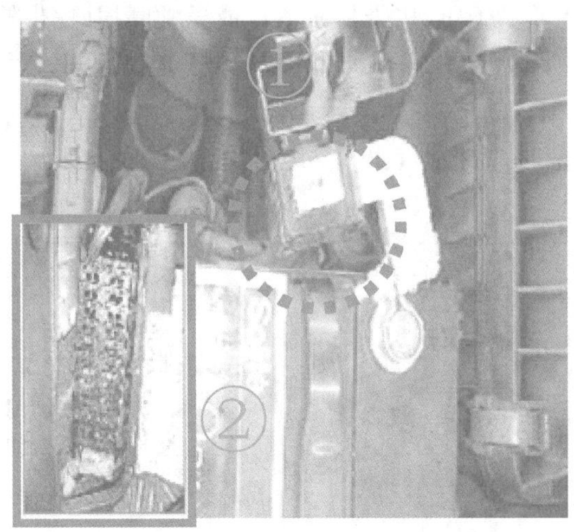

图 6－24　保险丝断线

2. 检查调整

当汽车出现上述现象时，需根据表 6－8 进行检查。

表 6－8　汽车充电过大的故障排除

实车现象	检查部位		故障原因	解决措施
充电过大	主保险丝状态		接触不良 断线	修正 更换主保险丝
	发电机 “B”端子拧紧状态		松动 烧毁	拧紧 更换产品
	“S”端子 10 A 保险丝状态		接触不良 断线	修正 10 A 保险丝更换

（三）发电机噪音

1. 现象描述

（1）起动初期“哔哔”声，原因：皮带张力下降。

（2）空转时有“沙沙”声，原因：皮带材质不良或异常磨损（皮带轮偏摆）。

（3）电负载时有“嗡嗡”声，原因：大灯、热线、雾灯、空调等工作负载过大。

2. 检查调整

当汽车出现上述现象时，需根据表 6－9 进行检查。

表 6－9　发电机噪音的故障排除

实车现象	检查部位		故障原因	解决措施
噪　音	发电机驱动皮带状态		磨损 松动	更换皮带 重调张力
	张紧器轴承异响与否		热变形 轴承损伤（不良）	更换张紧器
	转向助力泵轴承异响与否		轴承损伤（不良）	更换动力泵

四、电压调节器检查

电压调节器采用试验检查法进行，其试验检查电路如图 6－25 所示，试验用电源宜采用可变直流电源。当开关闭合时，指示灯应亮。调节可变直流电源，当电源电压达到被检测的调节电压值时，指示灯应灭。否则，说明电压调节器有故障。

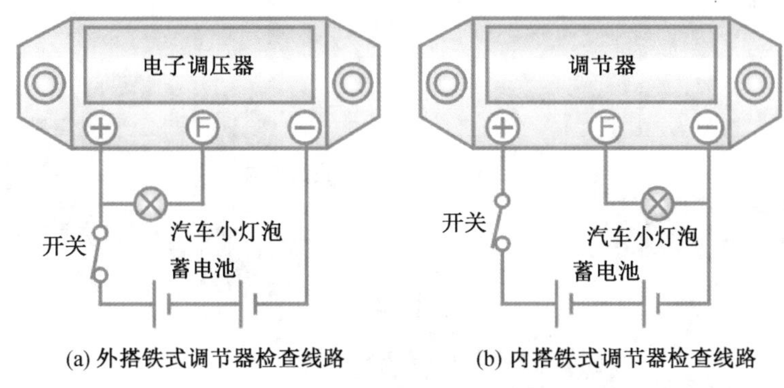

图 6-25　调节器试验检查电路

任务 6.3　起动系统维护

车主赵先生因无法起动汽车而报修，经检查电池电压 11.9 V，正常，试起动时听到有齿轮撞击声，而发动机不转动。更换起动机后发动机正常起动。

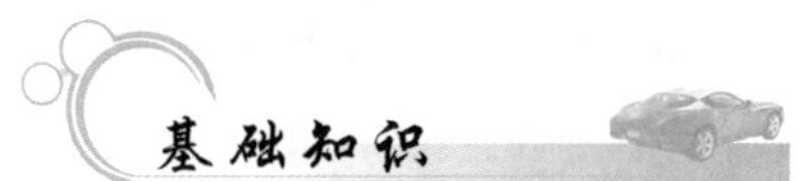

发动机在以自身动力运转之前，必须借助外力旋转。发动机借助外力由静止状态过渡到能自行运转的过程，称为发动机的起动。

一、起动系统组成

起动系统将储存在蓄电池内的电能变成机械能，要实现这种转换，必须使用起动机。

起动机的功用：由直流电动机产生动力，经传动机构带动发动机曲轴转动，从而实现发动机的起动。

起动系统组成：蓄电池、点火开关(起动开关)、起动机总成、起动继电器等，如图 6-26 所示。

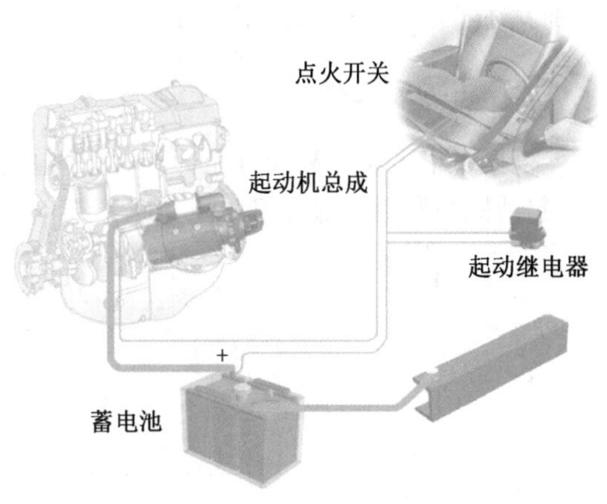

图 6-26　汽车起动系统

二、起动机

起动机是起动系统的核心部件。起动机

总成如图 6－27 所示。

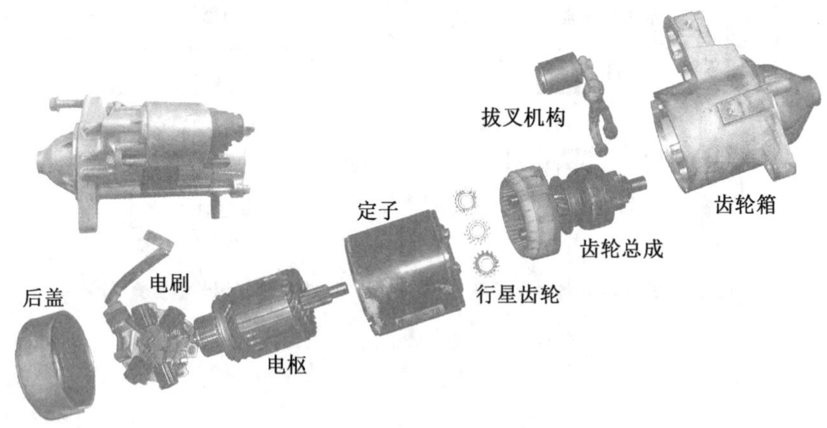

图 6－27　起动机总成

起动机由直流串励电动机、传动机构和控制装置三大部分组成。

1. 直流串励电动机

直流串励电动机的作用：将蓄电池输入的电能转换为机械能，产生电磁转矩。

2. 传动机构

传动机构又称起动机离合器、啮合器。

传动机构的作用：在发动机起动时使起动机轴上的小齿轮啮入飞轮齿环，将起动机的转矩传递给发动机曲轴；在发动机起动后又能使起动机小齿轮与飞轮齿环自动脱开。

3. 控制装置

控制装置又称起动开关。

控制装置的作用：用来接通和断开电动机与蓄电池之间的电路，同时还能接入和切断点火线圈的附加电阻。

不同类型的汽车上使用的起动机尽管形式不同，但其直流电动机部分基本相似，主要的区别就在于传动机构和控制装置。

三、起动机型号

根据中华人民共和国行业标准《汽车电气设备产品型号编制方法》(QC/T 73—1993)规定，起动机型号由五部分组成。

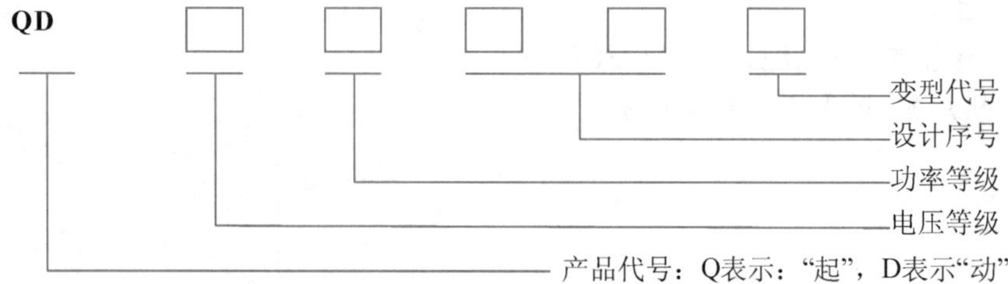

第一部分为产品名称代号。起动机产品名称代号为：QD—起动机；QDJ—减速起动

机;QDY—永磁起动机。

第二部分为电压等级代号,用一位阿拉伯数字表示,1—12 V;2—24 V;6—6 V。

第三部分为功率等级代号,用一位阿拉伯数字表示,如表 6-10 所示。

第四部分为设计序号,按产品设计先后顺序,用阿拉伯数字表示。

第五部分为变型代号。

例如:QD124 型表示额定电压为 12 V、功率 1～2kW、第四次设计的起动机。

表 6-10　起动机的功率等级代号

功率等级代号	1	2	3	4	5	6	7	8	9
功率/kW	<1	1～2	2～3	3～4	4～5	5～6	6～7	7～8	>8

一、起动机的日常检查

在日常保养车辆时,应对起动机作下列检查、维修和保养:

(1) 若是开关接触不良,可用细砂布磨光,如果弹簧或绝缘体损坏,要及时更换。

(2) 移动杠杆弯曲,应给予校正。

(3) 驱动弹簧折断,要配换新件,如是弹簧装置的螺纹松脱,应将其旋紧。

(4) 套管与驱动齿轮间有污垢阻塞,要将它洗刷干净,同时加入机油数滴。

(5) 吸铁式的移动杠杆失调,可拆下吸铁开关,旋动杠杆与圆柱体的连杆调整。

(6) 起动发动机时,起动机从蓄电池中吸取的电流约为 300～400 A,因此为避免蓄电池放电过度导致损坏,起动机起动时间不可太久,约 5 s 以内。如果一次不能起动,要停止少许时间(约 10～15 s),再起动第二次。连续 3 次以上无法起动,应在查明原因后再起动。

(7) 各线接头必须旋紧,应经常保持清洁与干燥,如发现电线损坏,可用胶布包扎。

(8) 整流器应按规定定期清洁,如有积垢,可用洁布蘸汽油擦拭,但必须切断电源。

(9) 电刷弹簧如变软或折断,应更换新件。

二、与起动机相关的实车现象及维护

(一) 起动不良

1. 现象描述

(1) 起动时电机不工作(没有声音)。

(2) 起动时“哒咯,哒咯”响,而发动机不起动。

(3) 起动机起动时啮合状态下发动机旋转吃力。

2. 检查调整

当汽车出现上述现象时,需根据表 6-11 进行检查。

表 6-11　起动不良的故障排除

实车现象	检查部位		故障原因	解决措施
起动不良 起动无力	点火开关接触状态		断线 接触不良	修正 更换点火开关
	电池接线端子拧紧状态		腐蚀 松动	修正 拧紧
	电瓶电压状态		放电 内部短路	更换电瓶
	主保险丝状态		接触状态 断线	拧紧 更换保险丝
	起动机继电器状态		接触不良 工作不良	修正 更换起动机继电器
	本身接地状态		腐蚀 喷漆 松动	修正 重拧紧
	起动机“S”端子接触状态		断线 接触不良	修正

续表

实车现象	检查部位		故障原因	解决措施
	起动机“B”端子螺母拧紧状态		松动 烧毁	拧紧 更换
	起动机外观杂物状态(机油,泥水)		杂物污染	清洁

（二）啮合时产生噪音及不能啮合

1. 现象描述

(1) 起动时“咯碌碌”响,发动机不旋转。

(2) 起动后回位时产生“咯碌碌”的噪音。

2. 检查调整

当汽车出现上述现象时,需根据表 6－12 进行检查。

表 6－12　起动机啮合故障排除

实车现象	检查部位		故障原因	解决措施
啮合时产生噪音及不能啮合	起动机安装拧紧状态		安装偏 型号不正确	修正 更换
	起动机安装板状态		安装口偏心	更换安装板
	发动机齿圈状态		齿轮倒角不良(反倒角,无倒角,倒角形状不良) 松动	维修
	起动机起动齿轮状态		驱动齿轮没有倒角	更换

（三）起动机连续工作

1. 现象描述

起动后起动轮不回位，继续旋转。

2. 检查调整

当汽车出现上述现象时，需根据表 6 - 13 进行检查。

表 6 - 13　起动机连续工作的故障排除

实车现象	检查部位		故障原因	解决措施
啮合时产生噪音及不能啮合	点火开关状态		卡住 不回位 使用自配的钥匙	点火开关更换
	起动机继电器工作状态		接点不离开	起动机继电器更换

任务 6.4　灯光信号装置的维护

李先生的汽车前大灯不亮了，准备自己动手换灯泡。当配件商家拿出琳琅满目的灯泡后，李先生傻眼了，为了保险起见还是请维修师傅换灯泡。汽车灯光种类繁多，为了准确保养，必须正确认识各类车灯的作用和类型。

一、汽车照明灯的种类及用途

为保证汽车行驶安全性，减少道路交通事故的发生，汽车上都安装有照明设备和灯光信号装置，俗称灯系，它已成为汽车上不可缺少的一部分，如图 6 - 28 所示。

图 6－28　汽车上各种车灯

照明设备主要用于夜晚照明道路、标示车辆宽度、照明车厢内部、仪表及夜间检修等。汽车照明灯根据安装位置和用途不同，一般可分为外部照明装置和内部照明装置。汽车照明灯的种类、特点及用途如表 6－14 所示。

表 6－14　汽车照明灯的种类、特点及用途

种类	外部照明灯			内部照明灯		
	前照灯	雾灯	牌照灯	顶灯	仪表灯	行李厢灯
安装位置	汽车头部侧有两灯、四灯	汽车头部、尾部	汽车尾部牌照上方或左右	汽车内部	汽车仪表板内部	行李厢内部
工作特点	白色常量远近光变化	黄色或白色单丝常亮	白色常亮	白色常亮	白色常亮	白色常亮
功率	40～60 W	前 45 W 后 21 W 或 6 W	5～10 W	5～15 W	2 W	5 W
用途	为驾驶员安全行车提供保障	雨、雪、雾天保证有效照明及提供信号	用于照亮汽车尾部牌照	用于夜间车内照明	用于夜间观察仪表时的照明	为行李厢提供照明

二、汽车信号灯的种类及用途

汽车上信号装置的作用是通过声响和灯光向其他车辆的司机和行人发出警告，以引起

注意，确保车辆行驶安全。主要包括声音信号装置和灯光信号装置。灯光信号装置包括转向信号、制动信号、示廓信号灯以及危险警告信号等。

汽车信号灯的种类、特点及用途如表 6－15 所示。

表 6－15　汽车信号灯的种类、特点及用途

种类	转向灯	制动灯	小灯	尾灯	指示灯	报警灯
安装位置	汽车头部、尾部两侧	汽车尾部	汽车头部两侧	汽车尾部	仪表板上	仪表板上
工作特点	黄色闪亮 左右变化	红色 制动时亮	白色或黄色 常亮	红色常亮	绿色或蓝色 常亮	红色或黄色 常亮
功率	21 W	21 W	5 W	5 W	2 W	5 W
用途	指示车辆行驶趋向	对尾随车辆发出防碰撞信号	从前面标示车辆形状和位置	从后面标示车辆形状和位置	用于指示汽车一些系统的工作状态	警示汽车上某系统处于不良或特殊工作状态

扫一扫见微课“奥迪灯光检查”

一、前照灯的检测与调整

为保证前照灯的性能，应及时对前照灯进行检测和调整。前照灯的检验可采用屏幕法检验和前照灯检查仪检验两种方法。

检验调整前汽车应空载停放在平整的场地上，前照灯总成应清洁，屏幕与场地应垂直，轮胎气压符合规定，并且驾驶室内只允许乘坐一名驾驶员。

根据《机动车运行安全技术条件》(GB 7258—2017)的规定，机动车在检验前照灯的近光光束照射位置时，前照灯在距离屏幕 10 m 处，光束明暗截止线转角或中点高度应为0.6～0.8H(H 为前照灯基准中心高度)，其水平方向位置向左、向右偏差均不得大于 100 mm。

四灯制前照灯其远光单光束灯的调整，要求在屏幕上光束中心离地高度为 0.85～0.90H，水平位置要求左灯向左偏差不得大于 100 mm，左灯向右偏差和右灯向左、向右偏差均不得大于 170 mm。

对于安装两只前照灯的机动车，每只灯的发光强度在用车应为 15 000 cd 以上，新车应为 18 000 cd 以上；对于安装四只前照灯的机动车，每只灯的发光强度在用车应为 12 000 cd 以上，新车应为 15 000 cd 以上。

注：发光强度简称光强，国际单位是 candela(坎德拉)简写 cd。

(一) 用屏幕法检验前照灯的配光性能

1. 检测的准备

《机动车运行安全技术条件》(GB 7258—2017)规定，用屏幕法检测前照灯光束照射位置时，检查用场地应平整，屏幕与场地应垂直，被检验的车辆应在空载、轮胎气压正常、乘坐

一名驾驶员的条件下进行。

屏幕上画有三条垂直线和三条水平线，如图 6－29 所示。

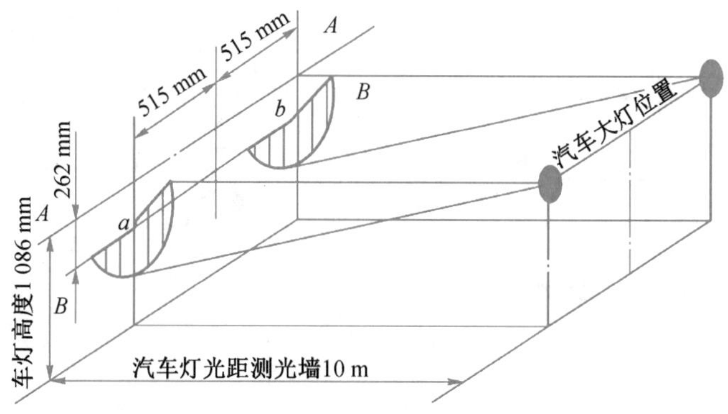

图 6－29　前照灯的屏幕法检查

中间垂直线 V－V 与被检车辆的纵向中心垂直面对齐。

两侧的垂直线 VL－VL 和 VR－VR 分别为被检车辆左右前照灯基准中心的垂直线。

水平线中的 h－h 线与被检车辆前照灯的基准中心等高，距地面高度为 H；H 为被检车辆前照灯基准中心距地面的高度，其值视被检车型而定。

中间水平线与被检车辆前照灯远光光束的中心等高，距地面高度为 H_1，$H_1=0.85\sim0.90H$。

下侧水平线与被检车辆前照灯近光光束的中心等高，距地面高度为 H_2，$H_2=0.60\sim0.80H$。

2. 检测方法

检测时，先遮盖住一边的前照灯，然后打开前照灯的近光开关，未被遮盖的前照灯的近光明暗截止线转角或光束中心应落在图中下边水平线与 VL－VL 或 VR－VR 线的交点位置上，否则为光束照射位置偏斜。其偏斜方向和偏斜量可在屏幕上直接测量。用同样方法，检测另一边前照灯近光光束照射位置。

根据检测标准，检测调整前照灯光束的照射位置时，对远、近双光束灯应以检测调整近光光束为主。对于远光单光束前照灯，则要检测远光光束的照射位置。其光束中心应落在中间水平线与 VL－VL 或 VR－VR 线的交点位置上。

用屏幕法检测前照灯简单易行，但只能检测出光束的照射位置，不能检测发光强度。为适应不同车型的检测，需经常更换屏幕，检测效率低，同时需要占用较大场地。因此目前广泛采用前照灯校正仪对汽车前照灯进行检测。

（二）用检测仪检测前照灯的发光强度和配光性能

前照灯检验仪大多采用光电池感光。把光电池与光度计（电流表）连接起来，在适当的距离内使前照灯照射光电池，光电池会产生相应大小的电流，使光度计动作，便可测出前照灯的发光强度。

把光电池分割成上下左右四块，经前照灯照射后，各块光电池分别产生电动势，其差值可以使上下偏斜指示计或左右偏斜指示计产生动作，从而判断出光轴位置，如图 6－30 和图

6－31 所示。

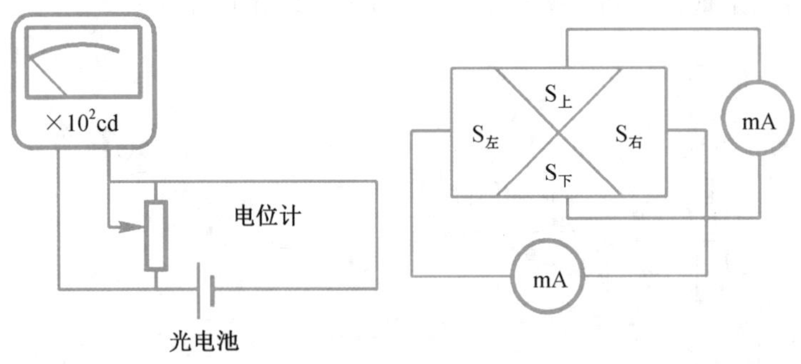

图 6－30　前照灯检测原理

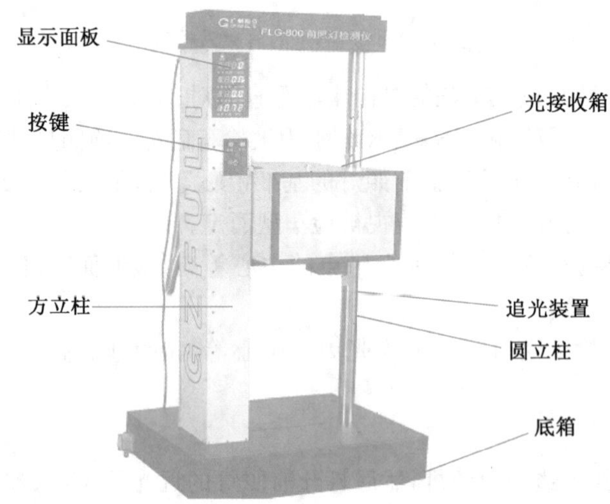

图 6－31　全自动前照灯远近光检测仪结构

1. 检测前仪器及车辆准备

(1) 检测仪受光面应清洁。

(2) 对手动式前照灯检测仪应检查其电池电压是否在规定范围内。

(3) 轨道内应无杂物，仪器移动轻便。

(4) 前照灯应清洁。

2. 检测程序

用自动式前照灯检测仪检验时：

(1) 车辆沿引导线居中行驶至规定的检测距离处停止，车辆的纵向轴线应与引导线平行，如不平行，车辆应重新停放，或采用车辆摆正装置进行拨正。

(2) 置变速器于空挡，车辆电源处于充电状态，开启前照灯的远光灯。

(3) 给自动式前照灯检测仪发出起动测量的指令，仪器自动搜寻被检前照灯，并测量其远光发光强度及远光照射位置偏移值。

注：前照灯远光照射位置偏移值检测仪对远光光束能单独调整的前照灯进行。远光光束能单独调整的前照灯是指手工或通过使用专用工具能够在不影响近光光束照射角度的情

况下调整远光光束照射角度的前照灯，通常情况下远近光束一体的前照灯其远光光束照射角度不能单独进行调整。

(4) 被检前照灯转换为近光光束，自动式前照灯检测仪自动检测其近光光束明暗截止线转角(或中点)的照射位置偏移值。

(5) 按上述(3)(4)步骤完成车辆所有前照灯的检测。

(6) 在对并列的前照灯(四灯制前照灯)进行检测时，应将与受检灯相邻的灯遮蔽。

用手动式前照灯检测仪检测时，参照上述方法进行。

3. 注意事项

(1) 停车位置要准确，车身纵向中心线要垂直于前照灯受光面。

(2) 前照灯检测仪正在移动或将要移动时，严禁车辆通过。

(3) 检测完毕后车辆要及时驶离，车身不得长时间挡住轨道。

(三) 前照灯的调整

前照灯光轴方向偏斜时，应进行调整，帕萨特汽车大灯调节螺栓位置见图 6－32 所示。先旋转螺栓 2 进行高度调整，直至合适位置，再旋转螺栓 1 进行左右调整(有的车型不可左右调整)。

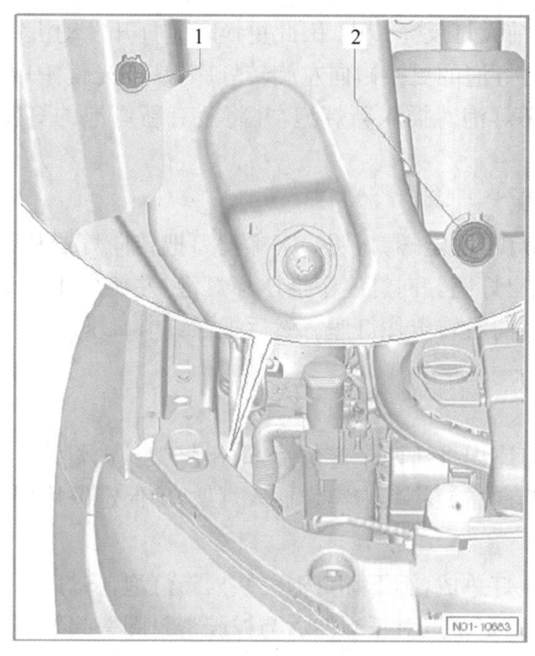

1－左右调整螺栓；2－高度调整螺栓

图 6－32　帕萨特轿车前照灯调整螺栓

二、灯泡的更换

1. 前大灯灯泡的更换

(1) 将点火开关置于“OFF”位置，打开发动机盖。

(2) 灯泡冷却后拧下大灯固定螺栓，如图 6－33 所示。

(3) 分离导线连接器。

(4) 拆下防尘盖。

(5) 按下安全弹簧，拆下灯泡，用同容量灯泡更换，如图 6－34 所示。

图 6－33　前大灯固定螺栓

图 6－34　更换灯泡

(6) 按拆卸的相反顺序安装。

2. 驻车灯灯泡的更换

驻车灯灯泡安装在前大灯反光镜中，因此更换时应打开发动机罩。更换右侧驻车灯时，应先拆去灯罩(见前大灯灯泡的更换)，向左旋转灯座，从反光镜中取出灯座，向灯座内推压灯泡并向左旋转，取出坏灯泡。插入新灯泡，并将装有新灯泡的灯座装回反光镜中向右旋转。最后安装好灯罩。

3. 前转向灯的更换

用螺丝刀拧出转向灯罩固定螺钉，用一字螺丝刀把转向灯罩从螺丝孔一侧小心地向前撬开，将灯座向左旋，取出灯座。向灯座中推压坏灯泡，左旋拉出坏灯泡。装入新灯泡向右转将其卡住。装上灯座，向右转卡住灯座。然后把螺钉卡口压入车身上的螺钉孔中，拧上转向灯罩固定螺钉。

4. 尾灯的更换

打开行李舱盖，向灯座内推压两个定位片，取出灯架。向灯座内推压坏灯泡，向左转取出坏灯泡。装入新灯泡，向右旋将其卡牢。插入灯架，确保定位片到位。

5. 牌照灯的更换

拆下灯罩，拉出牌照灯总成，拆下坏灯泡。装入新灯泡，将灯座和灯罩装在一起(灯泡上的定位点必须与灯座上的定位点对正)，然后与橡胶密封圈一起装入，拧紧灯罩固定螺钉，但不能拧得太紧。

6. 车内照明灯的更换

小心地向灯的中心推压与灯相对的定位弹簧，拆下车内照明灯总成，取出坏灯泡，换上新灯泡后，先将车内照明灯总成带开关的一侧装上，再将定位弹簧卡牢。

7. 行李舱灯的更换

从行李舱灯前面的凹坑中插入螺丝刀，小心地将灯撬下来。换上新灯泡，并将其从有导线接头的一侧装上。

三、氙式灯泡更换注意事项

(1) 灯泡冷却后更换。

(2) 不要用手触摸玻璃部分。

(3) 要小心,防止刮碰或摩擦。

(4) 如果在灯泡亮的状态下,则要防止液体喷洒到灯泡表面。

(5) 灯泡只有安装到大灯座上时才能亮。

(6) 更换灯泡时,请戴上保护镜。

四、车灯小毛病的处理方法

车灯是汽车的眼睛,除了美观以外,对行车安全也尤为重要。如果出现一些小毛病,需要及时修理。

1. 灯光暗淡原因分析

主要症状为灯光发红而暗淡。原因是蓄电池充电不足,或连接线接触不良。

另外以下原因也会导致灯光暗淡:

(1) 搭铁不良;

(2) 散光玻璃或反光镜上积有尘垢;

(3) 灯泡玻璃表面发黑,灯泡光度低于规定要求,灯泡灯丝不位于反射焦点上而引起散光;

(4) 导线过细,电阻增大,导线过热,影响导电等。

2. 处理方法

(1) 检查蓄电池存电是否充足,如存电不足,应充电。

(2) 检查连接线和搭铁线接头是否松动,如松动应清除锈蚀,用砂纸磨光后固定牢靠。

(3) 检查大灯导线,如过细,应更换标准导线。

(4) 检查灯光玻璃和反射镜尘垢,并用绒布或用镜头纸擦拭干净。

(5) 检查灯丝。灯丝不在反射镜焦点上,应更换灯泡。如果车灯有更严重的失灵情况,最好还是去维修店进行保养维修。

任务 6.5　组合仪表的维护

2013 年 1 月 15 日,车主孙先生送车来保养。按照保养要求进行了组合仪表检查,发现仪表显示车速表有偶发性失灵,建议车主更换组合仪表。

一、汽车仪表类型

汽车仪表由各种仪表、指示器,特别是驾驶员用警示灯报警器等组成,为驾驶员提供所需的汽车运行参数信息。按汽车仪表的工作原理不同,可大致分为三代。第一代汽车仪表是机械机芯表;第二代汽车仪表称为电气式仪表;第三代为全数字汽车仪表,是一种网络化、智能化的仪表,其功能更加强大,显示内容更加丰富,线束连接更加简单。

目前的汽车仪表多为第三代仪表,它可以通过步进电机来驱动基表指针,也可以利用LCD液晶屏直接显示图形或文字信息。同时它还有智能处理单元,可以与汽车其他控制单元交互信息,如图6-35所示为大众帕萨特仪表。

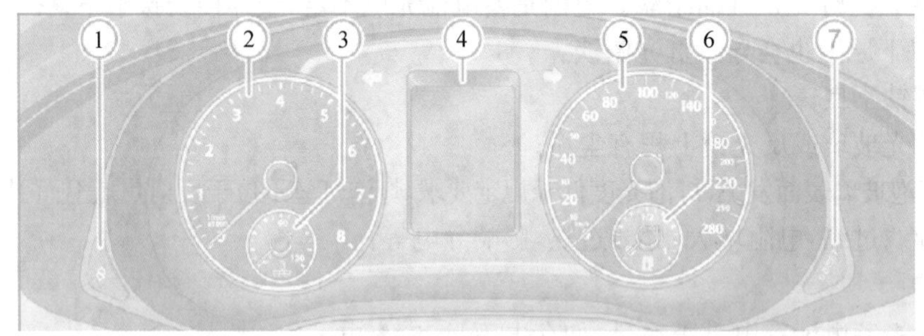

1-调节按钮;2-转速表;3-发动机冷却液温度表;4-综合显示屏;
5-车速表;6-燃油存量表;7-复位按钮

图6-35　大众帕萨特汽车仪表

汽车仪表的功能就是获取需要的数据并采用合适的方式显示出来。以前的仪表一般限制在3～4个量显示和4～5个警告功能,现在新式仪表则达到有约15个量显示和约40个警告监测功能。不同的信息有不同的获取方式和显示方式,目前新式仪表信息获取方式主要有三种:通过车身总线传输、通过A/D采样转化和通过I/O状态变化获取。

对于显示方式,主要有五种方式:

(1) 通过驱动步进电机带动指针转动;

(2) 通过点阵LCD显示屏显示图形或数字信息;

(3) 通过段式LCD屏或数码管显示;

(4) 通过LED灯的开关显示;

(5) 通过蜂鸣器的不同鸣音指示当前状态。

二、汽车仪表

汽车仪表是反映车辆各系统工作状况的装置,如表6-16所示。传统的仪表是机械式的,而现代仪表已经改用电子式。就目前大部分车型来看,显示车速、发动机转速等信息的表头依旧采用了传统的指针式。

表 6-16　汽车仪表信息

序号	显示仪表	含义
1		1. 车外温度表：显示车外空气温度仪表，单位是摄氏度。 2. 瞬时油耗表：显示车辆某一瞬间油耗情况的仪表，单位是升/百千米(L/100 km)。 3. 自动挡挡位显示：用于指示自动挡挡位。
2		转速表：反映发动机转速的仪表，通常设置在仪表板内，与车速里程表对称地放置在一起。一般转速表单位是千转/每分钟(1/min×1 000)，即显示发动机每分钟转多少千转。
3		1. 速度表：速度表是现代车辆必备的仪表之一，它显示的是汽车的时速，公制单位是千米/小时(km/h)。 2. 里程表：它是记录车辆行驶里程的仪表，多整合在速度表内。 3. 小计里程表：记录车辆某一段短途行驶里程的仪表，多与里程表整合在一起，能够随时清零。
4		1. 水温表：显示冷却液温度的仪表，单位是摄氏度。 2. 燃油表：显示油箱内的所存油量的仪表。“1/1”“1/2”和“0”分别表示满油、半箱油和无油，也有车型用“F”表示满油，“E”表示无油。

三、汽车警告灯

汽车仪表盘上有很多警告灯，正常情况下它们在发动机起动时点亮几秒钟，然后熄灭。但有时会出现某个警告灯闪烁或持续点亮的情况，通常是提醒驾驶员车辆存在某种不正常的情况，应当尽快采取适当的措施，以防问题进一步加重。

汽车警告信息可分为两类：一级警告信息，红色警告灯，符号闪烁或亮起(可能伴有声音警告)，此类信号说明汽车存在故障，继续行驶存在危险，应检查有故障的功能并排除故障；二级警告信息，黄色警告灯，符号闪烁或亮起(可能伴有声音警告)，此类信息说明汽车功能失效或缺失油液，会导致汽车损坏和汽车失灵，应尽快检测有故障的功能。汽车常见警告灯及含义如表 6-17 所示。

表 6-17　汽车常见警告灯及含义

序号	符号	含义
1		制动液液位过低或制动系统有故障。

续表

序号	符号	含义
2		冷却液温度过高或冷却液液位过低，应停车让发动机冷却，并检查冷却液液位。
3		发动机机油压力过低，请关闭发动机，然后检查发动机机油液面高度。
4		至少有一扇车门开着或未正确关闭。
5		行李厢盖已打开或未正确关闭。
6		电动助力转向失效，请检修。
7		请系好安全带！
8		踩下制动踏板。
9		发电机有故障，请检修。
10		电子驻车制动器已接通。
11		制动摩擦片磨损，请检修。
12		亮起：ESP 有故障。 闪烁：电子稳定系统 ESP 正在调节或牵引力控制系统 ASR 已关闭。
13	OFF	牵引力控制系统 ASR 已手动关闭。

续表

序号	符号	含义
14	 ABS	防抱死制动系统 ABS 有故障，请检修。
15		驻车制动装置故障，请检修。
16		后雾灯已打开。
17		灯泡故障。
18		尾气排放控制系统有故障，请检修。
19	EPC	发动机控制系统有故障，请检修。
20		电动助力转向作用降低，请检修。
21		胎压过低。 轮胎气压监控系统：某个车轮的轮胎充气压力过低，请检查轮胎充气压力；或者有系统故障，请检修。
22		车窗玻璃清洗液罐中的液位过低。
23		燃油存量过低。
24		安全气囊系统故障，请检修。
25		左侧转向信号灯已打开。 右侧转向信号灯已打开。
26		请踩下制动踏板。

续表

序号	符号	含义
27		定速巡航系统已开启。
28		远光灯已打开。
29		保养周期指示器。

一、各种警告灯的检查

（1）当点火开关置于“ON”挡时，检查仪表上所有警示灯是否亮起，各系统进行自检。过几秒钟以后，如系统无故障，则各警示灯熄灭。将挡位挂入“P”挡时，检查挡位指示是否在“P”，如图 6 - 36 所示。

图 6 - 36　各系统进行自检

（2）SRS 警告灯的检查。

将点火开关置于“ON”挡时，所有警告灯都会亮起。如系统无故障，SRS 警告灯在亮起几秒钟后就自动熄灭。如果 SRS 警告灯在点火开关至“ON”挡时或起动发动机时不亮，或者亮起后不熄灭，则说明系统有故障，应进行维修，如图 6 - 37 所示。

图 6 - 37　SRS 警告灯的检查

(3) 安全带警告灯的检查。

如果点火开关置于"ON"挡时没有佩戴驾驶席安全带,或者点火开关在"ON"挡时分离驾驶席安全带,安全带警告灯根据车速持续点亮或闪烁,直到系好安全带,没有佩戴安全带低于 6 km/h 的速度行驶时,灯亮;当高于 9 km/h 的速度行驶时,警告灯闪烁;当高于 20 km/h的速度行驶时,警告灯闪烁,并且蜂鸣器持续作响约 100 s,如图 6-38 所示。

图 6-38　安全带警告灯的检查

(4) 车门未关闭警告灯的检查。

无论点火开关在何位置,车门没有完全关闭时,警告灯亮,如图 6-39 所示。

图 6-39　车门未关闭警告灯的检查

(5) 发动机机油压力警告灯的检查。

警告灯亮表示机油压力低,如图 6-40 所示。当点火开关在"ON"挡时,检查该警告灯是否常亮,如果常亮说明机油压力过低,应及时加注机油。如果不缺少机油,该警告灯会自行熄灭。

图 6-40　发动机机油压力警告灯的检查

(6) 发动机故障警告灯的检查。

点火开关置于"ON"挡时灯亮,并在发动机起动后几秒内熄灭,如图 6-41 所示。

如果点火开关置于"ON"时警告灯不亮或者在行驶过程中警告灯亮,说明系统存在故障。

图 6-41　发动机故障警告灯的检查

(7) ABS 警告灯的检查。

该警告灯在点火开关置于“ON”挡时亮，如果系统正常，3 秒后熄灭，如图 6-42 所示。如果警告灯持续亮、在行驶中亮或在将点火开关转至“ON”挡不亮，表明 ABS 有故障。

图 6-42　ABS 警告灯的检查

(8) 充电警告灯的检查。

显示发电机或充电系统故障。当点火开关在“ON”挡时，充电警告灯亮，当起动发动机以后，系统无故障时警告灯熄灭。如果充电系统在某处存在故障时，警告灯变亮，如图 6-43 所示。

图 6-43　充电警告灯的检查

(9) 驻车制动与制动油位低警告灯的检查。

无论点火开关在“START”位置还是“ON”位置，当驻车制动器拉起时，此警告灯亮起，表明警告灯工作正常；释放驻车制动器时，此警告灯熄灭。检查制动油位低警告灯是否亮起，如果该警告灯持续亮起，则表示制动液储油罐中的制动油位低，应及时添加，如图 6-44 所示。

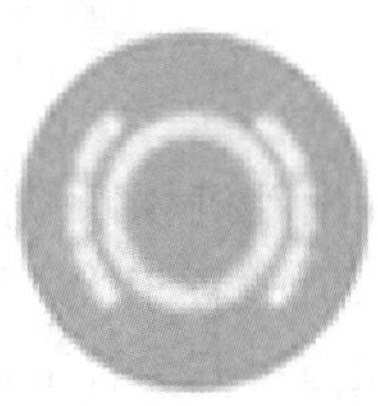

图 6-44　驻车制动与制动油位低警告灯的检查

（10）发动机温度警告灯的检查。

此警告灯指示点火开关位于“ON”挡时的发动机冷却水温度。

起动发动机后，该警告灯熄灭。如果发动机水温很高，超出正常范围，警告灯亮起，如图6－45所示。

图6－45　发动机温度警告灯的检查

（11）低燃油位警告灯的检查。

检查低燃油位警告灯。如果燃油箱内燃油量接近空时，该警告灯亮起，应尽快添加燃油，如图6－46所示。燃油量应在燃油表字母“F”和“E”之间。

图6－46　低燃油位警告灯的检查

（12）危险报警灯指示灯的检查。

按下危险报警灯开关，检查危险报警灯指示灯工作情况，如图6－47所示。

图6－47　危险报警灯指示灯的检查

二、各种指示灯的检查

（1）钥匙防盗系统指示灯的检查。

插入汽车钥匙，并将点火开关转到“ON”挡时，指示灯亮起。此时，可以起动发动机，发动机运转后此指示灯应熄灭，如图 6 - 48 所示。

图 6 - 48　钥匙防盗系统指示灯的检查

(2) 发动机转速表与车速表的检查。

起动发动机，将换挡杆置于“P”挡位置，踩下油门踏板，观察发动机转速表指针摆动情况，指针应摆动灵活。将换挡杆从“P”挡挂入前进挡位，随着车速的上升，车速表指针也随之摆动，如图 6 - 49 所示。

图 6 - 49　发动机转速表与车速表的检查

(3) 挡位指示灯的检查。

起动发动机，挡位从“P”挡开始逐步换挡，观察挡位指示灯的情况，应与所换挡位相对应，如图 6 - 50 所示。

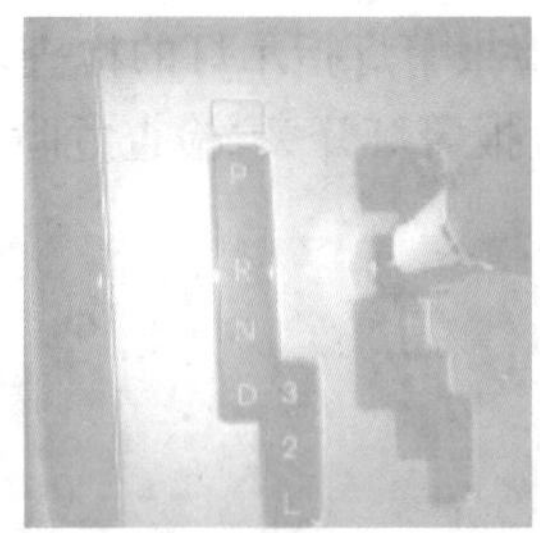

图 6 - 50　挡位指示灯的检查

(4) 转向指示灯的检查。

将车辆放正，向下移动信号转换开关，这时左转信号灯(左前、左后)均工作，左转向指示灯点亮；然后将信号转换开关置于中间位置，向上移动信号转换开关，这时右转信号灯(右前、右后)均工作，右转向指示灯点亮，如图 6 - 51 所示。

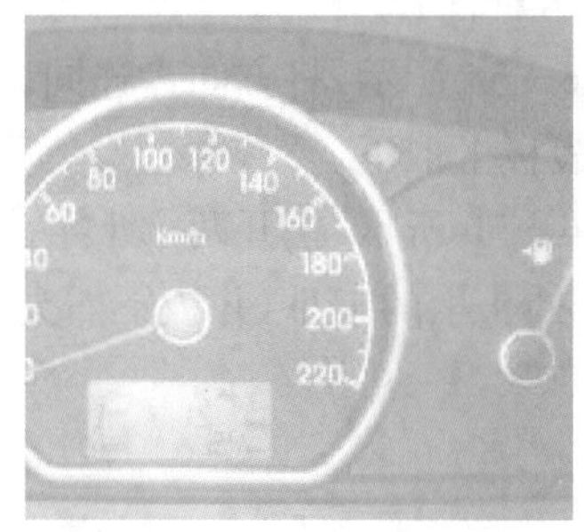

图 6－51　转向指示灯的检查

（5）前后雾灯指示灯的检查。

打开雾灯开关，检查雾灯指示灯工作情况，指示灯应点亮，如图 6－52 所示。

图 6－52　前后雾灯指示灯的检查

（6）远光信号指示灯的检查。

当大灯亮且处于远光状态或灯光操纵杆置于闪烁超车位置时该指示灯亮，如图 6－53 所示。

图 6－53　远光信号指示灯的检查

三、组合仪表的拆装

组合仪表不可分解。拆装组合仪表时，不需拆下方向盘，但为清楚起见，下面图中均未画出方向盘。

拆卸组合仪表前，先查询故障代码，另外，还要用 V. A. G1551 检查技术保养周期显示和里程表显示，并记下显示值。

1. 组合仪表的拆卸

如图 6－54 所示，将方向盘连同调整装置全部拉出并向下调整，向上压护板的侧面并将护板从仪表板上取下。

如图 6－55 所示，松开两个十字头螺钉，向前拉出组合仪表。切断组合仪表后部的电线扎带，松开插头上的卡爪，并拔下插头。

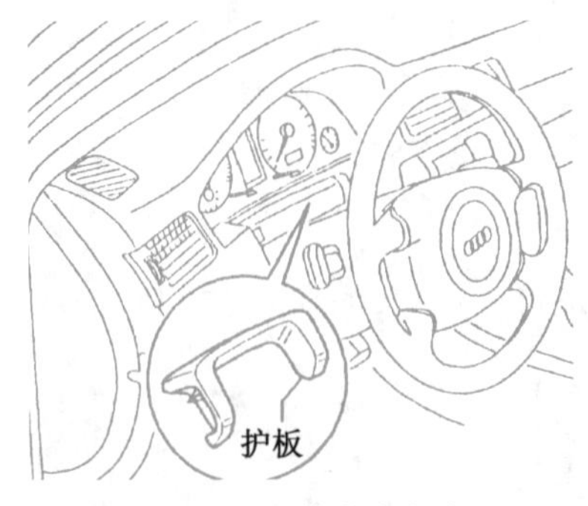

图 6－54　拉出方向盘

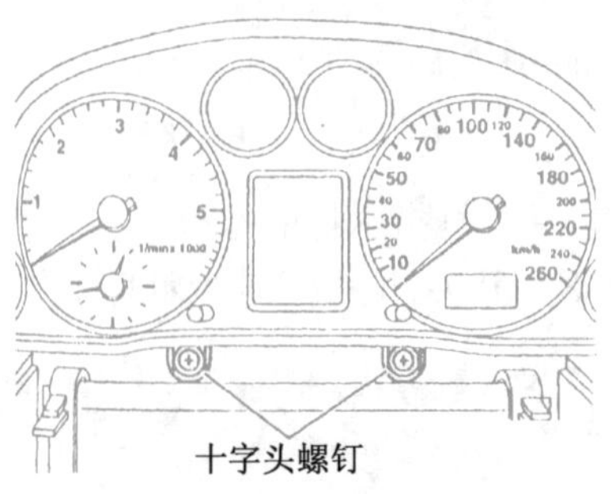

图 6－55　组合仪表

2. 组合仪表的安装

插好插头并将线束固定到组合仪表后的夹紧装置上。安装按与拆卸相反的顺序进行。安装后检查功能。如果功能正常，编制组合仪表代码，进行防盗器控制单元、保养周期显示和里程表显示自适应。

任务 6.6　空调系统的维护

2011 年 5 月 29 日，车主赵先生来到 4S 店反映，最近天气转热，发现汽车空调制冷效果不明显，而且出风口有异味。经问询，该车车龄已有两年半，空调有数月未用。汽车空调重在日常检查与维护，并且每年需要检查清洗空调滤清器。

扫一扫可见微课“更换空调滤清器”

汽车空调系统采用的空气净化装置通常有空气过滤式和静电集尘式两种。

空气过滤式空气净化装置在空调系统的送风和回风口处设置空气滤清装置，它仅能滤除空气中的灰尘和杂物。其结构简单，只需定期清理过滤网上的灰尘和杂物即可，故广泛用于各种汽车空调系统中，如图 6－56 所示为汽车空调滤清器。

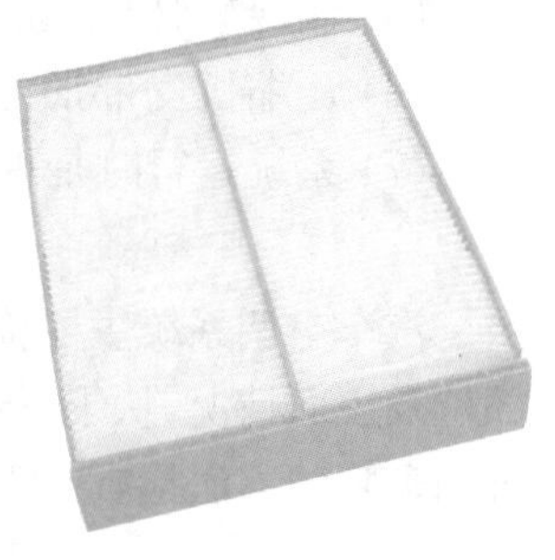
图 6－56　汽车空调滤清器

静电集尘式空气净化装置则是在空气进口的过滤器后再设置一套静电集尘装置或单独安装一套用于净化车内空气的静电除尘装置。它除具有过滤和吸附烟尘等微小颗粒的杂质作用外，还具有除臭、杀菌、产生负氧离子以使车内空气更为新鲜洁净的作用。

维护操作

一、汽车空调的正确使用

汽车空调工作环境恶劣，汽车发动机的高温，汽车振动和负荷变化都会影响空调的正常运行。正确使用汽车空调可以有效延长空调使用寿命。

(1) 起动发动机时，空调开关应处于关闭位置，发动机熄火后，也应关闭空调，以免蓄电池电量耗竭。

(2) 夏日应避免直接在阳光下停车暴晒，尽可能把车停在树荫下。在长时间停车后车厢内温度很高的情况下，应先开窗及通风，用风扇将车内热空气赶出车厢，再开空调。开空调后车厢门窗应关闭，以降低热负荷。

(3) 不使用空调的季节，应经常开动压缩机，避免压缩机轴封处因油淤而泄漏，也避免转轴因油干而咬死。

(4) 长距离上坡行驶，应暂时关闭空调，以免水箱开锅。超车时，若本车空调无超速自动停转装置，则应关闭空调。

(5) 使用空调时，若风机开在低速挡，则冷气温度开关不宜调得过低，否则易使蒸发器结霜，产生风阻，而且容易出现压缩机液击现象。

(6) 在空调运行时，若听到空调装置有异常响声，如压缩机响、风机响、管子爆裂等，应立即关闭空调，并及时请专业维修人员检修。

二、汽车空调的检查保养

1. 主要检查与保养内容

检查时应将汽车停放在通风良好的场地上，如果需要开动压缩机，则应保持压缩机转速为 2 000 r/min 左右，空调风机开最高速，车内空气为内循环。

(1) 制冷剂是否存在泄漏。

(2) 制冷量是否正常。

(3) 各控制元件工作是否正常，电路是否能接通。

(4) 冷凝器是否通畅,有没有明显污垢、杂物。

(5) 制冷软管是否正常,各连接处连接是否牢靠。

(6) 压缩机皮带张力是否正常。

(7) 系统运行时是否有异常响声和气味。

2. 主要检查方法

汽车空调系统主要检查方法包括:用手感检查各部分温度是否正常,用肉眼检查泄漏部位及表面情况,从干燥器视窗判断系统状况,用断开和接合电路方法检查电器部件,用耳听和鼻嗅的方法检查是否有异常响声和气味等。

三、各制冷部件及控制机构的检查

扫一扫见微课"汽车空调工作原理"

1. 检查压缩机

起动压缩机,进行下列检查:

(1) 如果听到异常响声,说明压缩机的轴承、阀片、活塞环或其他部件有可能损坏,或润滑油量过少。

(2) 用手摸压缩机缸体(小心高压侧高温),如果进出口两端有明显温差,说明工作正常;如果温差不明显,可能制冷剂泄漏或阀片不紧。

(3) 如果有剧烈振动,可能皮带太紧,皮带轮偏斜,电磁离合器过松或制冷剂过多。

2. 检查制冷软管

看软管是否有裂纹、鼓包、油迹,是否老化,是否碰到尖物、热源或运动部件。

3. 检查换热器壳体

检查蒸发器壳体有无缝隙,冷凝器导风罩是否完好,冷凝器与水箱之间距离是否合理,蒸发器箱体内是否有杂质。

4. 检查压缩机皮带盘及连接皮带

调整齿形皮带张紧力的办法是齿形皮带张紧后直到运转时发出"啸"声,然后逐渐减小张紧力直到啸声消失为止。

5. 检查风机

检查风机工作时是否有异常声响,是否有异物塞住叶轮,是否碰到其他部件,尤其要检查冷凝器风扇电机的轴承是否缺油、咬住,压缩机运转时,冷凝器辅助风扇是否同步转动。

6. 定期检查压缩机油面

压缩机有视油镜的,察看油面是否在线以上。在侧面有放油塞的,可略松开放油塞,如果有油流出就是油量正好;若没有油流出,则需要添加润滑油。如果有油尺的,根据说明书规定用油尺检查。

四、制冷系统工作压力的检测

扫一扫见微课“汽车空调制冷系统维护”

制冷系统工作压力检测步骤如下：

(1) 将歧管压力计正确连接到制冷系统相应的检修阀上，如果是手动阀，应使阀处于中位。如图 6－57 所示。

(2) 关闭歧管压力计上的两个手动阀。

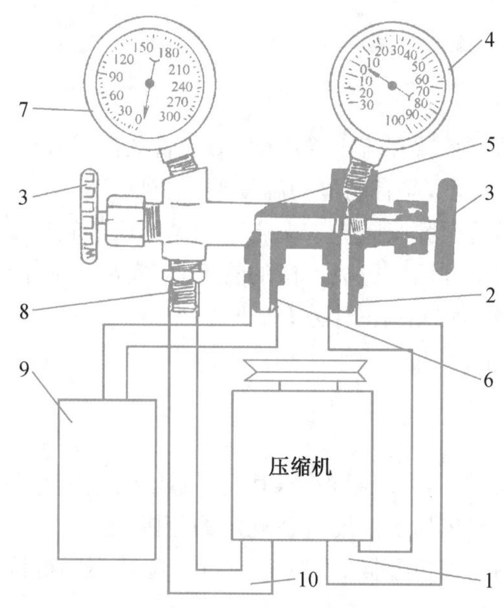

1－低压检修阀；2－低压软管；3－高、低压手动阀；4－低压表；5－表阀；6－中间软管；7－高压表；8－高压软管；9－储油罐；10－高压检修阀

图 6－57 压力表组

(3) 手动拧松歧管压力计上高低压注入软管的连接螺母，让系统内的制冷剂将高低压注入软管内的空气排出，然后再将连接螺母拧紧。

(4) 起动发动机并使发动机转速保持在 1 000～1 500 r/min，然后打开空调 A/C 开关和鼓风机开关，设置到空调最大制冷状态，鼓风机高速运转，温度调节到最冷。

(5) 关闭车门、车窗和舱盖，发动机预热。

(6) 把温度计插进中间出风口并观察空气温度，在外界温度为 27 ℃时，运行 5 min 后出风口温度应接近于 7 ℃。

(7) 观察高低压侧压力，压缩机的吸气压力应为 207 Pa～24 kPa，排气压力应为1 103～1 633 kPa。

四、空调系统定性、定量检查

（一）定性检查

（1）温度检测。压缩机吸入管有冻手的感觉，而排出管有烫手的感觉，两管之间有明显的温差。

（2）在储液干燥器检视窗观察，如图 6-58 所示。通过观察可知，90%和 100%的储液干燥器内是透明的，而且用手可感觉到进、出口管道的温度均匀一致。

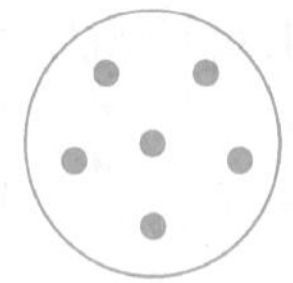
(a) 制冷剂不足

(b) 制冷剂严重不足

(c) 制冷剂过多

(d) 干燥剂已分散

图 6-58　储液干燥器视窗检查

（3）检查比较冷凝器流入管和流出管温度，流入管的温度较流出管的温度高。

（4）检查膨胀阀前后温度，应有明显的温度差，前热后冷。

（5）检查冷凝器流出管至膨胀阀输入端之间的高压区的管道及部件温度，应均匀一致。

（6）检查膨胀阀流出口到压缩机吸入口的管道，应有冰手而不结霜的感觉，即使结霜也立即融化。用目测只能看到化霜后的小水珠。

（7）冷气出口有冰凉的感觉。

（二）定量检查

（1）压力检测。用高、低压力表组检测，其高、低压力应符合规定的范围。

（2）温度检测。中央出风口的温度应在规定的范围内。

（3）由于各车所用的压缩机不同、冷凝器的布置位置不同等因素的影响，高、低压力值可能相差较大。

（4）系统中蒸发器、冷凝器的匹配参数不同，每种车出风口温度也相差较大。

（三）制冷系统性能试验

（1）连接好转速表和歧管压力计；

（2）起动发动机，使压缩机的转速保持在 2 000 r/min 左右；

（3）使空调系统处于最大制冷状态，送风机处于最高风量挡位置；

（4）打开所有车门，车窗及发动机盖，并将干球温度计放在空调器冷气出口处，将湿球温度计放在冷气装置风机的进风口；

（5）发动机运转 15 min 后，温度计指示值及系统中高低数值应符合标准。

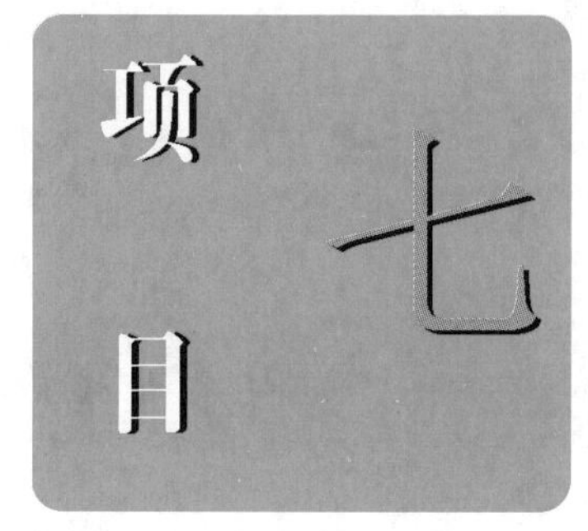

车身的维护与保养

(1) 了解车漆的类型和作用;各种车身功能的特点以及发展方向。

(2) 熟悉车漆保养的要点;车漆保养的流程;车身功能的使用和检查;天窗的结构;车身检查流程。

(3) 掌握车漆保养操作;座椅、安全带的调整和使用;汽车雨刮的检查与更换;天窗的检查和维护操作。

为了保证轿车车漆的整洁靓丽,需要了解车漆的类型和作用,掌握各种车漆的特点和鉴别方法,正确保养轿车车漆。为了保证汽车的安全性和舒适性,需要定期检查车身的各项功能是否完好。

项目	项目内容	参考课时/h			
		教学课时	实训课时	小　计	合　计
7.1	车漆保养	1	1	2	6
7.2	车身结构及功能检查	2	2	4	

任务 7.1 车漆保养

王先生来4S店做汽车常规保养，细心的维修接待员发现该车漆面暗淡无光泽，根本不像只有一年车龄。经了解，王先生家住郊区，为了爱车干净整洁，每天都用河水洗车。维修接待员就告诉王先生，他的车经常用不洁净的河水清洗，破坏了车漆，使车漆失去光泽，建议王先生对车漆进行护理美容，并注意以后的洗车方法和频率。

汽车车身清洁主要清洁车身表面，使车身光洁亮丽。因此首先了解车漆的结构。

一、车身漆面的类型

（一）根据车身漆面的形成条件划分

1. 原厂漆面

新车涂膜经过2 000 ℃高温烘烤，在涂膜干燥过程中经过熔融和二次流平，涂膜干燥后具有镜面光泽，并且膜质坚硬、性能好，抗氧化、抗腐蚀能力高，性能稳定，色彩纯正。此外，新车在全自动化生产线上完成涂装，环境洁净，无粉尘污染，亦保证了车身漆面洁净无瑕疵。

2. 修补漆面

汽车原厂涂装漆面因意外碰撞受损后，为了恢复其外貌和装饰效果，采用压缩空气喷涂方法进行修补，后经600 ℃左右的高温烘烤而成。因此修补漆面各项性能较原厂漆面差。此外，因修补部位、修补面积、修补涂料的选用以及技工操作水平的不同，修补漆面的质量或多或少存在差异、瑕疵。如果仔细观察，就可以发现修补漆面纹理不均一，有压缩空气喷涂时喷雾落点留下的痕迹（严重者呈桔纹状），以及局部漆面可能存在沙粒等。

3. 风干漆面

此类漆面属于修补后自然风干，未经烘烤，因此该漆面抗氧化、抗腐蚀性能差，半年左右就会褪色。目前很少应用。

（二）根据车身面漆漆膜构成划分

1. 单膜漆面

新车涂装和修补涂装的漆膜构成相似，单膜漆面由里及外分为电泳底漆、中涂底漆和面漆三部分。其中面漆只是由一种材质的涂料，按工艺规范分2～3次喷涂，然后进行干燥处理而

获得。通常为素色(又称实色)，即黑、白、红、黄、奶白、浅黄等不掺和闪光材料(如铝粉、云母等)的各色涂料，多采用单膜喷涂技术，也就是我们常说的普通漆，这种漆面主要用于经济型车辆。

2. 双膜漆面

金属底色面漆涂装成膜后，涂膜表面没有洁亮的光泽感，双膜漆面就是在单膜漆面表面上再另外涂装透明清漆。透明清漆的出现有两个目的：一是增加漆的亮度和反光度；二是用以保护色漆层。透明漆含有减少紫外线照射的保护功能(色漆不含此功能)，只要透明层完好无损，就可有效地延缓色漆的老化(褪色)。这种漆膜就是我们常说的金属漆，其美容作业的操作性和效果较好。

3. 三膜面漆

三膜面漆是在双膜漆面上喷涂珍珠透明漆，涂装后漆面如同彩色照片烫压了一层透明塑料薄膜，既能保持色彩鲜艳持久，又能耐磨不变花。这种漆膜主要用于高档轿车。也就是我们常说的高档金属漆。

车身面漆漆膜构成分类如图 7－1 所示。

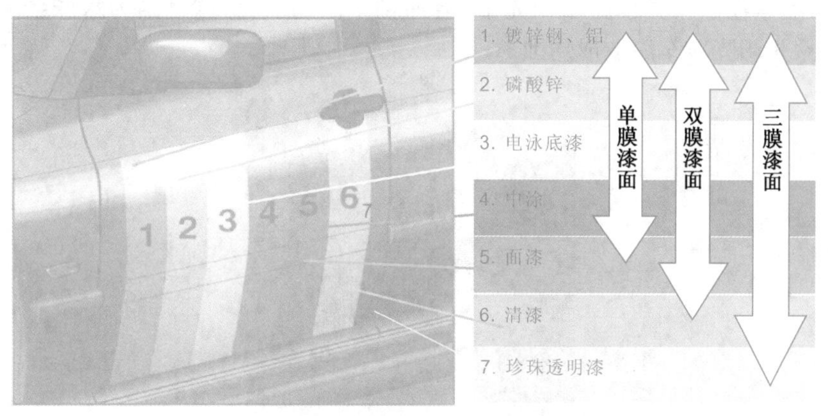

图 7－1　车身面漆漆膜构成分类

二、普通漆与透明漆的识别

1. 透明漆的特点

透明漆的特点有：

(1) 透明漆美观，光泽度很高。

(2) 透明漆护理得好坏，一般是通过“倒影线条”来反映的。

拿一张报纸，放在汽车漆前面，若能从透明漆反射的影中读报，说明此车的透明漆表层光滑如镜护理得好。而普通漆没有这种效果。

(3) 透明漆比普通漆更易受到环境污染的侵蚀。

如汽车尾气中排出的二氧化碳的炭黑、飞机航空油中飘落的杂物，还有酸雨、酸雾、酸雪等。一旦这些杂物落在车上，加上空气中的水分，它们随即会变成腐蚀透明漆的酸性溶液。稍一加温(阳光中的紫外线)，便开始发生化学反应，侵蚀汽车漆的保护层。一次、两次并不明显，但若长期不做护理，最终这种化学反应会侵蚀到面漆层、底漆层甚至金属层。

2. 普通漆与透明漆的识别方法

(1) 目测。透明漆光泽的层次比普通漆要深。

(2) 试验。用湿布沾一点研磨剂在车身上不显眼处擦几下，布上若有颜色，则是普通漆；反之，则是透明漆。

汽车漆面美容护理作业中，如果对漆面不易识别，可以按透明漆面对待。

三、造成车身漆面损伤的主要原因

首先来了解一下造成车身漆面损伤的主要原因。通常使用1年以上的车辆漆面可能会产生氧化膜、交通膜、龟裂、褪色、蚀痕、水痕纹和划痕等各种漆面缺陷。

1. 漆面氧化

阳光的常年照射是缩短车漆寿命的主要原因之一，阳光中的紫外线最终会造成汽车涂层氧化，氧化漆面如图7-2所示。汽车在太阳紫外线的照射下，漆膜不断地向空气中蒸发油分以达到保护自身的目的，长此以往会使漆面的油分过分散失，导致漆面的亮度和颜色深度都大大降低，漆面慢慢形成氧化层，车漆使用寿命缩短，出现车漆发暗、发白及无光泽现象。如果带有水渍的车身暴露于阳光下，会加剧车漆的氧化，这是因为水珠会成为天然的"凸透镜"，聚焦阳光对车漆造成灼蚀。

图7-2　被氧化的漆面

2. 交通膜

车辆在行驶中由于摩擦会产生强烈的静电。静电对灰尘、油污和化学粉尘吸附能力很强，慢慢会在车身表面形成一层坚硬的交通膜，这会导致漆面易发生氧化腐蚀。

3. 龟裂

龟裂通常发生在金属漆上，金属漆维护不当或老化后可能会产生一种非常细微的裂纹，裂纹会不断地加深，直至"击穿"整个漆层，这种现象叫作龟裂。龟裂的初期肉眼很难发现，因此当肉眼能观察到龟裂现象时，说明漆面的损伤已经比较严重。重新喷涂的金属漆，如果喷漆的施工质量有问题，车漆中的树脂可能会因"萎缩"而产生龟裂。

4. 水痕纹

水痕纹呈环状如图7-3所示，是水滴蒸发后留下的痕迹，几乎所有车辆都不同程度地存

在水痕纹。水痕中的化学物质在车身受到阳光照射而升温时，会继续与车漆发生化学反应，对车漆产生损害。漆面被氧化、有龟裂以及常用清洗剂清洗的车身表面更容易产生水痕纹。

图 7－3　车漆表面的水痕纹

5. 蚀痕

鸟类粪便、昆虫尸体、树叶以及焦油沥青等物质在车身表面驻留时间过长，就会缓慢地与车漆产生化学反应，开始侵蚀车漆，它们的侵蚀速度远比水痕快得多，所形成的漆面损伤称为蚀痕。

6. 褪色

大气中的污染物是造成车漆褪色、变色的主要原因。褪色、变色现象一般都发生在发动机舱盖、车顶和行李舱盖上。

褪色与氧化不同，发生氧化时，车身表面发暗、发白；而发生褪色时，车漆出现不均匀的色差。金属漆与色漆发生褪色的机理不同，金属漆的褪色是由于受污染的尘埃和雨水中的酸碱物等对金属漆中铝粉的腐蚀所引起的；色漆的褪色则是由于漆中的颜料与某些物质发生化学反应而导致颜色上的改变，有时会出现蚀痕。

7. 划痕

车漆划痕主要是由日常维护不当引起的，如擦车时，因车身表面灰尘中存在硬质颗粒状物质，导致在擦拭时造成漆面产生细小划痕，如图 7－4 所示。

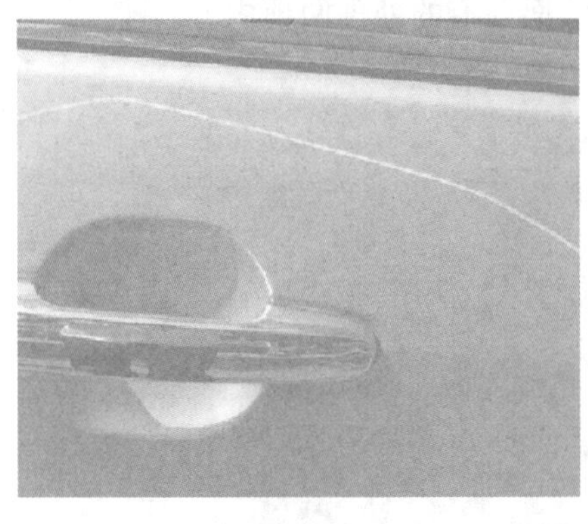

(a) 硬物划痕

(b) 树枝划痕

图 7－4　车漆划痕

8. 频繁的漆面美容养护容易造成车漆损伤

为何为了保护车漆而做的漆面美容养护，有时会对漆面造成损伤？这是因为，除了新车以外，为了去除前面所提到的各种漆面缺陷，在做封釉和镀膜之前，通常需要对漆面先进行抛光。即使是做车漆打蜡，如果漆面缺陷明显，为了达到最佳效果，也会先采取抛光工艺。漆面抛光可将存在缺陷的漆膜研磨掉，恢复漆面光泽，但同时也会在一定程度上使车漆变薄。并且，抛光施工工艺的操作要求很高，如果施工者不够专业，可能会直接将漆层磨透，对漆面造成不可修复的损伤，只能重新喷漆。因此，对车辆进行漆面美容养护时应注意以下两点：一是不应过于频繁地做漆面美容养护，应按照各工艺的理想周期进行；二是应选择正规专业的汽车美容店或维修企业进行施工。对于企业而言，提高专业程度、保证施工质量也是势在必行的。

四、车身漆面美容护理分类

在汽车美容业中，漆面美容主要分修复美容、护理美容及翻新美容三类。

1. 修复美容

汽车修复美容是指对喷漆后的漆面问题的处理。在没有专用喷烤设备的车间喷漆，或者有喷漆房，但喷漆房的通风净化不洁净的情况下，过滤系统会失效或喷漆房内的空气压差不稳。用于喷漆的压缩空气就会或大或小，致使修补漆的接口边缘出现流挂、尘埃、橘皮和干喷等现象。这些现象需经修复才能达到高质量的漆面效果。一般的修复工艺是先磨平再抛光。

2. 护理美容

护理美容是指汽车在正常使用中进行护理。目的是保护漆膜使漆面光泽持久，避免粗糙、失去弹性和光泽。汽车漆膜护理美容的施工工艺为先对车身进行清洗再打蜡上光。

3. 漆面翻新美容

漆面翻新美容是指受污染的漆面粗糙失光，不需喷漆，经过翻新美容后就能达到原来的效果。

旧车漆面翻新美容的施工工艺为：车身清洗→漆面研磨→漆面还原→打蜡上光或漆面封釉。

五、漆面美容的主要内容

漆面美容的主要内容有漆面失光的处理和漆面划痕的处理两项内容。

1. 漆面失光的处理

漆面失光（如图 7－5 所示）的处理方法：

图 7－5　漆面失光效果对比

(1) 自然氧化不严重或浅划痕导致的失光处理方法。自然氧化导致的失光，漆面无明显划痕。用放大镜观察漆面斑点较小。由于上述原因导致的漆面失光，通常可采用漆面翻新美容的方法进行处理。

(2) 自然氧化严重或透镜效应严重引起的失光。用放大镜仔细观察漆面，若发现漆面有较多的斑点，则说明漆面受侵蚀严重。由于上述原因导致的漆面失光，要求进行重新涂装翻新施工。

2. 漆面划痕的处理

车身漆面划痕可分为以下几种：

(1) 浅划痕。仅伤及表层的清漆透明层，对面漆的危害不大。浅划痕的处理可以通过研磨、抛光的方法进行修复。

(2) 深划痕。划痕伤及面漆层甚至金属层。目前深划痕的基本修复方法主要有漆笔修复法、喷漆法和电脑调漆喷涂法。

(3) 创伤划痕。金属层受到严重伤害的划痕。这种划痕较严重无法用研磨的方法修复，一般需要通过补漆的方法修复。

综上所述，对漆面美容的目的有两个，一是去划痕和氧化物；二是恢复漆面原有的亮度，达到镜面效果。因此要根据漆面的实际情况，选择不同的施工方法，用最好、最有效、最简单的方法，达到上述两个目的。对较难处理的漆面状况应仔细分析，采用最恰当的方式先试行再处理，切不可鲁莽行事。通过介绍汽车漆面美容护理中研磨、抛光与还原三个主要作业项目的步骤，进一步分析漆面失光与划痕处理的处理方法。

任务 7.2　车身结构及功能检查

某天中午，维修接待员小张接到车主李先生的电话，抱怨说他上周刚提的车竟然出故障了。小张耐心询问得知，李先生当天接了个朋友去机场，到了机场后朋友被困在后座上打不开车门，经过一番折腾，他才从外面打开车门。小张判断是该车的儿童安全锁在不经意之间被启用了，于是给李先生耐心解释了儿童安全锁的作用和使用方法。

车身结构包括外部结构和内部结构两部分，如图 7－6 和图 7－7 所示。车辆在使用一定时间后需要对车身部件的安装状况和外观进行检查，以保证汽车的安全性和美观，而熟悉车身的结构是做好车辆维护的前提。

一、车外部件

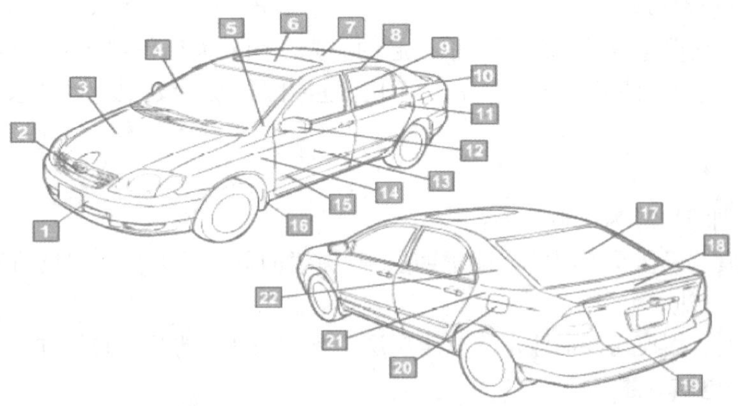

1 -保险杠；2 -散热器护栅；3 -发动机盖；4 -挡风玻璃；5 -前柱；6 -天窗；7 -车顶板；8 -门框；9 -中柱；10 -门窗玻璃；11 -外侧门把手；12 -后视镜；13 -门板；14 -前翼子板；15 -防擦条；16 -挡泥板；17 -后窗玻璃；18 -后扰流器；19 -后备厢盖；20 -加油口；21 -后翼子板；22 -后柱

图 7-6　车身外观结构

二、车内部件

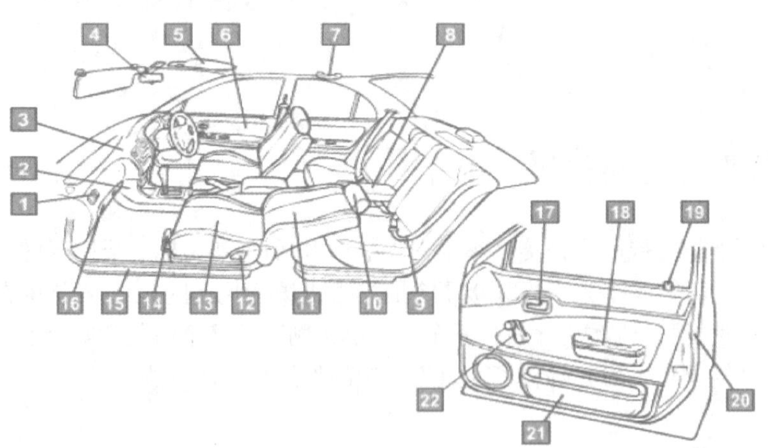

1 -出风口；2 -中控台；3 -仪表板；4 -车内后视镜；5 -遮阳板；6 -车门饰件；7 -辅助把手；8 -后座中央扶手；9 -安全带；10 -头枕；11 -座椅靠背；12 -座椅调节钮；13 -座椅；14 -座椅移动杆；15 -皱褶板；16 -手套箱；17 -车内把手；18 -门扶手；19 -车门锁止按钮；20 -密封条

图 7-7　车身内部结构

一、车身功能检查

车身功能检查主要内容有：

(1) 座椅主要检查各调节装置是否正常，座椅螺栓螺母是否有松动。

(2) 在安全带上施加较大的加速度，安全带应锁住；轻轻拉出安全带插入卡槽，应联结牢固；固定锚能可靠调节高度。

(3) 电动车窗主要检查各控制键是否正常，车窗能否正常起降。

二、安全带检查与调节

安全带的使用分两点式和三点式，两点式一般用于后排中间座椅，其他位置一般用三点式，如图 7－8 所示。

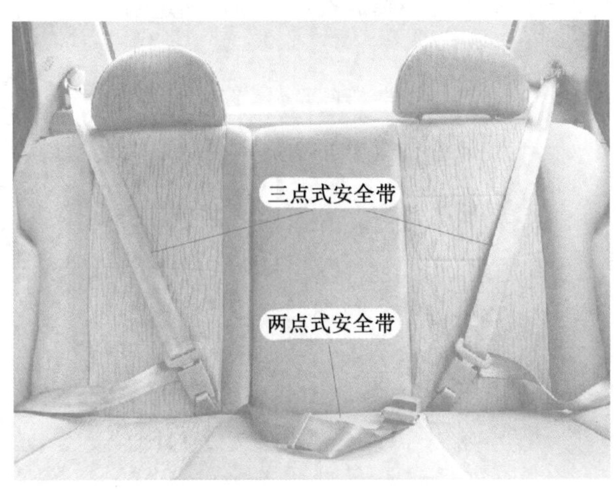

图 7－8　安全带

(一) 安全带约束装置的检查

(1) 起动车辆后，检查仪表盘上的安全带提示装置及安全带语音提示装置工作是否正常。

(2) 用手慢慢拉动安全带，安全带能够被拉出；将安全带快速插头插入连接器，检查快速插头能否被锁死；再按下连接器上的断开按钮，快速插头能够迅速脱开与连接器的连接。

(3) 松开安全带，安全带能够自动收回。

(4) 用手猛拉安全带，安全带能够立即锁止，如图 7－9(a)所示。

(5) 检查安全带高度调节装置的使用状况，检查完毕后，恢复到原来的高度位置。

(6) 检查并紧固安全带下端固定螺丝,如图 7－9(b)所示。

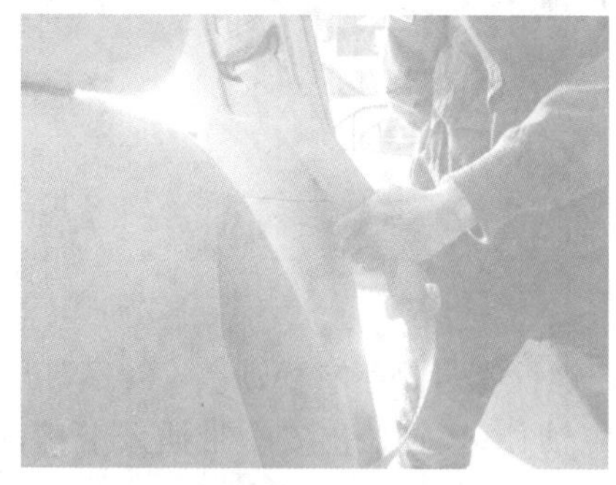

(a) 安全带锁止性能检查

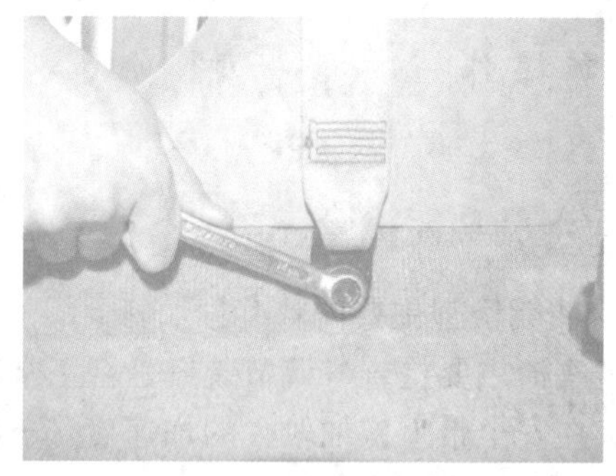
(b) 安全带固定螺丝检查

图 7－9 安全带约束装置检查

(二) 安全带高度调节

安全带高度调整装置,如图 7－10 所示,要降低安全带高度调整装置,按下高度调整器按钮,向下压调制器至适当位置即可。释放按钮以锁定固定锚。

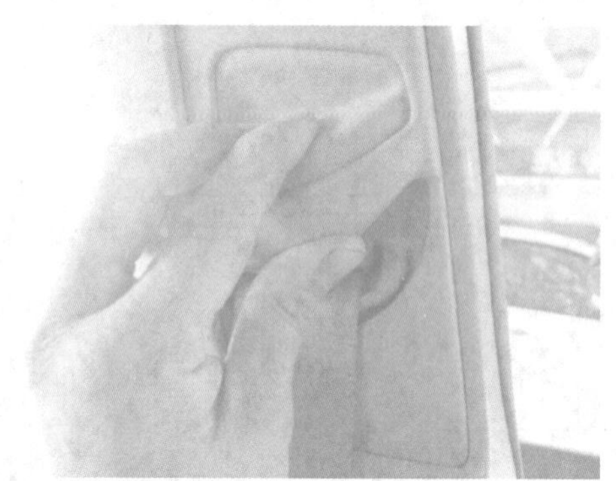

图 7－10 安全带高度调整装置

三、汽车雨刮器的保养与维护

(一) 雨刮器的检查

1. 雨刮器片

经常检查雨刮器片的工作情况及磨损状态。

更换雨刮器片时,压下并分离弹簧夹后拔出雨刮器片即可。

拆卸雨刮器臂时,把雨刮器片向外翻后提起雨刮器盖,拧下螺母,左右转动雨刮器臂并从操纵臂上拆下,按原来的角度安装新的雨刮器臂,如图 7－11 所示。

2. 雨刮器片的拆卸

(1) 竖起雨刮器臂,为更换雨刮器片做准备。

(2) 一只手抓雨刮器片，另一只手按住雨刮器片固定杆，从雨刮器片固定装置上分离雨刮器片。

(3) 向下移动雨刮器片，拆卸雨刮器片，如图 7－12 所示。

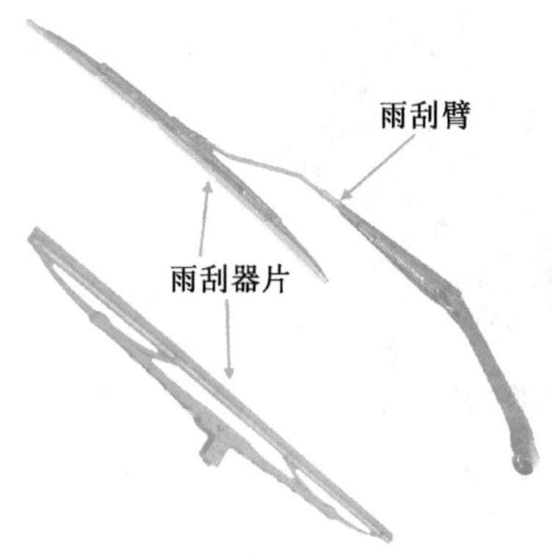

图 7－11　雨刮片及雨刮臂

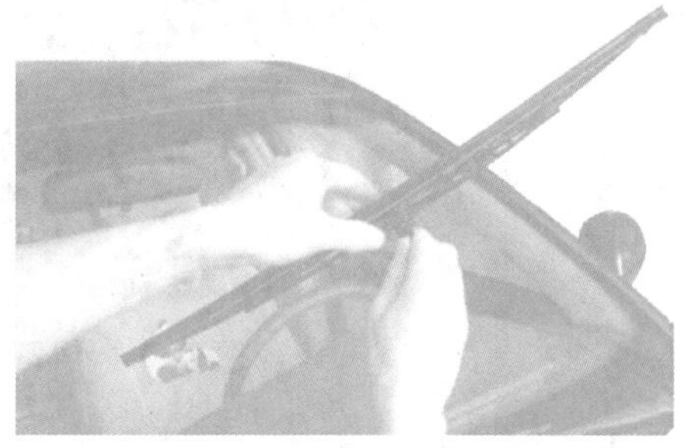

图 7－12　雨刮器片的拆卸

3. 雨刮器片的安装

(1) 把新的刮水器片水平放置后将固定杆朝下，然后将雨刮器片孔对准固定杆并向下插入，如图 7－13 所示。

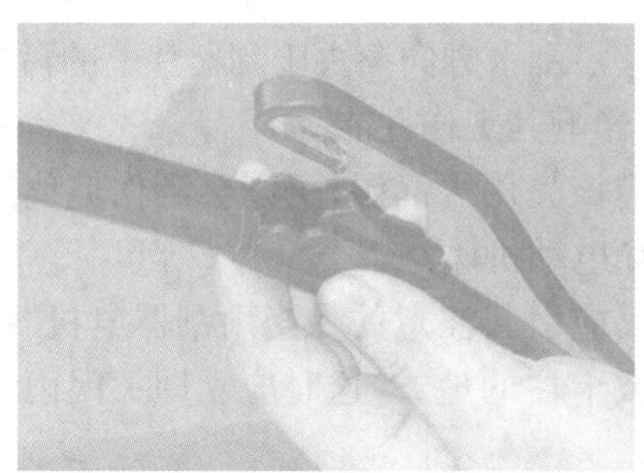

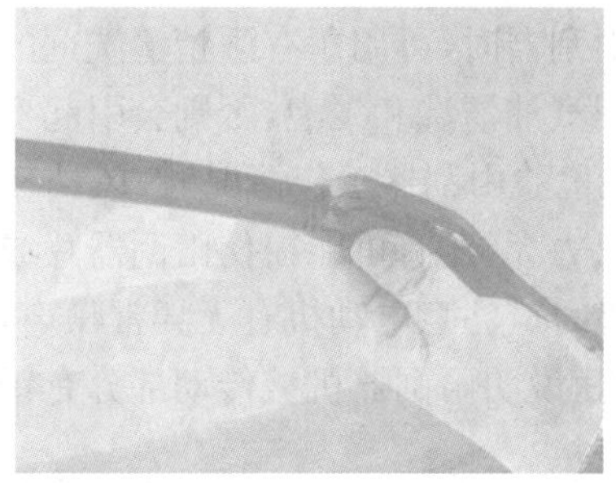

图 7－13　雨刮片的安装

注意：

雨刮器片在分离状态时，注意避免雨刮器臂碰到挡风玻璃，以免玻璃破损。

汽车型号不同雨刮器片的型号也不同，更换时请注意。

(2) 把雨刮器片朝上推到最高位置，然后把固定杆安装到雨刮器臂上。听到“卡塔”声，这说明安装位置是正确的。

为了防止损伤雨刮器片，不要用汽油、燃油、辛钠或其他清洗剂清洗挡风玻璃。

(二) 雨刮清洗液的检查

始终在清洗液箱中充满良好的清洗液并经常检查清洗液量，如图 7－14 所示。

切勿在没有清洗液的情况下操作喷水器装置，否则会损坏喷水电机。

夏季可以使用自来水，但冬季应该用防冻清洗液来代替。

切勿使用发动机防冻液，因为发动机防冻液喷到车体上会破坏保护层。

图 7-14 雨刮清洗液检查

（三）雨刮器的维护注意事项

电动雨刮器的结构比较脆弱，在使用中稍有不当就很容易造成雨刮器部件的损坏，因此，在使用雨刮器时应注意以下几个方面：

(1) 定期检查雨刮器片，当发现其严重磨损或有脏污时应更换或清洗，否则将降低雨刮器的工作效能，影响驾驶员视线。

清洗雨刮器时，可用蘸有酒精清洗剂的棉丝沿刮水方向擦去雨刮器片上的污物。

不可用汽油清洗和浸泡，否则会引起变形，影响其工作性能。

(2) 在检验雨刮器工作情况时，风挡玻璃应该先用水润湿，否则会刮伤玻璃，同时由于刮片摩擦阻力大，还有可能损伤雨刮器片或烧坏电动机。

在试验时应注意电动机有无异常噪声，尤其应引起注意的是当雨刮器电机"嗡嗡"作响而不转动时，说明雨刮器机械传动部分有锈死或卡住的地方，这时应立即关闭雨刮器开关，以防烧毁电机。

(3) 雨刮器电机一般不要拆下，若因故障必须拆下时，要防止电机跌落损坏，因为雨刮器电机大多使用永磁直流电机，其磁极多采用陶瓷材料。

(4) 雨刮器电机大多做成封闭式，不可随意拆卸。若必须拆卸，装配时要保持内部的清洁，不可将铁屑之类的污物落在其内，装配时还要注意向含油轴承的毛毡上加注少许润滑油，并更换或补充减速器内的润滑脂。

(5) 在冬季，使用雨刮器时，若发现雨刮器片被冻结或被雪团卡住，应立即关闭开关，清除冰块、雪团后方可继续使用，否则会因雨刮器片阻力过大而烧坏雨刮器电机。

四、电动天窗的保养与维护

（一）电动天窗的维护注意事项

电动天窗总成如图 7 - 15 所示。

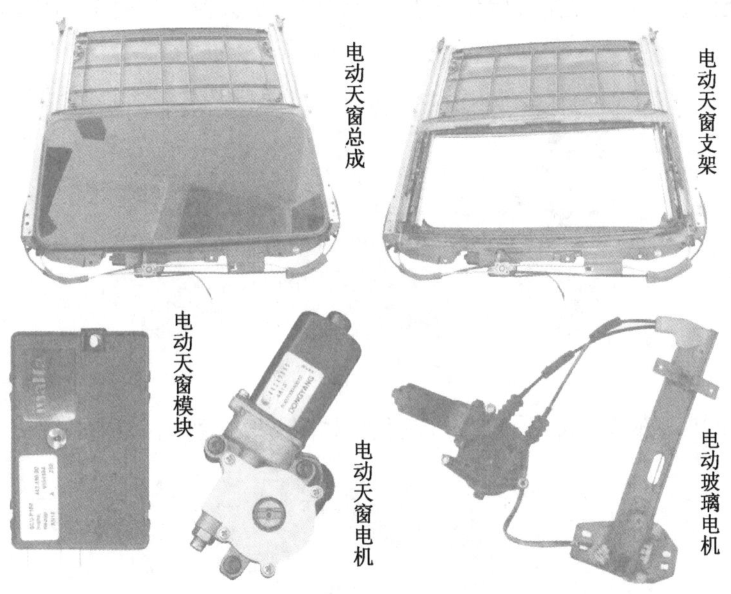

图 7－15　电动天窗总成

电动天窗的维护注意事项：

(1) 对于天窗的手动机构，有许多故障是使用者人为因素造成的，如锁扣或摇柄不慎拧反方向而对天窗造成的损害。

(2) 对于电动天窗，在颠簸的道路上最好不要完全滑开天窗，否则可能因天窗和滑轨间的振动太大而引起相关部件变形，甚至损坏电机。

(3) 对于后加装的天窗，若想使其正常运行，降低其故障率，就要保证以下四点：合格的产品、专业的安装、正确的使用和定期的保养。

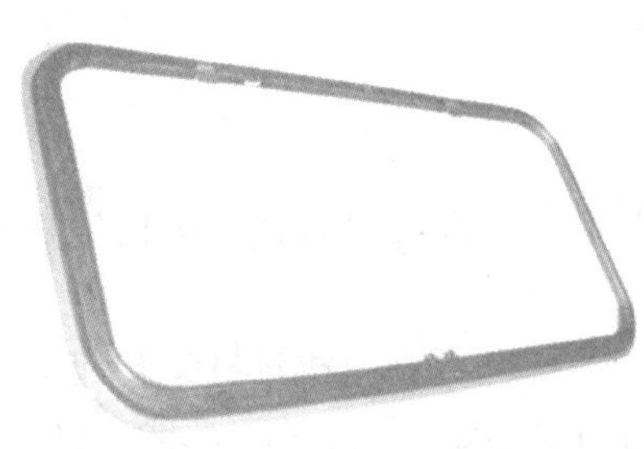

图 7－16　天窗橡胶密封圈

(4) 为了确保天窗完全防水，它由橡胶密封圈密封，日常使用时要注意密封圈的防尘，尤其在冬季，要经常用除尘掸进行清洁，但要注意的是，不能在有冰冻的情况下开启天窗。在风沙较大的春秋两季，要每两个月用湿海绵清洁一次密封圈。另外，带天窗的车辆在长久停放前，要用滑石粉(用滑石粉保养，可延长密封圈的使用寿命)彻底清洁一次，以免因时间过长造成密封圈在空气中发生化学反应而自然老化。天窗橡胶密封圈如图 7－16 所示。

(5) 在用高压水枪对车辆进行清洁时，不要将水柱直接对准密封圈，这不仅容易使密封圈在高压水柱压力下变形而使车内进水，还有可能损坏密封圈。

(二) 电动天窗的维护保养程序

(1) 将天窗完全打开，如图 7－17 所示；

(2) 用干净软布轻擦天窗滑轨上的灰尘；

(3) 选择不易吸附灰尘的润滑剂(这样的润滑剂能防止滑动部分和管道在运动过程中

过早磨损，还能防止其他不正常的天窗故障，能起到延长天窗使用寿命的作用)；

图 7-17　打开天窗

(4) 对天窗活动部分和传动轨道进行润滑，如图 7-18 所示；

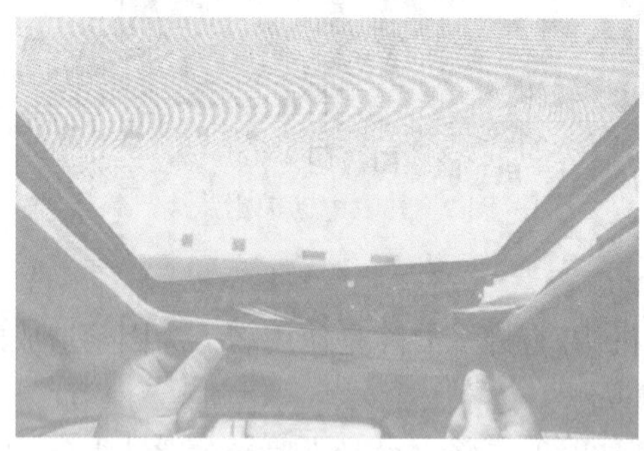

图 7-18　天窗润滑

(5) 将天窗完全打开、关闭几次，再用软布擦掉多余的润滑剂，以免污染车内饰品。

(三) 电动天窗的初始化调整

(1) 首先保证天窗电机和机械组必须处于“零位”；

(2) 拆卸驱动罩盖；

(3) 拔、插控制单元到电机的插头，拔、插延迟时间应大于 3 s，然后按照先连接挡位开关，再连接电源的顺序进行连接；

(4) 旋转挡位开关从关闭位置顺时针旋转一定角度(大约 15°)，并在电机没有运转起来前迅速把开关转回到关闭位，然后按下挡位开关的一端(此操作同执行紧急关闭功能，并应在开关回到关闭位后的 5 s 内完成)，天窗开始进入初始化过程，即自动完成全开关闭、翘起关闭的完整操作；

(5) 天窗关闭后，释放挡位开关，初始化结束。

(四) 天窗的常见问题及处理

天窗常见问题的处理方法可以参考表 7-2。

表 7-2　汽车天窗常见问题及解决方法

问　题	原　因	解决方法
天窗有风噪声	玻璃板与开口边缘间隙不一致	拆开左右装饰条，拧松玻璃紧固螺帽，用薄片插在玻璃跟车顶四周的间隙里，使玻璃跟车顶四周的间隙一致
	玻璃面和车顶的高度不一致	拧松升降架上的紧固螺钉，调节玻璃面高度
	密封条损坏	更换密封条
导轨内有异响	滑槽内有异物	清洁滑槽并加润滑油
天窗不能正常运行	保险丝被烧断	更换保险丝
	开关接触不良	更换开关
	电机故障	更换电机
	控制模块故障	更换控制模块
	机械组损坏	更换机械组
天窗漏水	排水管堵塞	用气枪吹排水管
天窗没有防夹功能	控制模块需重新复位	拔掉天窗保险，过 5 秒后插上

扫一扫可下载全书实践工单

参考文献

[1] 陈家瑞.汽车构造(上册,下册)[M].第3版.北京:机械工业出版社,2011.
[2] 杨国庆,蒋志伟.汽车整车维护与检修[M].长春:吉林科学技术出版社,2011.
[3] 任成尧,罗方赞等.汽车维护与保养[M].哈尔滨:哈尔滨工业大学出版社,2013.
[4] 蒋屹.2012款帕萨特、途观车系完全维修手册[M].北京:机械工业出版社,2013.
[5] 罗方赞,杨帆.汽车维护与保养[M].南京:南京大学出版社,2013.
[6] 吉武俊,谭跃刚.汽车维护与保养[M].第2版.北京:人民邮电出版社,2015.
[7] 姜龙青.汽车维护与保养一体化教程[M].北京:机械工业出版社,2016.
[8] 谭本忠.汽车维护与保养图解教程[M].第2版.北京:机械工业出版社,2016.